RIEMANN VERLAG
ONE EARTH SPIRIT

Jane Goodall
Phillip Berman

Grund zur Hoffnung

Autobiographie

Aus dem Englischen von Erika Ifang

RIEMANN VERLAG
ONE EARTH SPIRIT

Veröffentlicht mit Genehmigung von Warner Books, Inc., New York

Umwelthinweis:
Dieses Buch wurde auf 100 % Recycling-Papier gedruckt, das mit dem blauen Engel ausgezeichnet ist.
Die Einschrumpffolie (zum Schutz vor Verschmutzung) ist aus umweltfreundlicher und recyclingfähiger PE-Folie.

Der Riemann Verlag
ist ein Unternehmen der Verlagsgruppe Bertelsmann

3. Auflage

Redaktion: Gerhard Juckoff
Fachliche Beratung: Peter Chr. Hammelsbeck
DTP-Satz: Barbara Rabus
Druck und Bindung:
Graphischer Großbetrieb Pößneck GmbH
Printed in Germany
ISBN 3-570-50007-1

Für Vanne, Judy und meine ganze wunderbare Familie und im herzlichen Gedenken an Danny, Derek, Louis, Rusty und David Greybeard

Inhalt

An meine Leser

1984 fragte mich Phillip Berman, ob ich vielleicht einen Essay zu einem Buch mit dem Titel *The Courage of Conviction* (»Der Mut zur Überzeugung«) beitragen könnte, das er herausgeben wollte. Es war ein schwieriges Unterfangen, aber ich tat mein Bestes.

Zwölf Jahre später trat Phillip mit einer neuen Idee an mich heran. Ob ich nicht mit ihm zusammen ein Buch schreiben wollte, das die verschiedenen Gedanken meines Essays vertiefen würde? Ich antwortete ihm, daß ich keine Zeit dazu hätte, woraufhin er den Vorschlag machte, es könnte doch die Form eines Gesprächs haben – Fragen eines Theologen an eine Anthropologin. Ich brauchte nur meine Antworten zu redigieren.

Irgendwie kamen wir mit der Zeit von der ursprünglichen Idee ab. Was als ausführliches »Interview« geplant war, sollte nun eine persönlichere Note bekommen und meine »spirituelle Autobiographie« werden, für die ich nicht nur tief in meiner Vergangenheit nachgraben, sondern auch meine Gegenwart und Zukunft überdenken mußte. Das waren völlig andere Voraussetzungen, und ich wußte genau, daß ich in diesem Fall sehr viel Zeit zum Nachdenken und Schreiben brauchen würde.

Zu Anfang interviewte mich Phillip in Amerika, in meinem Heimatort in England und in Tansania, dort sowohl in Daressalam als auch in Gombe. Außerdem führte er Gespräche mit vielen Menschen, die eine wichtige Rolle in meinem Leben gespielt hatten. Dann begab er sich an die schwierige Arbeit, all die Tonbänder abzuhören, zu sortieren und in eine chronologische Ordnung zu bringen.

Dieses Buch zu schreiben war eine mühevolle Aufgabe, die mich in gewisser Weise jedoch auch herausforderte. Vielleicht ist das eine jener Chancen im Leben, dachte ich, die man ergreifen oder ungenutzt verstreichen lassen kann, je nach Wunsch.

Mit Phillips Konzept und seiner Fassung unserer Gespräche machte ich mich an die Arbeit. Hätte ich von Anfang an gewußt, wieviel Zeit das Schreiben in Anspruch nehmen würde und wie schmerzlich manchmal das damit verbundene Forschen in meiner Seele sein würde, hätte ich wahrscheinlich aufgegeben. Meine gesamte Zeit zu Hause in Bournemouth ging dabei drauf – dem einzigen ruhigen Ort, den ich zum Schreiben habe, da ich nahezu 300 Tage im Jahr auf Vortragsreisen bin. Ich arbeitete bis spät in die Nacht hinein, stand morgens früh auf und schob alles beiseite, was nicht von äußerster Dringlichkeit war. Trotzdem brauchte ich erheblich länger, als ich gedacht hatte. Danke, Vanne, daß du auf so viele kostbare Stunden verzichtet hast, die wir eigentlich gemeinsam hätten verbringen sollen!

Doch jetzt ist das Buch fertig, die Fotos sind zusammengestellt, und wir haben uns auf einen Titel geeinigt. An einigen Stellen dieses Buches finden sich kurze Texte, die ich fast wortwörtlich meinen anderen Büchern entnommen habe. Der

Grund dafür ist der, daß ich bei dem Bemühen, meine Gedanken auf bestmögliche Weise in Worte zu fassen oder besonders bedeutsame Ereignisse zu beschreiben, oft feststellte, daß meine ursprünglichen Formulierungen die treffendsten waren und sind.

Mai 1999 *Jane Goodall*

Dieses Foto hat Michio Hoshina aufgenommen, als er Gombe zur Planung einer größeren Fotodokumentation besuchte. Tragischerweise wurde er in Rußland von einem Bären getötet, bevor er seinen Traum verwirklichen konnte.

Einleitung

Vor vielen Jahren, im Frühling 1974, habe ich einmal die Kathedrale Notre Dame in Paris besucht. Zu meinem Glück waren kaum Leute dort, und es war besinnlich und still drinnen. Ich betrachtete in stummer Ehrfurcht die große Fensterrose, die in der Morgensonne leuchtete. Auf einmal füllte sich die Kathedrale mit unglaublichem Klang: mit herrlichem Orgelspiel für eine Hochzeit, die in einem fernen Teil der Kirche stattfand. Bachs Toccata und Fuge in D-Moll. Das Vorspiel habe ich immer schon geliebt, aber in der Kathedrale erfüllte die Musik die ganze Weite, und es kam mir vor, als durchdringe sie mich und ergreife Besitz von mir. Es war, als ob die Musik selbst lebendig wäre.

In diesem Augenblick, diesem plötzlich gewonnenen Stückchen Ewigkeit, war ich der Verzückung näher, als es je wieder geschah, der Verzückung des Mystikers. Undenkbar, daß die zufälligen Wirbelbewegungen urzeitlicher Staubpartikel bis hin zu jenem Punkt in der Zeit geführt hatten: über das Hinaufwachsen der Kathedrale gen Himmel; die kollektive Vision, den gemeinsamen Glauben ihrer Erbauer; das Erscheinen Bachs, eines Gehirns – seines Gehirns –, das Wahrheit in Musik umsetzte; bis hin zur Fähigkeit eines Geistes, der wie der meine in jenem Augenblick das ganze unerbittliche Fortschreiten der Evolution im Bruchteil einer Sekunde zu erfassen vermochte! Da ich nicht glauben kann, daß in alledem bloßer Zufall waltet, muß ich vom Anti-Zufall ausgehen. Ich muß an eine bestimmende Urkraft im Universum glauben, mit anderen Worten: an Gott.

Als Wissenschaftlerin bin ich gehalten, logisch und empirisch zu denken, statt mich von Intuitionen oder spirituellen Erfahrungen leiten zu lassen. Als ich Anfang der 60er Jahre an der Universität von Cambridge studierte, waren die meisten Wissenschaftler und Studenten des Fachs Zoologie Agnostiker oder gar Atheisten, soweit ich das beurteilen konnte. Diejenigen, die an Gott glaubten, behielten es für sich.

Glücklicherweise waren meine religiösen und sittlichen Überzeugungen zu dem Zeitpunkt, als ich nach Cambridge kam, bereits durch die ersten 27 Jahre meines Lebens gefestigt. Ich ließ mich von der vorherrschenden Meinung nicht beeinflussen. Ich glaubte an die spirituelle Macht, die ich als Christin Gott nannte. Doch als ich älter wurde und andere Religionen kennenlernte, kam ich schließlich zu der Überzeugung, daß es nur den einen Gott gibt mit verschiedenen Namen: Allah, Tao, Schöpfer usw. Für mich war Gott der große Geist, »in dem wir leben, weben und sind«. Es hat Zeiten in meinem Leben gegeben, in denen ich wankend wurde in meiner Überzeugung, in denen ich die Existenz Gottes anzweifelte oder sogar verleugnete. Und es hat Zeiten gegeben, in denen ich schier daran verzweifelt bin, ob wir Menschen uns je wieder aus dem ökologischen und sozialen Dilemma befreien können, das wir uns und anderen Lebensformen auf dieser Erde beschert haben. Wie kommt es, daß der Mensch so destruktiv ist? So selbstsüchtig und habgierig, bisweilen sogar durch und durch schlecht? In solchen Momenten habe ich das Empfinden, daß die Enstehung des Lebens auf der Erde keinen tieferen Sinn haben kann. Und wenn sie keinen tieferen Sinn hat, stimmt dann nicht der Ausspruch eines angeödeten New Yorker Skinheads, daß die Menschheit lediglich eine »evolutionäre Panne« sei?

Aber solche Phasen des Zweifelns waren relativ selten. Ausgelöst wurden sie durch die verschiedensten Umstände: den Krebstod meines zweiten Ehemannes; den ausbrechenden Haß zwischen den Stämmen im kleinen Land Burundi und das, was mir in diesem Zusammenhang über Folter und Massenmord zu Ohren kam und mich an die unaussprechlichen Greueltaten des Holocaust erinnerte; das Kidnapping von vier meiner Studenten im Gombe-Nationalpark in Tansania, mit dem ein Lösegeld erpreßt werden sollte. Wie, fragte ich mich dann immer, wie soll ich angesichts solchen Leidens, solchen Hasses, solcher Zerstörung an eine göttliche Vorsehung glauben? Immerhin, irgendwie habe ich jene Phasen des Zweifelns immer überwunden; im allgemeinen blicke ich optimistisch in die Zukunft. Heute gibt es jedoch viele Menschen, die jeden Glauben und jede Hoffnung verloren haben, ob an Gott oder an das Schicksal der Menschheit.

Seit 1986 bin ich fast ununterbrochen auf Reisen. Ich bin unterwegs, um Spenden zu sammeln für die verschiedenen Naturschutz- und Aufklärungsprojekte des Jane-Goodall-Instituts und um möglichst vielen Menschen eine Botschaft zu übermitteln, die ich für ungemein wichtig halte. Eine Botschaft, die das Wesen von uns Menschen und unsere Beziehungen zu den anderen Tieren betrifft, mit denen wir uns diesen Planeten teilen. Und eine Botschaft der Hoffnung – der

Hoffnung auf eine Zukunft des Lebens auf unserer Erde. Diese Reisen sind sehr anstrengend. Vor kurzem habe ich zum Beispiel während einer von vielen ähnlichen Reisen in sieben Wochen 27 Städte in Nordamerika besucht, habe insgesamt 32mal ein Flugzeug bestiegen und wieder verlassen (an Bord habe ich stets versucht, die Berge von Papier aufzuarbeiten, die sich immer höher häuften) und 71 Vorträge gehalten, bei denen ich 32 500 Menschen direkt ansprechen konnte. Außerdem habe ich 170 Interviews gegeben und an zahllosen geschäftlichen Treffen, Arbeitsessen und Diners teilgenommen – selbst das Frühstück war oft mit eingeplant. Mein Terminplan ist auf allen Vortragsreisen ähnlich gedrängt.

Eine Sache mindert immer meine Freude daran, auf meinen Reisen neuen Menschen zu begegnen. Ich leide an einer peinlichen, auf kuriose Weise demütigenden neurologischen Störung namens *Prosopagnosia*, das heißt, ich habe Schwierigkeiten, Gesichter wiederzuerkennen. Ich hatte immer gedacht, das liege an einer gewissen geistigen Trägheit, und mich verzweifelt bemüht, mir die Gesichter der Leute einzuprägen, die ich kennenlernte, damit ich sie am nächsten Tag wiedererkennen konnte. Keine Probleme machten mir Menschen mit offensichtlichen physischen Merkmalen – einer ungewöhnlichen Gesichtsform, einer Adlernase, außerordentlicher Schönheit oder Häßlichkeit. In allen anderen Fällen jedoch versagte ich kläglich. Manchmal merkte ich, daß es die Leute verstimmte, wenn ich sie nicht sofort erkannte – mich verstimmte es allemal. Und da es mir so peinlich war, behielt ich es für mich.

Mehr oder weniger durch Zufall stellte sich vor kurzem bei einem Gespräch mit einem Freund heraus, daß er unter dem gleichen Problem leidet. Ich konnte es kaum glauben. Dann erfuhr ich, daß meine Schwester Judy diese Schwäche ebenfalls kannte. Vielleicht erging es auch anderen so. Ich schrieb an den bekannten Neurologen Dr. Oliver Sacks. Ob er je von einer so seltsamen Störung gehört hätte? Er hatte nicht nur davon gehört – auch er litt darunter! Was in seiner Situation viel schlimmer war als bei mir. Er schickte mir eine Schrift mit dem Titel »Entwicklungsbedingte Gedächtnisstörung: Gesichter und Muster« von Christine Temple.

Selbst seit ich weiß, daß ich keine Schuldgefühle zu haben brauche, ist es trotzdem noch schwer, damit fertig zu werden – ich kann ja nicht herumspazieren und allen Leuten, die ich kennenlerne, sagen, daß ich bei der nächsten Begegnung wahrscheinlich keine Ahnung habe, wer sie sind! Oder vielleicht doch? Es ist demütigend, denn die meisten Leute glauben einfach, ich hätte nur eine raffinierte Ausrede dafür gefunden, daß ich sie nicht wiedererkenne, sie mir also letztendlich völlig gleichgültig sind – und schon sind sie verletzt. Ich muß irgendwie mit dem Problem zurechtkommen – normalerweise tue ich also so, als würde ich alle und jeden kennen! Obwohl auch das Peinlichkeiten mit sich bringt, ist es längst nicht so schlimm wie andersherum.

Die Leute (ob ich sie erkenne oder nicht!) fragen mich immer, wo ich all die Energie zu meiner Arbeit hernehme. Sie sagen auch, ich würde so friedvoll wirken. Wie ich bloß so friedvoll sein könnte, fragen sie. Ob ich meditieren würde. Ob ich religiös wäre. Ob ich beten würde. Woher ich meine Energie hätte. Vor allem aber fragen sie, wie ich angesichts der ökologischen Zerstörungen und des menschlichen Elends, angesichts von Überbevölkerung und Überkonsum, angesichts von Umweltverschmutzung, Entwaldung, Versteppung, Armut und Hunger, Grausamkeit, Haß, Habgier, Gewalt und Krieg so optimistisch sein kann. Glaubt sie an das, was sie sagt? scheinen sie sich zu fragen. Was mag sie tief in ihrem Innern *wirklich* denken? Was ist ihre Lebensphilosophie? Aus welcher geheimnisvollen Quelle schöpft sie ihren Optimismus, ihre Hoffnung?

Diese Fragen sind der einzige Grund, warum ich dieses Buch geschrieben habe, denn die Antworten darauf könnten nützlich sein. Es hat viel Selbstbesinnung erfordert, hat Abschnitte meines Lebens wiedererweckt, an die ich eigentlich nicht erinnert werden wollte, und mir viel Schmerz bereitet. Aber ich habe mich bemüht, aufrichtig zu schreiben – warum hätte ich sonst überhaupt ans Werk gehen sollen? Wenn Sie, lieber Leser und liebe Leserin, meinen persönlichen Betrachtungen, meiner Überzeugung auch nur irgend etwas abgewinnen können, das Ihnen auf Ihrem eigenen Weg weiterhilft, dann ist meine Mühe nicht umsonst gewesen.

1

Die Anfänge

Dies ist die Geschichte einer Reise, der Reise eines Menschen, meiner Reise über 65 Jahre Erdenzeit hinweg. Eine Geschichte fängt üblicherweise am Anfang an. Aber wo ist der Anfang? Ist es der Augenblick, in dem ich in einem Londoner Krankenhaus mit der schönen Häßlichkeit eines neugeborenen Menschenkindes das Licht der Welt erblickte? Der erste Atemzug, den ich tat, um meinen Schmerz und meine Empörung über die erzwungene Ausstoßung aus dem Mutterleib herauszuschreien? Oder müssen wir früher beginnen mit dem dunklen, feuchten, geheimnisvollen Ort, an dem es ein einziges winziges, sich schlängelndes Samenfädchen, eins von Millionen, schaffte, in ein kleines Ei vorzudringen, das fruchtbare Ei, das wie durch Zauberhand biologisch in ein Baby umgewandelt wurde? Doch auch das ist eigentlich nicht der Anfang. Denn die Erbanlagen, die meine Eltern an mich weitergaben, sind vor langer, langer Zeit entstanden. Und die ererbten Eigenschaften sind von den Menschen und Ereignissen meiner frühen Kindheit geprägt worden: dem Charakter und der Position meiner Eltern, dem Land, in dem ich geboren wurde, und der Zeit, in der ich aufgewachsen bin. Sollte die Geschichte also mit meinen Eltern beginnen, mit den geschichtlichen und gesellschaftlichen Ereignissen, die das Europa der 30er Jahre formten und einen Hitler, einen Churchill und einen Stalin hervorbrachten? Oder müssen wir vielleicht zum ersten wirklich menschlichen Geschöpf zurückgehen, dessen Eltern Affenmenschen waren, und weiter zurück zu dem ersten warmblütigen Säugetier und noch weiter zurück durch die Nebelschleier unbekannter Zeiten bis dahin, wo das erste Fünkchen Leben auf dem Planeten Erde erschienen ist – als Folge göttlicher Vorsehung oder eines kosmischen Zufalls? Dort könnte meine Geschichte beginnen und die seltsame Bahn verfolgen, die das Leben genommen hat, von den Würmern über die Affen bis hin zu dem Geist, der über Gott nachsinnen und versuchen kann, das Leben auf der Erde und jenseits der Sterne zu verstehen.

Aber ich habe nicht vor, mich so tiefgehend mit der Evolution zu befassen. Ich will sie nur von meinem eigenen Blickwinkel aus streifen: von dem Augenblick an, in dem ich mit den fossilen Knochen alter Geschöpfe in Händen in der Savanne der Serengeti stand, bis zu dem Augenblick, in dem ich einem Schimpansen in die Augen schaute und sah, daß eine denkende, urteilsfähige Persönlichkeit meinen Blick erwiderte. Vielleicht glauben Sie gar nicht an die Evolution, und das ist ganz in Ordnung. Wie wir Menschen das geworden sind, was wir jetzt sind, ist relativ unwichtig im Vergleich zu der Frage, wie wir jetzt handeln müßten, um aus dem Dilemma herauszukommen, das wir uns selbst geschaffen haben. Wie sollten wir als denkende Wesen, die über Gott nachsinnen können, mit unseren Mitgeschöpfen, mit den anderen Lebensformen auf dieser Welt umgehen? Wo liegt unsere menschliche Verantwortung? Und welches Schicksal erwartet den Menschen am Ende? Für diesen Zweck dürfte es reichen,

Foto: N. Rillstone

Im Alter von achtzehn Monaten mit Jubilee

einfach mit dem Zeitpunkt zu beginnen, an dem ich meinen ersten Atemzug tat und mein Gesicht in Falten legte, um meinen ersten Schrei von mir zu geben – mit dem 3. April 1934.

Im Lauf der Jahre bin ich Menschen begegnet und in Ereignisse hineingezogen worden, die einen ungemein starken Einfluß auf mich hatten, die mich abgeschliffen haben, mir größte Freuden beschert haben, mich in tiefste Trauer und Qual gestürzt und mich das Lachen gelehrt haben, besonders über mich selbst. Mit anderen Worten: Meine Lebenserfahrungen und die Menschen, mit denen ich sie geteilt habe, sind meine Lehrmeister gewesen. Bisweilen habe ich mich gefühlt wie ein hilfloses Stück Treibholz, eben noch gestrandet in einem ruhigen Brackwasser, das nichts von mir wußte und dem es egal war, daß ich da war, und gleich darauf hinausgetrieben und von einem gefühllosen Meer umhergeschleudert. Ein andermal hatte ich das Gefühl, von starken Strömungen blindlings unter Wasser gerissen zu werden und kurz vor dem Ende zu sein. Trotz allem: Wenn ich auf mein Leben zurückschaue, auf die Höhen und Tiefen, auf Verzweiflung und Freude, glaube ich, daß es einem generellen Plan folgte, obwohl ich sicher oft vom »rechten« Kurs abgekommen bin. Ich habe mich jedoch nie wirklich verirrt. Mir scheint es jetzt so, als sei das kleine Stückchen Treibholz von einem unsichtbaren, unfaßbaren Wind stets auf einem ganz bestimmten Kurs gehalten worden, ob durch sanften Druck oder heftige Stöße. Das kleine Stückchen Treibholz, das ich war und bin.

Zweifellos haben mich die Erziehung, die Familie, in die ich hineingeboren wurde, und die Ereignisse, die sich in meiner Kinderwelt abspielten, zu der Person geprägt, die ich werden sollte. Meine Schwester Judy (die auf den Tag genau 4 Jahre jünger ist als ich) und ich wuchsen in einer Atmosphäre auf, die sanft durchdrungen war von christlichen Moralvorstellungen. Frömmigkeit wurde uns nie von unseren Eltern eingetrichtert, wir wurden nie zum Kirchgang gezwungen und sprachen auch nie ein Tischgebet vor den Mahlzeiten (außer in der Schule). Aber wir wurden angehalten, ein Nachtgebet zu sprechen, und knieten dabei neben dem Bett. Von Anfang an wurde uns die Bedeutung menschlicher Werte wie Mut, Ehrlichkeit, Mitgefühl und Toleranz nahegebracht.

Wie die meisten Kinder vor Anbruch des Fernseh- und Computerzeitalters war ich für mein Leben gern draußen, spielte in den versteckten Winkeln des Gartens und lernte die Natur kennen. Ich wurde in meiner Liebe zu allem Lebendigen bestärkt, so daß ich bereits in frühester Kindheit jenes Staunen und jene Ehrfurcht entwickeln konnte, durch die eine spirituelle Bewußtheit gefördert wird. Wir waren keineswegs wohlhabend, aber Geld spielte keine große Rolle. Es machte nichts, daß wir uns kein Auto, ja nicht einmal Fahrräder leisten konnten oder teure Ferien im Ausland. Wir hatten satt zu essen, genügend Kleidung und wuchsen in Liebe mit viel Lachen und Spaß auf. Im Grunde erlebte ich die beste Art von Kindheit: Da jeder Pfennig zählte, waren Extras wie Eiskrem, eine Reise mit dem Zug oder ein Kinobesuch ein aufregender Hochgenuß, der geschätzt wurde und in Erinnerung blieb. Wenn doch nur jeder mit einer solchen Kindheit, mit einer solchen Familie gesegnet wäre! Ich glaube, dann sähe es anders aus in unserer Welt.

Wenn ich auf die 65 Jahre meines Lebens bis heute zurückblicke, scheint es mir, als habe sich alles genau richtig gefügt. Ich hatte eine Mutter, die meine Leidenschaft für Tiere und Pflanzen nicht nur tolerierte, sondern mich darin unterstützte und die mich, was noch wichtiger war, an mich selbst zu glauben lehrte. Von heute aus gesehen führte alles auf ganz natürliche Weise zu jener magischen Einladung 1957 nach Afrika, wo ich Dr. Louis Leakey kennenlernen durfte, der mich auf den Weg nach Gombe zu den Schimpansen brachte. Ich habe wirklich außerordentliches Glück gehabt – obwohl meine Mutter Vanne immer sagt, Glück sei nur eine Seite der Medaille. Sie war immer der Überzeugung – wie ihre eigene Mutter auch –, daß Erfolg harter Arbeit und Entschlossenheit zu verdanken ist und daß, wenn wir versagen, »der Fehler nicht in unseren Sternen liegt, sondern in uns selbst und unserer Hörigkeit«. Ich bin davon überzeugt, daß das stimmt. Trotzdem, obgleich ich mein Leben lang schwer gearbeitet habe – wer will schon hörig sein, wenn es sich umgehen läßt! –, muß ich gestehen, daß die »Sterne« offenbar doch auch mitgemischt haben. Schließlich habe ich (soweit ich weiß) nichts dazugetan, in diese wunderbare Familie geboren zu werden. Und dann gab es noch Jubilee, ein Geschenk meines Vaters Mortimer »Mort« Goodall an mich, als ich eben etwas über ein Jahr alt war. Jubilee war ein großer Plüschschimpanse, der zur Feier des ersten im Londoner Zoo geborenen Schimpansen entstanden war. Die Freundinnen meiner Mutter fanden dieses Spielzeug grauenhaft und unkten, es würde mich in Angst und Schrecken versetzen und ich würde Alpträume davon bekommen. Aber Jubilee wurde sofort mein Lieblingsbesitz und begleitete mich bei fast all meinen Kindheitsabenteuern. Das alte Plüschtier ist heute noch da, nahezu kahl von all den Liebesbeweisen im Lauf der Zeit, und sitzt meistens in meinem Schlafzimmer in dem Haus in England, in dem ich aufgewachsen bin.

Schon immer war ich völlig fasziniert von Tieren aller Art. Dabei bin ich mitten im Herzen Londons geboren, wo es nur Hunde und Katzen, Spatzen, Tauben und ein paar Insekten in dem kleinen Garten gab, den wir uns mit den anderen Bewohnern unseres Mietshauses teilten. Selbst als wir in ein Haus am Stadtrand umzogen, von wo aus mein Vater jeden Tag zu seinem Ingenieurbüro in der Innenstadt pendelte, blieb die Natur auf Teerstraßen, Häuser und säuberlich gepflegte Gärten beschränkt.

Meine Mutter, die jetzt 94 Jahre alt ist, hat immer gern davon erzählt, wie ich schon als Kleinkind von Tieren fasziniert war und mich für deren Wohlergehen eingesetzt habe. Besonders gern erzählt sie, wie ich im zarten Alter von anderthalb Jahren eine Handvoll Regenwürmer im Londoner Garten auflas und mit ins Bett nahm.

»Jane«, hatte sie mit starrem Blick auf das Wurmgeringel gesagt, »wenn du sie hierbehältst, sterben sie. Sie brauchen die Erde.«

Da habe ich eiligst die Würmer wieder eingesammelt und sie in den Garten zurückgebracht.

Bald darauf besuchten wir Freunde, die ein Haus an der wilden Felsküste von Cornwall besaßen. Als wir zum Strand hinuntergingen, war ich gefesselt von den meerwassergefüllten Tümpeln, in denen es von Lebewesen nur so wimmelte. Niemand bemerkte, daß die Muscheln und Schneckenhäuser, die ich in meinem Eimer nach Hause trug, lebendig waren. Als meine Mutter später in mein Zimmer kam, krochen überall kleine knallgelbe Meeresschnecken herum – auf dem Fußboden, an den Wänden, hinter dem Kleiderschrank. Sie erklärte mir, daß die Schnecken nur im Meer leben könnten, sonst würden sie sterben. Daraufhin muß ich geradezu hysterisch geworden sein. Alle im Haus, so erzählte Vanne, mußten alles stehen- und liegenlassen und mir helfen, die Schnecken wieder einzusammeln, damit sie schnell zum Meer zurückgebracht werden konnten.

Eine Anekdote ist besonders häufig erzählt worden, weil sie zeigt, daß ich offenbar schon mit vier Jahren das Zeug zu einer echten Naturkundlerin hatte. Meine Mutter und ich besuchten meine Großmutter väterlicherseits, Mrs. Nutt (ich nannte sie Danny, weil ich »Granny« nicht aussprechen konnte), auf dem Bauernhof der Familie. Mir fiel unter anderem die Aufgabe zu, die Eier aus dem Hühnerstall zu holen. Im Lauf der Zeit dort wurde ich immer nachdenklicher. Wo war bei einer Henne eine Öffnung, die groß genug gewesen wäre, um ein Ei herauszulassen? Anscheinend erklärte es mir niemand zufriedenstellend, so daß ich beschlossen haben muß, es selbst herauszufinden. Ich folgte einer Henne in einen der kleinen hölzernen Hühnerställe, aber als ich hinter ihr her kroch, kreischte sie natürlich in größtem Entsetzen und flüchtete eilends. Daraufhin dachte ich in meinem vierjährigen Sinn, daß ich wohl *vor ihr* im Stall sein müßte. Also kroch ich in den nächsten Hühnerstall und wartete hoffnungsvoll darauf, daß eine Henne kommen und ein Ei legen würde. Ich harrte aus, still in eine Ecke geduckt, mit etwas Stroh getarnt, und wartete. Schließlich kam eine Henne hereinspaziert, scharrte im Stroh und ließ sich auf ihrem selbstgemachten Nest direkt vor mir nieder. Ich muß vollkommen still gewesen sein, denn sonst hätte sie sicher die Störung bemerkt. Plötzlich erhob sie sich ein wenig, und ich sah, wie etwas rundes Weißes langsam aus den Federn zwischen ihren Beinen hervorkam. Mit einem

Plopp! landete das Ei im Stroh. Die Henne gluckste erfreut, schüttelte das Gefieder, stupste das Ei ein bißchen mit dem Schnabel hin und her und ging. Es ist erstaunlich, wie lebhaft mir die ganze Szene im Gedächtnis geblieben ist.

Voller Begeisterung quetschte ich mich aus dem Stall und rannte ins Haus. Es war fast dunkel, ich muß also etwa vier Stunden in dem engen, muffigen Hühnerstall gehockt haben. Natürlich hatte ich überhaupt nicht bedacht, daß niemand gewußt hatte, wo ich steckte, und die ganze Familie mich suchte. Man hatte mich sogar bei der Polizei vermißt gemeldet! Meine Mutter, die mich immer noch suchte, sah plötzlich mich aufgeregtes kleines Mädchen zum Haus rennen, und trotz der Sorgen, die sie sich gemacht hatte, schalt sie mich nicht aus. Sie bemerkte, daß meine Augen leuchteten, setzte sich zu mir und hörte sich an, wie ein Huhn ein Ei legte und was für ein Wunder es war, als das Ei schließlich aufs Stroh fiel.

Bestimmt hatte ich großes Glück, eine solche Mutter zu haben – die so weise war, meine Liebe zu allem Lebendigen und meinen leidenschaftlichen Wissensdrang zu nähren und zu fördern. Das Wichtigste war ihre Denkweise, daß wir Kinder immer versuchen sollten, unser Bestes zu geben. Wie wäre ich wohl geworden, frage ich mich manchmal, wenn ich in einem Haus aufgewachsen wäre, in dem jedes Unternehmen durch eine strenge, unsinnige Disziplin im Keim erstickt worden wäre? Oder in einer Atmosphäre zu großer Nachsicht, in einem Haushalt, in dem keine Regeln aufgestellt und keine Grenzen gezogen wurden? Meine Mutter hatte einen klaren Begriff von der Bedeutung der Disziplin, aber sie erklärte uns immer, *warum* manche Dinge streng verboten waren. Vor allem jedoch bemühte sie sich immer um Fairneß und Unzweideutigkeit.

Als ich fünf und meine kleine Schwester Judy ein Jahr alt war, zogen wir nach Frankreich. Mein Vater wünschte, daß wir schon als Kinder fließend Französisch sprechen lernten. Das sollte jedoch nichts werden, denn ein paar Monate nach unserem Umzug besetzte Hitler die Tschechoslowakei, ein Vorstoß, der zum Zweiten Weltkrieg führen sollte. Die Rückkehr nach England wurde beschlossen, und da wir unser Haus in London verkauft hatten, zogen wir zu Großmutter Danny in das alte Bauernhaus, in dem mein Vater aufgewachsen war. Es lag in Kent, war aus grauen Bruchsteinen erbaut und umgeben von Wiesen, auf denen Kühe und Schafe weideten. Ich war leidenschaftlich gern dort. Auf dem zum Hof gehörigen Gelände befanden sich die Ruinen einer Burg, in der König Heinrich VIII. eine seiner Gattinnen gefangengehalten hatte, zusammengefallene Grausteinbrocken voller Spinnen und Fledermäusen. Im Haus selbst roch es immer schwach nach den Petroleumlampen, die abends entzündet wurden, denn es gab keinen Strom. Noch jetzt, über sechzig Jahre später, entführt mich der Geruch von Petroleumlampen stets in diese zauberische Zeit. Sie währte allerdings nicht lange. Der Schrecken des Krieges kam immer näher, und da meine Mutter wußte, daß mein Vater sich bei der ersten Gelegenheit zum Militär melden würde, zog sie mit Judy und mir zu ihrer eigenen Mutter nach *The Birches* in Bournemouth, einem 1872 im viktorianischen Stil erbauten roten Backsteinhaus, das nur wenige Gehminuten von der Küste des Ärmelkanals entfernt liegt.

Am 3. September 1939 war es soweit: England erklärte Deutschland den Krieg. Ich war damals erst fünfeinhalb Jahre alt, trotzdem erinnere ich mich daran. Die ganze Familie war im Salon versammelt. Die Atmosphäre war gespannt, alle lauschten auf die Nachrichten über Funk; nach der Kriegserklärung trat Stille ein. Natürlich wußte ich nicht, was los war, aber diese Stille, dieser Eindruck kommenden Unheils, wirkte beängstigend auf mich. Noch heute, über ein halbes Jahrhundert später, greift es mir beim Läuten der Glocke von Big Ben, das damals stets den BBC-Nachrichten vorausging, eiskalt ans Herz.

Wie erwartet, meldete sich mein Vater sofort freiwillig, und so wurde *The Birches* (der »Birkenhof«) meine neue Heimat. Dort, an der Südküste Englands, sollte ich den Rest meiner Kindheit und meine Jugend verbringen. Das heißgeliebte Haus ist noch immer mein Heim, mein Zufluchtsort, wenn ich in England bin. Dort schreibe ich an diesem Buch.

Meine Großmutter mütterlicherseits, die ebenfalls bei allen Danny hieß, weil ich »Granny« nicht aussprechen konnte, war das unangefochtene Oberhaupt der großen Familie, die sich den Birkenhof teilte. Sie war eine starke, mit Selbstbeherrschung und einem eisernen Willen ausgestattete Viktorianerin, die mit höchster Autorität über uns herrschte und ein so großes Herz hatte, daß alle hungernden Kinder dieser Welt darin Platz gefunden hätten. Ihr Mann, ein Waliser, war Pfarrer der Congregational Church gewesen und schon vor meiner Geburt gestorben. Er war seinerzeit ein brillanter Gelehrter und im Besitz hoher theologischer Würden, die er an drei Universitäten erworben hatte – in Cardiff, Oxford und Yale. Danny, die ihn um mehr als dreißig Jahre überlebte, hatte all seine Briefe aufgehoben, mit rotem Band zusammengebunden, und las abends vor dem Schlafengehen darin. Außerdem zählte sie, wie sie uns sagte, allabendlich alles auf, womit sie gesegnet worden war, bis sie einschlief. Ihr war es schrecklich, ins Bett zu gehen, ohne vorher Frieden geschlossen zu haben mit allen um sie herum. Es kommt immer zu kleinen Reibereien und Streitigkeiten, wenn so viele Menschen zusammenleben, und die mußten vor der Schlafenszeit ausgeräumt sein. »Lasset die Sonne nicht über eurem Zorn untergehen«, pflegte sie aus der Bibel zu zitieren. Und bis auf den heutigen Tag höre ich förmlich ihre Stimme, wenn ich eine Meinungsverschiedenheit mit einem Freund oder einer Freundin habe: »Wie schrecklich wäre dir zumute, wenn er (oder sie) sterben würde, ehe du die Sache geklärt hättest, ehe du um Verzeihung bitten konntest.« Ich glaube, darum klingen mir die Worte von Walter de la Mare so vertraut: »Sieh in deiner letzten Stunde, wie schön alle Dinge, zu jeder Stunde sind.«

Wir wohnten mit den beiden Schwestern meiner Mutter zusammen im Birkenhof: Olwen, die ich sofort in Olly umtaufte, und Audrey, die lieber mit ihrem Waliser Namen Gwyneth genannt werden wollte. An den meisten Wochenenden besuchte uns auch Onkel Eric, ihr älterer Bruder, der als Arzt in einem Londoner Krankenhaus tätig war. Gleich nach Beginn des Krieges nahmen wir noch zwei alleinstehende Frauen auf, die, wie viele andere auch, durch die Zerstörungen und das Chaos, das sich in Europa immer mehr ausbreitete, heimatlos geworden waren. An alle Haushalte erging die Bitte, Raum zu schaffen für diese unglücklichen Menschen. Und so kam es, daß der Birkenhof damals ein betriebsamer Ort war, an dem sich Menschen aller Art zusammenfanden. Wir lernten, gut miteinander auszukommen. Im Haus herrschte (und herrscht heute noch) eine herzliche Atmosphäre; es hatte einen ganz eigenen Charakter und war trotz der vielen Menschen von Frieden erfüllt. Am schönsten war der große Garten hinter dem Haus mit seinen vielen Bäumen, einer grünen Wiese und zahlreichen versteckten Plätzen im Gebüsch, wo natürlich Gnomen und Elfen hausten und im Mondschein tanzten. Meine Liebe zur Natur wurde durch meine Beobachtungen, wie die Vögel ihre Nester bauten, die Spinnen ihre Eierballen herumtrugen und die Eichhörnchen einander durch die Bäume jagten, immer stärker.

Meine Kindheitserinnerungen sind untrennbar verbunden mit Rusty, einer absolut liebenswerten schwarzen Promenadenmischung von Hund mit einem weißen Flecken auf der Brust. Er war mein ständiger Begleiter und hat mir unendlich viel vom wahren Wesen der Tiere vermittelt. Es gab noch andere Haustiere im Lauf der Zeit: nacheinander etliche Katzen, zwei Meerschweinchen, einen Goldhamster, mehrere Schildkröten unterschiedlicher Art sowie einen Kanarienvogel namens Peter, der zwar im Käfig schlief, tagsüber jedoch frei im Zimmer herumfliegen durfte. Eine Zeitlang besaßen Judy und ich auch jede eine eigene »Rennschnecke«, der wir jeweils eine Zahl aufs Haus gepinselt hatten. Wir hielten sie in einer mit einer Glasscheibe abgedeckten alten Holzkiste ohne Boden, die wir auf der Wiese immer ein Stück weiterrückten, so daß die Schnecken frische Löwenzahnblätter essen konnten.

In einem Teil des Gartens war hinter dichtem Gebüsch eine kleine Lichtung, auf der Judy und ich ein »Lager« für die Versammlungen unseres Clubs einrichteten, eines Clubs, der nur aus vier Mitgliedern bestand, nämlich uns beiden und unseren besten Freundinnen Sally und Susie Cary, die ihre Sommerferien immer bei uns verbrachten. Im Lager hatten wir eine alte Truhe, in der wir vier Henkelbecher, einen kleinen Vorrat an Kakao und Tee und einen Löffel aufbewahrten. Wir pflegten ein Feuer zu entzünden und in einer Blechdose, die wir auf vier Steinen über die Flammen stellten, Wasser zu kochen. Manchmal hielten wir auch mitternächtliche »Feste« dort ab mit Speisen, die wir uns von den Mahlzeiten aufgehoben hatten. In den Kriegsjahren war fast alles rationiert, und so gab es selten mehr als einen Keks oder einen Brotrest, den wir uns vom Munde abgespart hatten. Es war die Spannung, das heimliche Davonschleichen aus dem Haus, der geisterhafte Anblick der Wiesen und Bäume, die wir liebten. Das Gefühl, es geschafft zu haben, machte den Spaß aus, wenn wir solchermaßen die Regeln übertreten hatten, und nicht die armseligen Bröckchen, die wir für unser Fest gesammelt hatten. Nahrung ist mir bis heute vollkommen unwichtig.

Wie die meisten Kinder, die glücklich aufwachsen, hatte auch ich nie Grund, die religiösen Überzeugungen meiner Familie anzuzweifeln. Gab es Gott? Natürlich. Gott war für mich eine ebensolche Realität wie der Wind, der durch die Bäume in unserem Garten strich. Gott sorgte irgendwie für eine magische Welt voller aufregender Tiere und Menschen, die überwiegend freundlich und nett waren. Es war eine Zauberwelt für mich, erfüllt von Freude und Wundern, und ich fühlte mich ihr zugehörig.

Danny ging jeden Sonntag zur Kirche, und mindestens einer von uns begleitete sie stets. Auch Audrey versäumte keinen einzigen Gottesdienst, und Olly sang im Kirchenchor. Aber wir Kinder wurden nie gezwungen, sie zu begleiten, und wir gingen auch nicht zur Sonntagsschule. Allerdings achtete Danny darauf, daß sich unser Glaube nicht auf die animistische Verehrung der Natur und ihrer Fauna und Flora beschränkte. Sie glaubte fest an Gott den Vater, den Sohn und den Heiligen Geist. Sie wollte, daß Judy und ich ihren Glauben teilten, weil er ihr so tröstlich erschien. Und so tat sie ihr Bestes, unser Leben mit der Moral und Weisheit der Christenlehre zu tränken. Die Regeln, die wir einhalten mußten, waren einfach die Zehn Gebote. Gelegentlich zitierte sie aus der Bibel ihren Lieblingsvers – den ich übernommen habe: »Wenn ich schwach bin, so bin ich stark.« Das hat mir durch die schwersten Zeiten meines Lebens geholfen. Irgendwie finden wir immer die Kraft, um einen Tag voller Kummer, Leid und Herzzerbrechen zu überstehen. Ich jedenfalls.

Als Kind hatte ich überhaupt keine Lust, zur Schule zu gehen. Die Natur, die Tiere, der Zauber entlegener wilder, einsamer Orte, das war es, wovon ich träumte. In unserem Haus waren überall Bücherregale, und die Flut der Bücher ergoß sich auch auf den Boden. Wenn es naßkalt draußen war, kauerte ich mich in einem Sessel am Feuer zusammen und verlor mich in anderen Welten. Zu meiner Lieblingslektüre damals gehörten *Dr. Dolittle und seine Tiere*, *Das Dschungelbuch* und die wunderbaren Tarzanbücher von Edgar Rice Burroughs. Auch *Der Wind in den Weiden* liebte ich, und ich erinnere mich noch heute an das erhebende, mystische Erlebnis von Ratte und Maulwurf, als sie das vermißte Otterjunge zusammengerollt zwischen den Hufspalten des Hirtengottes Pan wiederfanden. Noch ein Buch schlug mich in seinen Bann: *Hinter dem Nordwind*, eine Geschichte mit viktorianischem Moralanspruch, die heute kein Kind mehr lesen würde. Der kleine Diamond, der Held des Buches, schlief auf dem Heuboden über dem alten Diamond, dem Droschkenpferd, auf das die Familie, die arm war, zu ihrem Lebensunterhalt angewiesen war. Der eisige Nordwind blies in Diamonds Heuboden hinein und erschien dem Jungen als schöne Frau, das eine Mal klein wie ein Glöckchen, das andere Mal groß wie eine Ulme. Dann nahm sie ihn mit auf Weltreise, in ihrem Windschatten sicher untergebracht in einem Nest, das sie ihm aus ihren wunderschönen langen, dicken Haaren bereitet hatte. Das Buch wirkte wie Zauber und Magie auf mich, es führte mir in Erzählform das menschliche Leid vor Augen und bereitete mich in gewisser Weise auf die echten Leiden des Krieges vor. Denn in Europa wütete der Krieg, und nur allzubald sollte er sich selbst im verschlafenen Bournemouth bemerkbar machen.

Immer öfter hörten wir das Dröhnen eines deutschen Flugzeugs und den Donner einer explodierenden Bombe. Wir hatten Glück, denn nichts kam so nah bei uns herunter, daß es Schaden angerichtet hätte. Aber die Fenster klirrten laut, und einige Scheiben bekamen Sprünge. Wie genau erinnere ich mich noch an das Heulen der Sirenen beim Fliegeralarm! Normalerweise gingen sie irgendwann nachts los, denn das war die Zeit, wenn die Bomber angeflogen kamen. Dann mußten wir aus dem Bett und uns in dem kleinen Luftschutzbunker zusammendrängen, den wir in unserem Haus installiert hatten in einem kleinen Zimmer, einer ehemaligen Mägdekammer, die noch heute »Bunker« genannt wird. Der »Bunker« war in Wirklichkeit nur ein niedriger Kasten mit Stahlabdekkung, etwa 1,50 mal 1,80 m groß und nur 1,20 m hoch.Tausende davon wurden an Haushalte vergeben, die in besonders gefährdeten Gebieten lagen. Dort mußten wir, oft zu sechs Erwachsenen und wir zwei Kinder, bis zur ersehnten »Entwarnung« ausharren.

Mit sieben Jahren war ich an Nachrichten von Kämpfen, Niederlagen und Siegen gewöhnt. Andeutungen in der Presse und im Radio von den unaussprechlichen Greueltaten, die an den Juden Europas verübt wurden, von den Grausamkeiten des Naziregimes im Namen Hitlers, öffneten uns die Augen dafür, wie inhuman sich der Mensch seinen Mitmenschen gegenüber verhalten kann. Obgleich mein Leben noch immer von Liebe und Sicherheit erfüllt war, kam mir allmählich zu Bewußtsein, daß es noch eine andere Welt gab, eine harte, bittere Welt des Leidens, des Todes und der menschlichen Grausamkeit. Wir gehörten zwar zu den Glücklicheren, denn wir waren weit entfernt vom Schrecken schwerer Bombenangriffe, aber trotzdem waren die Auswirkungen des Krieges auch für uns spürbar. Unser Vater war Soldat und weit weg irgendwo im Urwald von Singapur. Onkel Eric und Olly leisteten Dienst bei Luftangriffen und waren in dunkler Nacht unterwegs, sobald der Fliegeralarm ertönte. Audrey arbeitete als Landhelferin. Allabendlich mußten wir alles »verdunkeln«. Amerikanische Soldaten besetzten mit ihren Panzern die Straße, die am Birkenhof vorbeiführte. Einer von ihnen wurde ein guter Freund, aber dann wurde er mit seinem Regiment an die Front gerufen und fiel, wie so viele andere auch.

Im vierten Kriegssommer hätte es auch uns beinahe getroffen. Judy, ich und unsere besten Freundinnen Sally und Susie durften eine Ferienwoche ein paar Meilen entfernt an der Küste verbringen, wo man tatsächlich noch an den Sandstrand konnte. (England war auf eine mögliche deutsche Invasion vorbereitet, und deshalb war die Küste fast überall Meile um Meile mit Stacheldraht verbarrikadiert.) Eines Tages, unsere Mütter saßen im Sand und wir Kinder spielten, bestand Vanne plötzlich darauf, daß wir zu unserem kleinen Ferienhaus zurückwandern sollten, und zwar auf einem anderen Weg, der viel länger war als der Hinweg, so daß wir das Mittagessen verpassen würden. Sie ließ sich nicht davon abbringen. Zehn Minuten nach unserem Aufbruch, als wir gerade über ein paar Sanddünen kletterten, hörten wir das leise Motorengeräusch eines Flugzeugs in großer Höhe, mit Kurs Richtung Meer. Ich erinnere mich noch lebhaft daran, wie ich hochschaute und zwei winzige schwarze Objekte, aus dieser Entfernung nicht größer als Zigarren, aus dem Flugzeug in den tiefblauen Himmel fallen sah. Deutsche Bomber warfen ihre Bomben oft an der Küste ab, wenn sie sie nicht am vorgesehenen Ziel losgeworden waren. Das war sicherer, falls sie auf dem Heimweg auf unsere Flugabwehr trafen. Ich weiß noch, daß unsere Mütter uns nötigten, uns hinzulegen, und sich dann über uns legten. Mir ist noch genau das schreckliche Explosionsgeräusch in den Ohren, mit dem die Bomben auf die Erde aufschlugen. Eine der Bomben sprengte genau da einen tiefen Trichter in die Straße, wo wir uns ohne Vannes böse Vorahnung gerade befunden hätten.

Als der Krieg in Europa am 7. Mai 1945 endlich zu Ende ging, bestätigten sich die grauenvollen Gerüchte über die Todeslager der Nazis. Erste Fotos erschienen in den Zeitungen. Ich war damals elf Jahre alt, leicht zu beeindrucken und sehr phantasiebegabt. Obgleich die Familie mir die grauenerregenden Holocaustbilder gern erspart hätte, wurde ich nie davon abgehalten, die Zeitungen zu lesen, auch jetzt nicht. Die Fotos hatten eine tiefe Wirkung auf mein Leben. Ich konnte die Bilder der wandelnden Skelette mit den tiefeingesunkenen Augen und den fast ausdruckslosen Gesichtern nicht mehr loswerden. Ich mühte mich vergeblich, die körperlichen und geistigen Todesqualen zu begreifen, die diese Überlebenden und Hunderttausende, die umgekommen waren, durchgemacht haben mußten. Ich weiß noch, was für ein Schock es war, auf einem Foto Leichen übereinander aufgetürmt in einer riesigen Grube liegen zu sehen. Daß so etwas geschehen konnte, ergab keinen Sinn. Alles Böse, das im Menschen schlummerte, hatte sich freie Bahn gebrochen, all die Wertbegriffe von Güte, Anstand und Liebe, die man mir beigebracht hatte, waren mißachtet worden. Ich weiß noch, daß ich mich fragte, ob das wirklich wahr sein konnte, ob Menschen wirklich ihren Mitmenschen so etwas Entsetzliches antun konnten. Die spanische Inquisition und all die mittelalterlichen Foltermethoden, von denen ich gelesen hatte, kamen mir in den Sinn. Und das furchtbare Leid, das über die schwarzen Sklaven gebracht worden war. (Ich hatte einmal ein Bild von afrikanischen Galeerensklaven gesehen, zwischen deren Reihen ein brutal wirkender Aufseher mit einer Peitsche in der erhobenen Hand stand.) Zum ersten Mal in meinem Leben zweifelte ich am Wesen Gottes. Wenn Gott gut und allmächtig war, wie ich zu glauben erzogen worden war, wie konnte er dann zulassen, daß so viele unschuldige Menschen litten und starben? So konfrontierte mich der Holocaust mit der uralten Frage nach Gut und Böse. 1945 war diese Frage keine reine Theorie, sondern stellte ein reales Problem dar, mit dem wir uns auseinandersetzen mußten, desto schonungsloser, je mehr Horrorgeschichten bekannt wurden.

Ich merkte, daß die Dinge nicht so klar umrissen waren, wie es den Anschein gehabt hatte; das Leben war voller Doppeldeutigkeiten und Widersprüche. Der Holocaust erschütterte mich bis ins Mark. Fortan und bis heute hatte ich das zwingende Bedürfnis, Bücher über die Nazis und ihre Konzentrationslager zu lesen. Wie konnten sich Menschen nur so verhalten? Wie konnte jemand solche Qualen aushalten und überleben? Diese Fragen sind mir mein Leben lang nicht mehr aus dem Kopf gegangen.

2

Wegbereitung

Als ich zwölf Jahre alt war, ließen sich meine Eltern scheiden, aber Vanne, Judy und ich lebten weiter im Birkenhof. Da ich meinen Vater während der langen Kriegsjahre ohnehin selten gesehen hatte und dann auch nur ein paar Tage, immer wenn er Urlaub hatte, änderte sich für mich eigentlich nicht viel. Der Birkenhof war inzwischen seit sieben Jahren meine Heimat.

In der Schule strengte ich mich sehr an, denn das Lernen machte mir Freude, zumindest in den Fächern, die mich interessierten, wie englische Sprache und Literatur, Geschichte, Religion und Biologie. Außerdem las ich noch eine Menge zu Hause. Unter den Hunderten von Büchern im Birkenhof waren viele philosophische Werke, die meinem Großvater gehört hatten. Diese ehrwürdigen Bände, meist in schöner alter gotischer Schrift gedruckt, hatten es mir besonders angetan. Ebensogern, wie ich las, schrieb ich Geschichten und auch Gedichte, meist über die Natur und meine Lebensfreude. Am liebsten waren mir die Wochenenden und Schulferien, denn da konnte ich mit Rusty draußen auf den kieferbestandenen Sandhängen der Kliffküste herumstreifen. Im späten Frühling waren sie leuchtendgelb von blühenden Stechginsterbüschen, im Sommer brennend lila- und karminrot von Rhododendren.

Es gab Eichhörnchen und alle Arten von Vögeln und Insekten. Wie ich die Freiheit genoß!

Ich werde nie vergessen, wie spannend es war, als ich eines Tages im Vorfrühling in der Heide auf den Felsklippen über dem Meer ein Wiesel Mäuse jagen sah. Oder den warmen Sommerabend, als ich einen Igel dabei beobachtete, wie er mit lautem Grunzen und Schnaufen seiner stacheligen Gefährtin den Hof machte. Oder den Zauber eines Spätsommernachmittags, an dem ich auf ein Eichhörnchen stieß, das Bucheckern sammelte und vergrub. Das war sein Proviant für die kurzen Pausen in seinem Winterschlaf. So war es jedenfalls vorgesehen. Aber ein Eichelhäher, der über ihm auf einem Ast saß, kam jedesmal, wenn es sorgsam etwas vergraben hatte, herabgeflogen und raubte den Vorrat. Die Szene wiederholte sich siebenmal; zweimal bemerkte das Eichhörnchen den Diebstahl sogar, setzte sein vergebliches Tun jedoch trotzdem mit unvermindertem Eifer fort. Ein andermal erhaschte ich einen Blick auf den rostroten Pelz eines Fuchses, ging seiner Spur im Januarschnee nach und sah, daß er ohne Erfolg ein Kaninchen gejagt hatte.

Obwohl ich es sehr genoß, mit Rusty allein zu sein, war ich keineswegs menschenscheu, sondern zog auch ab und zu mit Freundinnen los – Gemeinschaftsschulen gab es damals noch nicht, ich war auf einer reinen Mädchenschule. Ich habe nicht mehr genau im Kopf, welche Spiele wir draußen in den Küstenbergen oder am Strand spielten. Wir hielten gern Mutproben ab und ließen uns dabei auch auf relativ gefährliche Unternehmungen ein, etwa über einen Steilhang zu klettern. Dabei hätte sich einmal beinahe eine Tragödie ereignet. Ein Mädchen kam ins Rutschen und löste dabei eine kleine Sandlawine aus, die

Onkel Eric, Audrey, Danny, Jane, Olly und Judy

den steilen Hang hinabstürzte. Das Mädchen erstarrte. Sie rutschte zwar nicht weiter ab, wagte aber nicht mehr, sich zu bewegen, und es dauerte unserem Empfinden nach Stunden, bis wir sie zum nächsten Schritt überreden konnten. Dieses Erlebnis kühlte unseren Mut etwas ab, so daß wir fortan nicht mehr ganz so tollkühn waren. All das war natürlich, ohne daß ich es ahnen konnte, ein hervorragendes Training für meinen späteren Aufenthalt im afrikanischen Gombe.

An den meisten Samstagen besuchte ich eine Reitschule auf dem Lande, deren Besitzerin die bemerkenswerte Selina Bush war, genannt Bushel. Vanne konnte Reitstunden einmal die Woche nicht bezahlen. Darum säuberte ich Sättel und Zaumzeug, mistete die Ställe aus und half auf dem Hof, und ich war so fleißig und mit solcher Begeisterung bei der Sache, daß ich oft mit einem Gratisritt belohnt wurde. Die meisten von Bushels Tieren waren kleine, ausdauernde New-Forest-Pferde, Nachkommen der wildlebenden Herden im nahegelegenen Wald, die als Fohlen eingefangen worden waren. Auf ihnen erlernte ich nach und nach die Reitkunst. Eines Tages wurde mir zu meinem größten Entzücken gestattet, ein Turnierpferd zu reiten. Manchmal nahm ich an Springturnieren im Rahmen örtlicher Geschicklichkeitswettbewerbe für Reiter teil. Und einmal erhielt ich eine Einladung zur Jagd. Zur Fuchsjagd. Toll! Das hieß, daß ich mit den Jägern in ihren roten Uniformen reiten durfte. Es würden hohe Hecken und Zäune zu überwinden sein, und das Jagdhorn würde erschallen. Das wichtigste aber war, daß Bushel meine Reitkünste offenbar für gut genug ansah, um mir diese Chance zu geben. Ich brannte zwar darauf, mich zu beweisen, hatte jedoch auch ein wenig Angst, Bushel vielleicht zu enttäuschen.

An den Fuchs dachte ich gar nicht. Nach drei Stunden angestrengten Reitens sah ich ihn endlich, abgehetzt und erschöpft, kurz bevor die Hunde ihn packten und in Stücke rissen. Meine Begeisterung war schlagartig erloschen. Wie hatte ich auch nur eine Sekunde lang wünschen können, mit einer großen Schar erwachsener Menschen zu Pferde, gefolgt von anderen in Autos und auf Fahrrädern, an einem so schrecklichen, mörderischen Vergnügen teilzunehmen, bei dem am Ende eine Riesenmeute bellender Hunde einen armen kleinen Fuchs zerfleischte! Ich weiß noch, daß ich nachts wach lag und an den Fuchs denken mußte, den ich in den Küstenbergen erspähte, und an jenes bemitleidenswerte Opfer der Jagd. Mein Küstenfuchs hatte natürlich selbst gejagt, aber nur, weil er Nahrung brauchte, nicht zum Sport.

Ich habe viel nachgedacht über diese Jagd. Die Tatsache, daß ich als tierliebender Mensch mir gewünscht hatte, daran teilnehmen zu dürfen, erscheint mir jetzt äußerst merkwürdig. Was wäre gewesen, wenn ich den Fuchs überhaupt nicht zu Gesicht bekommen hätte? Wäre ich dann noch einmal mitgeritten? Was wäre, wenn ich auf dem Lande gelebt, wir eigene Pferde gehabt hätten und ich von klein auf an solchen Jagden hätte teilnehmen müssen? Wäre mir dieses Treiben dann ganz normal vorgekommen? Hätte ich immer wieder Füchse gejagt und völlig erbarmungslos ihr Leiden mitangesehen, »das Mitleid abgestumpft durch die gewohnte Greueltat«? Verhält es sich so? Tun wir das, was unsere Freunde machen, um dazuzugehören, um anerkannt zu werden?

Selbstverständlich gibt es vereinzelt immer auch willensstarke Menschen, die den Mut haben, zu ihren Überzeugungen zu stehen und sich gegen ungute Verhaltensnormen innerhalb einer Gruppe zur Wehr zu setzen. Und unangemessenes, moralisch verwerfliches Verhalten wird so manches Mal durch den Einfluß Außenstehender verändert, die »mit anderen Augen« sehen und einen weitsichtigen Hintergrund haben. Zum Glück wurde ich nicht auf die Probe gestellt. Unter den Freunden meiner Familie waren keine Jäger, die meist dem »Landadel« angehören; so konnte ich der Jägerei den Rücken kehren, ohne daß deshalb auch nur eine Augenbraue hochgezogen wurde. Ich ritt aber weiterhin gerne und bin, wie ich zu meiner Schande gestehen muß, viele Jahre später sogar noch einmal auf die Jagd gegangen, in Kenia.

Während meiner Schuljahre habe ich viele Stunden im Garten verbracht; oft habe ich Bücher und Hefte für meine Hausaufgaben zu unserem kleinen Gartenhäuschen mitgenommen oder bin damit hoch hinauf in meinen Lieblingsbaum, eine Buche, geklettert. Diese Buche liebte ich so sehr, daß ich Danny dazu überredete, sie mir durch einen unterschriebenen Zettel in ihrem Testament zu vermachen! Dort oben, hoch über dem Erdboden, konnte ich mit dem Leben des Baums verwachsen, mich mit ihm wiegen, wenn der Wind stark blies, dem Rascheln der Blätter ganz nahe sein. Der Gesang der Vögel klang dort oben anders, klarer und lauter. Manchmal meinte ich, wenn ich meine Wange an den Stamm preßte, den Saft, das Lebensblut der Buche, unter der Rinde steigen zu spüren. Dort oben in meiner privaten grünen Blätterwelt pflegte ich auch zu lesen. Ich glaube, ich habe alle Tarzanbücher in luftiger Höhe gelesen! Ich war bis über beide Ohren in den Herrn des Dschungels verliebt und furchtbar eifersüchtig auf Jane. Es waren diese Tagträume von einem Urwaldleben an der Seite Tarzans, die in mir den Entschluß reifen ließen, nach Afrika zu gehen, mit Tieren zusammenzuleben und Bücher über sie zu schreiben.

Ich bin auch auf die Buche geklettert, um einfach allein sein und nachdenken zu können. Die Schrecken des Krieges, der Holocaust und der Abwurf der Atombomben hatten mich zutiefst aufgewühlt. Für mich waren solche Greuel nicht mit der Existenz eines gütigen, allmächtigen Gottes zu vereinen, und so verbannte ich die Religion aus meinem Sinn. Meine Seele bezog mehr Nahrung aus der Natur als aus den immer seltener werdenden sonntäglichen Kirchgängen. Aber dann veränderte sich alles mit einem Schlag. Ein neuer Pfarrer trat sein Amt an der Richmond-Hill-Kirche an, Reverend Trevor Davies, Doktor der Theologie. Er war hochintelligent, und seine Predigten hatten eine eigene Kraft und gedankliche Tiefe. Trotzdem wurde die Botschaft immer mit größter Schlichtheit übermittelt. Er sprach mit einem leichten melodischen Beiklang seines Waliser Heimatdialekts, und ich hätte ihm stundenlang zuhören können. Ich verliebte mich unsterblich in ihn. Ich war 15 Jahre alt, aber damals konnte man in diesem Alter noch recht kindlich sein. Ich malte mir zwar alle möglichen romatischen Abenteuer mit dem Objekt meiner Begierde aus, aber nie sexuelle Kontakte. Es war eine platonische Liebe, aber deshalb keineswegs weniger stark. Ich stürzte mich mit enormer Begeisterung in diese neue Phase meines Lebens. Plötzlich mußte mich niemand mehr ermahnen, zur Kirche zu gehen, waren es doch für meinen Geschmack noch viel zu wenig Gottesdienste! In den trostlosen sechs Tagen zwischen den Sonntagen fand ich immer Ausflüchte, um abends wenigstens am Pfarrhaus vorbeigehen zu können – am erleuchteten Fenster seiner Studierstube – und, wenn ich Glück hatte, einen Blick auf seinen Scheitel zu erhaschen, während er an seiner Predigt schrieb – jedenfalls nahm ich das an.

Trevor hatte mehrere akademische Grade der Theologie erworben, und ich hatte auf einmal das Gefühl, etwas über die Interessen meines Schwarms in Erfahrung bringen zu müssen. Also grub ich wieder einige Bücher meines Großvaters aus und kämpfte mich durch die Schriften von Plato, Sokrates und anderen Philosophen. Wichtig war mir dabei natürlich, daß Trevor etwas von meinen Bemühungen bemerkte, und so klingelte ich ziemlich oft am Pfarrhaus, um ihn um Rat zu fragen oder ein Buch von ihm auszuleihen. Fest umklammernd, was er für mich ausgesucht hatte, machte ich mich dann wieder auf den Heimweg, entzückt, eins *seiner* eigenen Bücher in Händen zu halten. Eines davon handelte von der Philosophie des radikalen Empirismus. Außerhalb des eigenen Geistes, hieß es da, existiere nichts, nichts sei wirklich. Tische, Stühle, Bäume, andere Menschen – es gäbe keine Möglichkeit, zu beweisen, daß materielle Gegenstände existierten, und daher sollte man davon ausgehen, daß sie nicht existent seien. Ich mit meinen 16 Jahren fand das vollkommen absurd. Sofort schrieb ich ein humorvolles Gedicht zu diesem Thema und ließ eine Kopie davon in dem Buch liegen, das ich Trevor zurückgab. Zu meiner großen Enttäuschung verlor er nie ein Wort darüber, wahrscheinlich, weil er das Buch gleich wegstellte, ohne es überhaupt aufzuschlagen.

Reductio ad absurdum

Geschrieben nach der Lektüre der Philosophie von Hume.

Wenn du 'ne Apfelsine nimmst
und hältst sie in der Hand,
so ist sie gar nicht wirklich da,
– wenn ich es recht verstand.
Solch Empirist nun gar beweist,
obwohl sie da ist, wie du weißt,
daß alles bloß Empfinden ist,
was du mit deinen Sinnen mißt.
Sehen, Fühlen, Schmecken, Riechen
nennt er geistreich Sinnempfinden, –
Alles ist nunmehr in dir,
nicht in der Orange hier.
»Nun iß sie!« sagt er dann vielleicht.
»Schon wieder Sinnermessen!«
(Doch wenn er sagt, sie sei nicht da,
was soll ich da nur essen?)
Unrecht hat er, so findest du
und sagst ihm ganz pikiert,
daß du dir ziemlich sicher bist:
Materie existiert!
»Sie ist nicht sichtbar, fühlbar, hörbar
und läßt sich folglich nicht erfassen!
denk lieber nicht, daß es sie gibt,
denn beim Beweis du mußt dann passen!«
so seine Antwort – und danach
sagt er vielleicht behend,
daß du nur sein Empfinden bist

und gar nicht existent.
Du schreist: »Ich bin real wie du!« –
das gibt er widersprüchlich zu,
und kommt dann zu dem Schlusse,
daß *er* unwirklich doch sein müsse.
Es folgt daraus, daß jedes Ding,
das wir als existent auflisten,
nicht da und auch nicht wirklich ist
für radikale Empiristen.
Drum hör' ich jetzt zu schreiben auf,
denn ich bin gar nicht hier,
und niemand kann die Verse lesen,
denn allen geht's wie mir!

Im Birkenhof erregte diese neue Phase meines Lebens allseits Heiterkeit. Ich wurde unbarmherzig geneckt, wie es bei uns Sitte war. Mir machten die Neckereien Spaß, und ich mischte selber nach Kräften mit. Ich wusch mir die Hände nicht mehr, wenn Trevor mir nach dem Gottesdienst die Hand geschüttelt hatte. Einmal, als er darüber gepredigt hatte, daß man nicht nur einen, sondern auch einen zweiten Schritt tun sollte, machte ich in der darauffolgenden Woche alles doppelt. Ich holte zwei statt einen Eimer Kohlen aus dem Keller, kochte zwei Kannen Tee, sagte allen zweimal gute Nacht und nahm sogar zweimal hintereinander ein Bad. Die Familie war ziemlich genervt, besonders Onkel Eric, der sich bei unseren Neckereien ohnehin immer zurückhielt.

Trevor hatte, daran besteht kein Zweifel, einen starken Einfluß auf mein Leben. Die christliche Religion wurde in seinen

Predigten für mich lebendig; ich machte mir endlich wieder Gedanken um Gott und um religiöse Dinge. Ich fühlte mich Jesus sehr nahe und betete oft zu ihm. Ich hatte das Gefühl, daß er sich meiner annahm und daß er wußte, was ich vorhatte. Jesus von Nazareth, das Lamm Gottes, das Licht der Welt, der gute Hirte, der Messias. Und der Sohn Gottes. Was bedeutete das? Immer wieder sagte Jesus selbst, daß *wir alle* Kinder Gottes sind. Ich glaube, schon damals hatte ich eine erste Ahnung davon, was das hieß. Er sagte auch, wir sollten Herz und Sinn der Kraft des Heiligen Geistes öffnen; und er sagte, das würde denjenigen schwerfallen, die auf dieser Erde nach materiellem Besitz, nach Macht und Reichtum strebten, was auf mich kaum zutraf. So tat ich als jugendlicher Heißsporn alles, um den Heiligen Geist in mich aufzunehmen, sei es in der Kirche, wenn ich Trevors Predigten lauschte und an ihm vorbei auf das schöne Bildnis Jesu mit dem Lamm in den Armen blickte, ob ich den Vögeln nahe war, hoch oben in der Buche, während der Wind in den Blättern flüsterte, oder ob ich im Bett lag und mein Lieblingsbild vom guten Hirten betrachtete, der sich über einen gähnenden Abgrund beugt, um eins seiner Schafe zu ergreifen, das sich auf einen Felsvorsprung verirrt hat. Ja, ich glaubte an Jesus. Und ich glaubte an all die Wunder, denn ich vertraute auch damals schon auf die gewaltige Macht des menschlichen Geistes. Ich war sicher, daß ich von Jesus geheilt worden wäre, wenn ich ihn gekannt hätte (und krank gewesen wäre), als er noch auf Erden wandelte, weil ich auch an seine heilende Kraft geglaubt hätte. Und dieser bedingungslose, zweifelsfreie Glaube ist es wohl, der Wunder möglich macht. Damals konnte ich den Beweis dafür jedoch nicht antreten, denn ich wurde nicht ernstlich krank.

Als ich 16 Jahre alt war, empfand ich eine so starke Liebe zu Jesus und war so überzeugt von seiner nahen Gegenwart, daß mich die Martern seiner Kreuzigung und seine Gewissensqualen im Garten von Gethsemane verfolgten. Ich weiß noch, wie ich einmal am Karfreitag in der Innenstadt von Bournemouth spazierenging und Leute sah, die Tennis spielten. Ich war entsetzt: Wie konnten sie nur am Gedenktag des Leidens und Sterbens Jesu Tennis spielen? Dieser Gedanke hatte auch nicht im entferntesten etwas Bigottes. Ich war einfach so empört, so überzeugt, daß Jesus darüber betrübt wäre, daß mich aufrichtiger Zorn erfüllte. Ich glaubte fest, daß die Leute als Christen es hätten begreifen müssen.

Zu jener Zeit beschäftigte mich Folterqual sehr. Würde ich die Geisteskraft aufbringen, um das auszuhalten, was Jesus und die Märtyrer erlitten hatten? Wie hätte ich Folterqualen im Krieg durchgestanden? Hätte ich schweigen und die schützen können, die ich liebte, mit denen ich befreundet war, wenn mir Nägel ins Fleisch getrieben worden wären, wenn ich geschlagen oder auf die Folter gespannt worden wäre? Ich glaubte nicht, daß ich es hätte ertragen können, und verbrachte qualvolle Stunden mit solchen Gedanken. Würde ich mein Leben für meine Überzeugungen opfern? Natürlich gab es keine Möglichkeit, mir Gewißheit zu verschaffen. Um Eleanor Roosevelt zu zitieren: Die Menschen sind wie Teebeutel; man weiß erst, wie stark sie sind, wenn man sie mit kochendem Wasser überbrüht.

Ein wenig von meiner Seelenpein spiegelt sich in einem langen, erzählenden Gedicht wider, das ich damals geschrieben habe. Hier ein Auszug:

Augen, in irrer Angst, mit abgerissenen Lidern,
so daß sie hilflos sehen müssen, wie das Eisen, rot vor
Glut,
näher und näher rückt durch das leise sickernde Blut,
jeder Muskel gespannt von Grauen vor dem Ende,
ein wütendes Zischen, während sich in die lebendigen
Augäpfel
das glühendheiße Eisen bohrt. Der Schrei,
der sich dem tiefsten Schlund der Qual entringt.

Und meine Vorstellungen von der Hölle waren folgendermaßen:

Mit Seelenrändern, Saum auf Saum gepreßt,
war ich ein Nichts. Und doch als *Nichts* bestimmt
zu einem Dasein bis ans Ende aller Zeit.

Manchmal träumte ich davon, eine Märtyrerin zu werden. Wir hörten soviel von Stalin und seiner Schreckensherrschaft, daß ich entschlossen war, die Christen im kommunistischen Rußland zu unterstützen, insgeheim kleine Versammlungen von Gläubigen zu organisieren und dazu beizutragen, das Licht des Glaubens am Leben zu erhalten. Selbstverständlich würden mich die Russen wegen meiner Überzeugungen einkerkern und foltern. Dadurch, daß ich in meiner Vorstellung die Heldenrolle spielte und trotz aller Folterqualen zu meinem Glauben stand, fiel es mir leichter, mir nicht mehr so große Sorgen um mein Verhalten im wirklichen Leben zu machen. Diese Tagträume waren ein Teil meines Versuchs, mich mit der menschlichen Brutalität und Bösartigkeit auseinanderzusetzen, mit dem Leiden der Menschen, mit Mut, Idealismus und Vertrauen.

In dieser Zeit begann ich, aufmerksam und viel in der Bibel zu lesen, und ich war nicht fähig, alles zu glauben, was da stand. Zum einen gab es Teile, die mir durch und durch unlogisch erschienen; warum wurde ein ganzes Kapitel der Abstammung Josephs gewidmet, der doch, sofern die Geschichte von der Jungfrauengeburt stimmte, absolut nichts mit der Zeugung Jesu zu tun hatte? Was sollte das? Es ergab einfach keinen Sinn. Zwar glaubte ich bereitwillig an einige Dinge, die nicht zu beweisen waren, zum Beispiel an Gott, dessen Existenz mir eine Herzensgewißheit war, aber manches andere, etwa daß die Welt in sieben Tagen erschaffen wurde oder daß Eva einer Rippe Adams entsprang, konnte ich nicht glauben. Ich konnte auch nicht glauben, daß aus Brot und Wein beim Abendmahl wirklich Fleisch und Blut Christi wurden, obwohl ich überzeugt war, daß sie jemandem, der fest daran *glaubte,* wirklich als das Fleisch und Blut Christi erscheinen würden. Aber wollte Jesus überhaupt, daß man seine Worte buchstäblich verstand? Sicher nicht; bestimmt hatte Jesus das Essen und Trinken symbolisch gemeint, oder? Dabei wurde mir allmählich klar, daß mein Glaube an Gott und an Christus eine eigene, persönliche Bedeutung für mich hatte außerhalb des Bibelwortes, was für einen wahrhaft frommen Menschen fast schon Ketzerei sein dürfte. Ich habe einmal gelesen, Thomas Jefferson sei seinerzeit zu dem Schluß gekommen, daß die Bibel einfach nur eine Sammlung der Erinnerungen und Gedanken vieler Leute ist, von denen einige erheblich mehr Kenntnisse und erheblich mehr Weisheit besaßen als andere.

Daraufhin soll er aus den vier Evangelien all die Textpassagen herausgezogen haben, die ihm am wertvollsten und überzeugendsten erschienen, und diese stark gekürzte Version zu seiner Erbauung benutzt haben.

Trotz aller Vorbehalte machte es mir Freude, die Bibel zu lesen, besonders manche der wunderbaren Geschichten des Alten Testaments. Danny hatte ein sogenanntes Segenskästchen; nahm man den Deckel ab, sah man kleine Papierröllchen ordentlich darin liegen. Mit einer Pinzette holte man eines heraus, rollte es auseinander und las seinen jeweiligen Bibeltext. Es waren nur dreißig Bibelverse, und wer immer sie ausgewählt hatte, hatte offenbar im Sinn gehabt, daß sie den Leser beruhigen und trösten sollten. Nur einige wenige waren eine Ermahnung oder riefen zum Handeln auf.

Ich beschloß, selbst so ein Kästchen zusammenzustellen. Dieses Vorhaben nahm viel mehr Zeit in Anspruch, als ich gedacht hatte. »Wenn du etwas tun willst, dann tue es so gut, wie es dir überhaupt möglich ist.« Ich weiß nicht genau, wer das gesagt hat, aber diese Worte waren uns allen tief eingeprägt. Und so gab ich mir große Mühe für mein Bibelkästchen.

Um eine möglichst vielseitige Textauswahl treffen zu können, las ich die ganze Bibel, das Alte wie das Neue Testament, von vorn bis hinten durch und schrieb die Verse heraus, die mir brauchbar erschienen. Ich schrieb sie in Schönschrift auf kleine Papierstreifen von etwa 5 Millimeter Breite und 8 bis 10 Zentimeter Länge. Waren sie fertig beschriftet, rollte ich sie fest zusammen und verteilte sie in sechs Streichholzschachteln. Die Streichholzschachteln klebte ich so zusammen, daß eine kleine Kommode mit sechs Schubladen entstand, die jeweils an einem kleinen Messingring aufgezogen werden konnten. In jeder Schublade waren 20 Verse. Zum Schluß beklebte ich die Außenseite der kleinen Kommode mit dunkelblauem Papier und die obere Fläche mit einer hübschen Miniatur von Christi Geburt.

Ich erinnere mich noch gut daran, wie ich dieses Kästchen bastelte. Zu einem Großteil entstand es spät nachts im Bett, damit die übrige Familie nichts davon merkte, denn ich hatte immer etwas für Überraschungen übrig. Es war genau zu Weihnachten fertig, und ich steckte es in Dannys Strumpf am Fußende ihres Bettes. Nachdem Judy und ich irgendwann gemerkt hatten, daß es den Weihnachtsmann nicht gab, pflegten wir kleine Geschenke von unserem Ersparten zu kaufen oder sie selbst herzustellen, damit jedes Familienmitglied einen gefüllten Weihnachtsstrumpf bekommen konnte. Wir brachten jedem einzelnen ganz früh am Morgen eine Tasse Tee und legten ihm leise die gefüllten Strümpfe ans Ende des Bettes. Danny war natürlich begeistert von ihrem Bibelkästchen und weinte, wie sie immer weinte, wenn sie gerührt war. Das lag in der Familie.

Das kleine Bibelkommödchen ist immer noch in unserem Besitz, und wir öffnen häufig eine der sechs Schubladen, nehmen irgendein Röllchen heraus und lesen es. Ich mag vor allem das Überraschungsmoment dabei, denn man weiß nie, welcher Trost, welche Anregung oder Ermahnung einem zuteil wird. Heute morgen habe ich den folgenden Vers gezogen: *Sprechet zu Gott: »Wie wunderbar sind deine Werke!«* (Ps. 66,3). Ich bat Olly, ein Röllchen auszuwählen, und sie zog: *Verkauft man nicht fünf Sperlinge um zwei Pfennige? Dennoch ist vor Gott deren nicht einer vergessen* (Lk. 12,6). Und Vannes Vers lautete:

Und wen dürstet, der komme; und wer da will, der nehme das Wasser des Lebens umsonst (Off. 22,17).

Einer der Gründe, warum ich gern in der Bibel las, war, glaube ich, die poetische Schönheit vieler Texte, die in den modernisierten Bibelfassungen weitgehend verlorengegangen ist. Ich habe Lyrik immer geliebt und viel gelesen. Ich war an allem interessiert, aber damals hatten es mir vor allem die Werke von Francis Thompson, Keats, Shakespeare, Milton, Robert Browning und Alfred Noyes angetan. Und solche Dichter aus der Kriegszeit wie Rupert Brooke und Wilfred Owen. Hingerissen war ich auch von der Lyrik Walter de la Mares. Da wir uns neue Bücher nicht leisten konnten, verbrachte ich viele Stunden in Secondhand-Buchläden und stöberte durch die Lyrikabteilung. Ich faßte nur zu gern die Bücher mit weichen Ledereinbänden an und kaufte so viele, wie ich finden – und bezahlen – konnte. Eine ganze Reihe dieser »Handschmeichler« stand in meinem Zimmer. (Heute stehen sie im Wohnzimmer vom Birkenhof.) Sehr oft blieb ich bis spätabends auf und las in diesen Werken oder versuchte mich selber an einem Gedicht, denn mein Traum war, eines Tages *Poeta laureatus* von England zu werden. Die Thematik meiner frühen Gedichte war breitgefächert. Manche waren todernst, andere eher verspielt, und in vielen, zum Beispiel in »Die Ente«, verband sich meine Liebe zur Natur mit meinem Interesse an spirituellen Themen.

Die Ente

Eine Ente flog über die Sonne
und weiter vor mir her,
sie bahnte sich einsam den Weg
zum großen, stillen Meer.

Ich sah den Glanz in ihren Augen,
so dicht flog sie vorüber,
im letzten Abendsonnenschein
erstrahlte ihr Gefieder.

Ich hörte die Musik der Flügel,
vom schnellen Schwung entfacht,
die Stille einer Welt anrühren
kurz vor der schweigend Nacht.

Ich spürte auch das warme Leben
in ihrer Brust so nah,
mein Herz war voller Freud und Leid:
daß all dies mir geschah.

Die sanften Dünen, Abendlicht,
die Ente nur und ich:
ein einzger Geist beweget sich
in diesem Himmel ewiglich.

Das war die Zeit, in der ich mich als Teil einer Art großer, einigender Kraft zu empfinden begann. Bestimmte Dinge lösten eine solche Ergriffenheit in mir aus, daß mir die Tränen kamen, und »mein Herz war voller Freude und Leid, daß dies geschah«. Ich wußte nie, wann mich solche Gefühle überkamen: ob bei einem besonders schönen Sonnenuntergang oder wenn ich unter den Bäumen stand und die Sonne plötzlich durch eine Wolke brach und ein Vogel ein Lied anstimmte oder in der absoluten Stille einer alten Kathedrale. In solchen Augenblicken empfand ich ganz stark meine Zugehörigkeit zu einer großen spirituellen Macht – Gott. Und während ich durchs Leben schritt, lernte ich allmählich, wie ich aus dieser Macht, aus dieser Quelle aller Energie, Kraft schöpfen konnte, um meine sinkenden Lebensgeister oder meinen erschöpften Körper bei Bedarf zu stärken.

Irgendwann war es so weit, daß die hoffnungsvolle Dichterin und Märtyrerin ihre Schulzeit abgeschlossen hatte. Was nun? Wir hatten nicht genug Geld, um Studiengebühren zu bezahlen, und nur wenn man in einer Fremdsprache gut war (was ich nicht war und immer noch nicht bin), konnte man ein Stipendium bekommen. Deshalb kam, obwohl ich sonst ausgezeichnete Zeugnisse hatte, kein Universitätsstudium in Frage. Meine Tante und mein Onkel luden meine Mutter und mich zu einer kurzen Reise nach Deutschland ein, wo Onkel Michael in der Verwaltung der britischen Besatzungszone des besiegten Landes arbeitete. Ich glaube, Vanne hoffte, die Reise würde mich lehren, daß es auch dort viele normale Menschen gab, die freundlich und liebevoll waren, denn in England hegte man in der Zeit nach den beiden Weltkriegen bittere Haßgefühle gegen die Deutschen.

Während unseres Aufenthalts besuchten wir auch Köln. Wie viele deutsche Städte war Köln durch die massiven Bombardierungen der Alliierten im Krieg schwer zerstört worden. Als ich noch voller Entsetzen die Ruinen anstarrte, sah ich plötzlich die großartigen Türme des Kölner Doms unversehrt aus dem Schutt der zerbombten Häuser aufragen. Für mich war das eine Botschaft, die den unausweichlichen Sieg des Guten über das Böse symbolisierte. Gleichzeitig war die einst so schöne Stadt, die nun in Schutt und Asche lag, weil ein einziger Mann in seiner Machtgier Europa in einen brutalen Krieg gestürzt hatte, eine eindrückliche Erinnerung an das Böse im Menschen. Ich werde diesen Anblick nie vergessen; er hat mir ebensoviel bedeutet wie alle Predigten, die ich in Bournemouth angehört hatte, so stark war seine Symbolkraft.

Als wir nach England zurückgekehrt waren, überredete mich Vanne dazu, Sekretärin zu werden mit dem Argument, Sekretärinnen könnten überall in der Welt Arbeit finden. Und ich wollte schließlich reisen und an irgendeinem fernen Ort etwas im Zusammenhang mit Tieren tun. Zwischen Lyrik und Philosophie las ich immer auch Tierbücher. Und noch immer wollte ich am liebsten nach Afrika. Ich ließ mich von Vanne überzeugen, daß mich eine Ausbildung zur Sekretärin dorthin bringen könnte. Und so ging ich nach London. Ich war neunzehn und sehr naiv für mein Alter. Das Leben in London war eine phantastische Erfahrung für mich, der ich mich ganz arglos hingab. Ich brachte viele Stunden in Kunstgalerien zu, besonders in der Tate-Galerie, und besuchte klassische Konzerte. In der Mittagspause stöberte ich meist durch das Naturhistorische Museum. Und ich lernte einen jungen Mann kennen, mit dem ich herrlich flirtete und der mich zum Essen und ins Theater ausführte. Damals wäre ein Mann, der mit einem Mädchen ausging, entsetzt gewesen, wenn es versucht hätte, seinen Anteil selbst zu bezahlen. Mir half das sehr, denn ich war furchtbar knapp mit Geld, und jetzt konnte ich, wenn ich abends zum Essen eingeladen war, auf das Mittagessen verzichten, das sowieso meist nur aus einem Wurstbrötchen bestand. An den Abenden, an denen ich nicht ausging, bestand mein Essen oft aus einem gekochten Kohlviertel (dem billigsten Gemüse) und einem Apfel oder einem Keks.

Obwohl das Leben in London Spaß machte und ich viel in den Kunstgalerien und Museen lernte, wünschte ich mir doch eine bessere Ausbildung. Ich glaube, ich hatte ein wenig Minderwertigkeitsgefühle, weil viele meiner Schulfreundinnen an Universitäten studierten, wie ich es auch für mich erträumt hatte. Deshalb belegte ich an der Londoner Wirtschaftsschule Abendkurse, die nichts kosteten. Ich wählte einen Kurs in Journalismus und einen in englischer Literatur, in dem ich die Werke von Dylan Thomas und T. S. Eliot schätzen lernte. Außerdem nahm ich einmal pro Woche an einem Kurs über Theosophie teil. Einen besonderen Reiz übten die Vorstellungen von Karma und Wiedergeburt auf mich aus, weil ich mich immer noch abmühte, einen Sinn in den Greueln des Krieges zu finden. Wenn es ein waltendes Karma gab, dann würden Hitler und die Nazis in irgendeinem künftigen Leben für ihre Verbrechen bezahlen, während diejenigen, die in der Schlacht gefallen oder in den Konzentrationslagern gefoltert worden waren, womöglich damit für frühere Vergehen gebüßt hatten. Sie würden dann entweder eine bessere Wiedergeburt erleben oder in einen Himmel oder ein Paradies eingehen. Ich hatte nie glauben können, daß Gott uns armen, schwachen Menschenkindern nur *eine* Chance geben würde und daß wir in eine Hölle kämen, wenn wir in dem einen Menschenleben versagten. Was war schon eine Lebensspanne? Gemessen an der Ewigkeit, ist sie doch schneller vergangen als eine Millionstel Sekunde. Die Konzepte von Karma und Reinkarnation erschienen mir folglich durchaus schlüssig.

Die Frau, die den Theosophiekurs leitete, hatte eine besondere Ausstrahlung. Die meisten jungen Männer waren ein bißchen verliebt in sie, und ich fand sie genial. Sie ging von einem einzigen Gedanken aus und spann ihn in tausend verschiedene Richtungen aus. Unentwegt betonte sie, wie wichtig es sei, das »kreisende Denken«, wie sie es nannte, zu unterbrechen, damit wir uns dessen, was um uns herum vorging, klarer bewußt würden. Das »kreisende Denken«, erklärte sie, ist der ständige Fluß der Gedanken, mit dem unser Geist fast immer beschäftigt ist. Meinen Geist leer, »gedanken-los« zu machen, war eine der schwierigsten Aufgaben für mich. Vieles von dem, was ich in diesem Kurs lernte, war meinem eigenen, sich ständig weiter formenden Glauben an Gott und das Universum förderlich. In jener Zeit schrieb ich ziemlich viele Gedichte, für die das folgende ein gutes Beispiel ist.

Die alte Weisheit

Wenn spät im Abendwind die Kiefern rauschen
und blasse Wolken ziehn am dunklen Himmelsstrich,
geh aus, mein Kind, und laß die Seele lauschen
und suchen nach dem ewgen Ich.

Denn alles Gräserrascheln unter deinen Füßen
und jeder helle Stern mit seinem Glitzerlicht
hoch über dir, sie treffen sich, einander zu begrüßen
in deinem Innern: in dem ewgen Ich.

Nur zu, mein Kind, geh in die Welt hinaus, geh stumm
und langsam, alles in dich fassend, und endlich
wird deine Seele, dieses Universum,
sich selbst erkennen: als das ewge Ich.

Nach dem Kurs gingen einige von uns meist noch in ein Café, wo wir uns stundenlang unterhielten; während dieser spätabendlichen Runden lernte ich eine Menge über das Leben. Wir waren eine bunte Mischung aus allen Schichten der Gesellschaft. Da war etwa die »Wurm-Lady«, die wiederholt im Unterricht aufsprang, um Perlen der Weisheit von sich zu geben. Sie machte ihren Standpunkt stets am Beispiel des Regenwurms deutlich, wegen der Symbolhaftigkeit dieser ›niederen Tiere‹, die doch das Erdreich durchlüfteten, damit alles leben könne. Es war erstaunlich, wie oft die Sprache dank der Wurm-Lady auf die Regenwürmer kam. Dann war da noch ein höchst faszinierender Niederländer, der Widerstandskämpfer gewesen war. Er war erheblich älter als ich, und ich verliebte mich in ihn. Wir hätten beinahe eine Affäre miteinander angefangen. Aber er war verheiratet, und wir hatten damals ganz andere Moralvorstellungen, als sie heute üblich sind.

Die Theosophie faszinierte mich, aber sie änderte nichts an meiner tiefen Liebe zu Jesus. Ich weiß noch, daß einmal ein Mädchen in der Berufsschule auf mich zukam und sagte: »Du hast oft ein Lächeln auf dem Gesicht und siehst immer so aus, als würdest du ein wunderbares Geheimnis hüten.« Das stimmte, denn ich hatte das Empfinden, eine persönliche Beziehung zu Jesus zu haben. Aber das war Privatsache, und ich mochte nicht darüber reden.

Nachdem ich die Sekretärinnenschule absolviert hatte, bekam ich meine erste Anstellung in der Klinik meiner Tante Olly. Sie war Physiotherapeutin und arbeitete fast ausschließlich mit Kindern, die infolge von Polio oder einem Unfall gelähmte Gliedmaßen hatten oder an Gehirnlähmung, Muskelschwund und anderen tragischen Gebrechen litten. Meine Tätigkeit bestand darin, den jeweiligen Kommentar des Arztes mitzuschreiben und später abzutippen. Seitdem kann ich mich gut in Menschen einfühlen, die durch eine Krankheit oder einen Unfall behindert sind. Mein erster richtiger Freund war von den Fußknöcheln bis zur Brust in Gips, als wir uns kennenlernten, die Auswirkung eines schrecklichen Verkehrsunfalls. Mein zweiter Ehemann Derek Bryceson war halbseitig beingelähmt, nachdem sein Flugzeug im Krieg von einem deutschen Flieger abgeschossen worden war.

Während der Klinikmonate wie auch zu den Zeiten, wenn ich Onkel Eric im Operationssaal zuschauen durfte, habe ich viel gelernt über die Zähigkeit des Menschen sowohl in körperlicher als auch in geistiger Hinsicht. Und ich wußte endlich meine eigene außerordentlich robuste Gesundheit zu schätzen. Ich weiß, welches Glück ich habe, und ich betrachte es nicht und niemals als selbstverständlich.

Nach meiner Tätigkeit in der Klinik trat ich eine Stelle in Oxford an, wo ich einen gewissen Einblick in das Studentenleben erhielt und einen Gutteil der Freuden des Universitätsbetriebes mitbekam, ohne die akademischen Bürden tragen zu müssen. Danach bekam ich einen sehr interessanten Job in London, wo ich für ein Filmstudio die Begleitmusik für Dokumentarfilme aussuchte. Es war eine kleine Firma, und ich lernte praktisch alle Bereiche des Filmemachens kennen. Dann plötzlich änderte sich alles. Am Morgen des 18. Dezember 1956, einem Mittwoch, erhielt ich einen Brief von Marie Claude Mange, genannt »Clo«, die in der Schule meine beste Freundin gewesen war. Ich hatte lange nichts von ihr gehört und war erstaunt, als ich sah, daß der Brief aus Afrika kam. Ich erinnere mich noch an die kenianischen Briefmarken, die eine mit einem Elefanten und die andere mit zwei Giraffen. Ihre Eltern, schrieb Clo, hätten gerade in Kenia eine Farm gekauft. Ob ich sie nicht besuchen wollte? Und ob ich wollte!

Aber zuerst mußte ich mir das Reisegeld verdienen, für Hin- und Rückfahrt. Die Behörden ließen keine Leute ins Land, die kein Rückfahrtticket hatten, es sei denn, jemand vor Ort bürgte für sie. Und Vanne hätte es sowieso niemals erlaubt. Ich brauchte eine Menge Geld; und meine Arbeit, so interessant sie auch war, warf nicht viel ab, wie die meisten Tätigkeiten im Nachkriegsengland. Also reichte ich noch am selben Tag meine Kündigung ein und kehrte nach Bournemouth zurück. Dort konnte ich zu Hause leben und jeden Pfennig sparen, den ich mir als Kellnerin verdiente. Jedes Wochenende versteckte ich meinen Lohn unter dem Teppich im Salon vom Birkenhof (wo auch Danny ihr Kleingeld immer aufbewahrte). Und dann, nach fünf Monaten harter Arbeit, kam der Abend, an dem sich die ganze Familie bei zugezogenen Vorhängen, damit niemand hereinschauen konnte, versammelte und wir meine Ersparnisse zählten. Mit dem Wenigen zusammen, das ich bei meiner Tätigkeit in London hatte sparen können, reichte es gerade für die Reise nach Afrika – die große Wende in meinem Leben.

3

Afrika

Vanne und Onkel Eric begleiteten mich zum Hafen in London, um mir zum Abschied zu winken. Wir inspizierten die Kabine, die ich mit fünf anderen Mädchen teilen sollte, und schauten aus dem Bullauge. Wir machten uns mit dem Steward bekannt, der sich um mich kümmern sollte. Wir wanderten auf dem Schiff herum, auf dem ich mich für die nächsten drei Wochen heimisch fühlen sollte. Ich war 23 Jahre alt und ließ alles hinter mir, was ich kannte, meine Heimat, meine Familie, mein Land. Ich muß ein wenig besorgt gewesen sein. Bestimmt war ich traurig, von Vanne und Onkel Eric, Danny, Olly und Judy Abschied nehmen zu müssen. Aber ich kann mich an nichts anderes mehr erinnern als an ein Gefühl absoluten Erstaunens. Daß es tatsächlich wirklich wurde! Ich segelte nach Afrika, ins Unbekannte, und der einzige Mensch, den ich dort kannte, war eine Schulfreundin, die ich fünf Jahre nicht gesehen hatte.

Das tiefe Tuten eines Horns war das Zeichen, daß Besucher das Schiff verlassen mußten. Letzte Umarmungen und Küsse. Letzte Grüße und Wünsche. Ich bin sicher, daß es auch Tränen gab. Ich erinnere mich, daß ich an der Reling stand und beobachtete, wie die winkenden Gestalten immer kleiner wurden und die weißen Felsen von Dover alles waren, was ich von

England noch sehen konnte, bis schließlich auch sie verschwunden waren. Das Abenteuer, die Reise nach Tarzans Afrika, ins Land der Löwen, Leoparden, Elefanten, Giraffen und Affen, hatte tatsächlich begonnen. Ich würde alles darum geben, mich jetzt, vierzig Jahre später, genau daran erinnern zu können, was mir durch den Kopf ging spätabends nach meinem ersten Essen an Bord, als ich in meiner engen Koje endlich einschlief, eingewiegt vom leisen, vertrauenerwekkenden Stampfen der Maschinen. Aber diese Gedanken sind ebenso entschwunden wie die Jugend des Mädchens, das sie dachte.

Das Schiff, mit dem ich fuhr, war ein großer Passagierdampfer der berühmten Castle-Line-Flotte. Ich war auf der »Kenya Castle«, dem allerbesten Schiff, wie ich für meinen Teil meinte, dem einzigen, das nicht in Zwischendeck und Erste Klasse unterteilt war. Ursprünglich, als ich meine Überfahrt buchte, sollte das Schiff die kürzeste und billigste Route nehmen: durch das Rote Meer und südwärts an der afrikanischen Küste hinunter nach Mombasa in Kenia. Doch wegen des Suez-Krieges wurde der Suezkanal genau eine Woche vor unserem Ablegen für die Schiffahrt gesperrt. Ich befürchtete schon, die Reise würde verschoben, als der Reeder kurzerhand beschloß, an der Westküste Afrikas entlangzufahren, ums Kap der guten Hoffnung herum und dann wieder hinauf nach Mombasa, was eine zusätzliche Woche auf See bedeutete. Und obgleich ich mich erneut von einem Teil meiner kostbaren Ersparnisse trennen mußte, war die phantastische Reise es wert. Meine Begeisterung nahm von Tag zu Tag zu, je mehr das kühle Wetter englischer Frühlingstage der warmen tropischen Sonne wich.

Von allen Wundern genoß ich am meisten, am Bug zu stehen, rundum das Meer, soweit das Auge reichte. Ich hielt mich stundenlang an Deck hinter einem der kleinen Rettungsboote auf, wo ich allein sein konnte. Wir fuhren an Schwärmen fliegender Fische und tanzender Delphine vorbei, gelegentlich auch an den bedrohlichen dreieckigen Flossen von Haien. Ich mochte es, wenn es wild und stürmisch wurde und die Gischt über die Decks sprühte. Die meisten Passagiere zogen sich dann in ihre Kabinen zurück, so daß ich vollkommen allein war mit den Elementen, die ringsum wüteten, während sich unser Schiff auf die riesigen Wellen hob und von oben abgrundtief wieder hinabtauchte. Wurde es allzu rauh, mußte ich natürlich ebenfalls unter Deck. Die Seeleute wollten nicht, daß närrische Landratten über Bord gespült wurden oder ihnen bei ihrer Arbeit im Weg waren.

Diese lange, herrliche Reise war eine wilde Mischung aus purem Entzücken über die Wunder der für mich neuen Meereswelt und Begeisterung über das Leben an Bord eines Hochseedampfers. Unschuldige romantische Flirts, Drinks unter dem tropischen Nachthimmel, der Spaß, den Äquator zu überqueren mit einem tollen Neptun, der uns Neulinge mit Wasser bespritzte, oder warf er uns gar in den Swimmingpool? Inzwischen, nach all den Jahren, sind meine Erinnerungen an die vergnüglichen Erlebnisse an Bord verschwommen. Ich weiß nicht einmal mehr die Namen der Mädchen, mit denen ich meine Kabine teilte, dabei wurden wir gute Freunde im Lauf der Reise. Aber die Stunden, die ich in Gesellschaft des Meeres mit seinen ganz unterschiedlichen Stimmungen verbrachte, das Gefühl, Teil einer grenzenlosen Welt aus Wasser und Luft, Sonne, Sternen und Wind zu sein, sie sind mir lebhaft im Ge-

1957 mit Louis Leakey

dächtnis. Denn das waren die Zeiten, die meiner Seele wohltaten, die mich im Innersten wachsen und mein Verständnis reifen ließen. Gestärkt wurde auch mein Glaube an eine große Kraft, eine äußere Macht, die doch jeden einzelnen von uns und alle Wunder dieser Welt in sich einschloß. Ich glaube, es geschah da, beim Fahren über das Meer, ohne Land zu sehen, daß ich mich unbewußt an Afrika band. Die Tage meiner Kindheit und meiner jugendlichen Beschäftigung mit der Philosophie und dem Sinn des Lebens, der Zeit und der Ewigkeit waren zu Ende gegangen.

Rückblickend sehe ich klar, daß meine persönliche Denkungsart in den ersten zwei Jahrzehnten meines Lebens durch meine Familie, die Schule, die Kriegsjahre und die vielen sehr eindringlichen Predigten geprägt wurde, aber auch durch die Bücher, die ich las, die Stunden, die ich draußen in der Natur verbrachte, und durch die Tiere, die zu unserem Haushalt gehörten. Jetzt trug mich die »Kenya Castle« einer neuen Welt entgegen, wo mir das Leben selbst Lektionen erteilen würde mit all seinen wundervollen, mitunter tragischen und oft herben Überraschungen und Widersprüchen. Und ich konnte mich dieser neuen Ära ohne Furcht überlassen, denn ich war dank meiner Familie und meiner Ausbildung bestens mit einer gesunden Moral und einem unabhängigen, freidenkenden Geist ausgestattet.

Wir gingen auf der ganzen Fahrt nach Mombasa nur in vier Häfen vor Anker: auf den Kanarischen Inseln, in Kapstadt, Durban und Beira. In diesen fremdartigen Orten an Land zu gehen war abenteuerlich – schließlich war ich nie weiter weg von zu Hause gewesen als im düsteren, kriegszerrissenen Deutschland. Ich erinnere mich noch gut an die Wärme der tropischen Abende, an die farbenfrohen Märkte, die dunklen Gesichter der Leute und ihre leuchtendbunte Kleidung. Ja, und an die Gerüche, diese exotische Duftmischung von tropischen Blüten und Früchten, über Holzkohle gegrillten Leckerbissen, Staub, Tierdung, Urin und Schweiß.

Ich weiß auch noch genau, wie wir das Kap der Guten Hoffnung umrundeten und in den Hafen von Kapstadt einliefen. Kapstadt ist eine der schönsten Städte der Welt, aber nicht die Schönheit ist mir so lebhaft im Gedächtnis geblieben, sondern der Schock meiner ersten Begegnung mit der Apartheid. Wohin ich auch ging, überall wurde ich schonungslos an die gezielte Entwürdigung einer Menschengruppe durch eine andere erinnert. »Slegs Blancs« stand in fetter Schrift auf Schildern an Läden, Bänken, Bussen, öffentlichen Toiletten, in Parks, an den Stränden und Hotels: »Slegs Blancs« war Afrikaans und hieß »Nur für Weiße«, und es stand überall.

Als wir einige Tage später in Durban anlegten, war es noch schlimmer. Ich hatte dort einen Freund, Peter Gordon, einer von Trevors Hilfsgeistlichen in Richmond Hill. Ich verbrachte einen Tag mit Peter zusammen, und was er mir von den praktischen Auswirkungen der Apartheid erzählte, brachte mir jäh wieder die Greuel Hitlerdeutschlands vor Augen, die Entmenschlichung einer Rasse durch eine andere. Eine seiner Geschichten habe ich nie mehr vergessen können. Er war einmal eine Straße entlanggegangen, als eine alte Afrikanerin an ihm vorbeirannte, um ihren Bus noch zu erreichen. Dabei riß ihr ein Henkel von ihrer überladenen Einkaufstasche, und der ganze Inhalt fiel zu Boden. Als Peter stehenblieb, um ihr beim Einsammeln zu helfen, wurde sie bleich vor Entsetzen und flehte ihn an, das zu unterlassen. Sie würde furchtbare Schwierigkeiten bekommen, sagte sie, wenn sie einem Weißen gestattete, ihr zu helfen. Peter gestand mir, daß er es wohl nicht mehr lange dort aushalten würde; ich habe nie wieder von ihm gehört, weiß also nicht, was aus ihm geworden ist.

Als die »Kenya Castle« schließlich in Mombasa einlief, war ich so sehr mit dem Schiffsleben verschmolzen, daß ich ewig hätte weiterfahren können. Viele von uns empfanden ebenso, denn auf einer Schiffsreise ergeben sich Freundschaften, die man für eng hält, obwohl die meisten nicht von langer Dauer sind. Damals jedoch meinte ich, es nicht ertragen zu können, von all meinen neuen Freunden Abschied nehmen zu müssen, von all den Vergnüglichkeiten und der entspannten Atmosphäre, wo niemand irgendwelche Entscheidungen treffen mußte. Aber die Maschinen stampften, und das Schiff lief erbarmungslos über die glatte See in den Hafen ein und legte an. Zwei Tage Zugfahrt von der Küste nach Nairobi gaben uns Zeit, uns ganz allmählich wieder auf das Landleben einzustellen. Ich teilte mir ein Abteil mit dreien meiner Kabinengenossinnen vom Schiff, und irgendwann erschien uns die schwimmende Insel, die wir verlassen hatten, nur noch unwirklich und weit entfernt. Das rhythmische Rattern der Räder trat an die Stelle des leisen Stampfens, das mich die letzten drei Wochen in den Schlaf gewiegt hatte, und draußen vor dem Fenster lag statt endloser Wassermassen die Landschaft von Ostafrika. Ich war angekommen.

Clo und ihre Eltern nahmen mich in Empfang, als der Zug endlich in Nairobi hielt. Die Fahrt zu ihrer Farm oben in Kinankop, einem Teil des Gebiets, das damals den Namen »Weißes Hochland« trug, schlug mich vollkommen in ihren Zauberbann. Als die schnelle tropische Dämmerung einsetzte, fuhren wir an einem einsamen Giraffenbullen vorbei, der direkt neben der Straße stand. Wir hielten kurz an, und ich schaute hinauf in dieses sonderbare Gesicht mit den langen Wimpern und dem hochmütig wirkenden Ausdruck und staunte über die außergewöhnliche Gangart des Tieres, als es sich umwandte und davongaloppierte, den Schwanz nach oben gedreht, wie in Zeitlupe. Giraffen setzen mich heute noch in Erstaunen, und diesen ersten Anblick werde ich nie vergessen. Einige Zeit später, es war schon dunkel, bremste Clos Vater wieder, um nicht mit einem »Aardvark« zu kollidieren, einem afrikanischen Erdferkel, das ich auch nur aus meinen Büchern kannte; es trottete gemächlich über die Straße und verschwand im Dunkel der Nacht. Hätte ich damals gewußt, wie selten sie zu sehen sind, wäre ich noch viel aufgeregter gewesen.

Die nächsten Wochen verbrachte ich bei Clos Familie auf der Farm, wie neubelebt von der klaren Bergluft, den eiskalten Bächen, den fremdartigen Vögeln mit ihren seltsamen Schreien. Einmal zeigten sie mir die Pfotenabdrücke eines riesigen Leoparden. Alles war neu und spannend und wunderschön. Doch auch hier waren der menschliche Haß und die menschliche Grausamkeit dicht unter der Oberfläche zu spüren, denn viele der Leute, die ich kennenlernte, waren in den blutigen Aufstand der Mau-Mau in den fünfziger Jahren verwickelt gewesen, in dem viele weiße Siedler und gemäßigte Kikuyu brutal abgeschlachtet wurden, Männer, Frauen und Kinder. Fast jeder konnte mit einer Geschichte von menschlicher Barbarei aufwarten, zum Beispiel der von einem europäischen Arzt, der gefangengenommen und bis zum Hals in ein unterirdisches Nest der tückischen Wanderameisen eingegraben worden war.

Ein einziger Biß dieser Tiere ist entsetzlich schmerzhaft. Gnädigerweise litt der Arzt an Diabetes und fiel bald ins Koma. Es kursierten auch viele Geschichten von tapferen Taten, insbesondere von treuen Kikuyuangestellten, die für ihre weißen Arbeitgeber den Tod und Schlimmeres riskierten.

In jener Zeit ging ich, wie ich zu meiner Schande gestehen muß, wieder einmal auf die Jagd – zum zweiten und letzten Mal in meinem Leben. Wie um alles in der Welt konnte ich nur etwas so Verabscheuungswürdiges tun? Heute fällt es mir schwer, mich in meine Geistesverfassung als unvernünftiges, eigensinniges junges Mädchen zurückzuversetzen, das sich auf die Sache einließ, ohne darüber nachzudenken. Es fing damit an, daß ich Bob kennenlernte, einen netten jungen Mann mit einem riesigen Pferd, dem nachgesagt wurde, es sei sehr gefährlich. Als Bob mich zu einem Ausritt durch das wilde Buschland einlud, bettelte ich natürlich darum, ebendieses Pferd reiten zu dürfen. Zuerst lehnte Bob eisern ab, aber ich blieb hartnäckig und beschwatzte ihn solange, bis ich (wie immer!) meinen Kopf durchgesetzt hatte. Der »Ausritt« war eine Jagd, wie sich herausstellte, und ich glaube, das verfolgte Wild war ein Schakal. Ich ritt das besagte Pferd (obwohl es sich beim ersten Aufsitzen so hoch aufbäumte, daß es hintenüber fiel), und es war einfach wunderbar in seiner stattlichen Größe. Es maß fast 1,80 m in der Höhe bis zum Widerrist (der Schulter) und war das größte Pferd, auf dem ich je geritten bin. Soviel zu meiner scheinheiligen Verdammung der Fuchsjagd. Zum Glück wurde nichts erlegt, und diese Jagd war auch wirklich meine letzte.

Nach meinen Ferien auf der Farm ging ich nach Nairobi, um dort als Sekretärin des Managers der kenianischen Filiale einer britischen Firma zu arbeiten. Onkel Eric hatte mir lange, bevor ich England verließ, durch seine Beziehungen zu dieser Tätigkeit verholfen, denn uns war stets eingebleut worden, daß man nicht auf Kosten seiner Freunde leben sollte. Ein paar Wochen bei Clo, doch dann hatte ich mich auf eigene Füße zu stellen. Der Job war langweilig, aber er brachte mir genug ein, um in Afrika bleiben zu können, bis ich eine Beschäftigung fand, die mich mit Tieren in Kontakt brachte.

Ich brauchte nicht lange zu warten. Der Anfang war gemacht, als ich nach einer Abendgesellschaft nach Hause gebracht wurde. »Wenn Sie an Tieren interessiert sind«, sagte einer der Mitfahrer, »sollten Sie Louis Leakey kennenlernen.« Daraufhin vereinbarte ich einen Termin und besuchte den berühmten Paläontologen und Anthropologen im Coryndon-Museum für Naturgeschichte (jetzt heißt es Nationalmuseum). Wir trafen uns in seinem großen, unordentlichen Büro, das übersät war mit Papierstapeln, fossilen Knochen und Zähnen, Steinwerkzeugen und vielem anderen mehr. Louis führte mich durch das Museum und stellte mir unaufhörlich Fragen zu den verschiedenen Ausstellungsstücken. Glücklicherweise hatte ich viel über Afrika und seine Tierwelt gelesen, so daß ich die meisten seiner Fragen beantworten konnte. Und wenn mir einmal nichts einfiel, wußte ich immerhin genug, um zu verstehen, wovon er sprach. Ich glaube, er war beeindruckt, daß jemand ohne entsprechende akademische Vorbildung wußte, was Worte wie »Ichthyologie« und »Herpetologie« bedeuteten.

Louis war 54 Jahre alt, als wir uns kennenlernten, und ein wahrer Hüne von Mann, ein echtes Genie mit einem wissensdurstigen Geist, enormer Energie, großem Weitblick und einem köstlichen Sinn für Humor. Er konnte aber auch, wie ich später merkte, aufbrausen und ungeduldig werden gegenüber Leuten, die er für Dummköpfe hielt, womit er alle die meinte, die anders dachten als er. Vom ersten Augenblick an bezauberte er mich mit seinen Kenntnissen über Afrika, seine Menschen und seine Tiere.

Glücklicherweise schien ich ihn auch zu bezaubern mit meinem jugendlichen Überschwang, meiner Tierliebe und meiner Entschlossenheit, nach Afrika zu fahren, durch die es zu unserer Begegnung gekommen war. Jedenfalls bot er mir eine Stellung als seine Privatsekretärin an.

Und so lernte ich im folgenden Jahr die Tiere Ostafrikas im Museum kennen. Ferner wurde ich über die verschiedenen Stämme aufgeklärt, vor allem die Kikuyu. Louis wußte mehr als jeder andere Weiße über sie, da sein Vater, ein Missionar, ihn in der Kultur des Stammes hatte aufwachsen lassen. Als neugeborenes Kind war er in einem Korb vors Haus gestellt worden, und alle Stammesältesten waren, wie es Kikuyu-Brauch ist, an ihm vorbeigezogen, um ihm ihren Segen zu geben: Jeder hatte ihn angespuckt! Später, als Jugendlicher, hatte er mit den Jungen zusammen, mit denen er aufgewachsen war, die schreckliche, schmerzhafte Initiationszeremonie mitgemacht. Während der Beschneidung hatten sie alle, wie Louis mir erzählte, mit angezogenen Knien im Kreis auf dem Boden gesessen, auf jedem Knie einen Kieselstein. Wenn ein Stein während der Zeremonie herunterfiel, war der betreffende Junge damit für den Rest seines Lebens als Feigling gebrandmarkt. Ich erfuhr eine Menge über die Kikuyu, denn Louis schrieb gerade ein Buch über ihre Geschichte und Sitten, das er mir diktierte.

Kurz nach Antritt meiner Stelle wurde ich zusammen mit einem anderen englischen Mädchen namens Gillian Trace, das auch im Museum arbeitete, von Louis und seiner Frau Mary eingeladen, sie zu ihren alljährlichen Ausgrabungsaktivitäten in die Olduvai-Schlucht in Tanganjika zu begleiten. 1957 war diese Trockenschlucht nur den Massai bekannt, die nomadisch auf der Serengeti-Hochfläche lebten. Damals, vor der Erschließung der Serengeti für den Massentourismus, war diese Gegend noch völlig abgeschieden; niemand hätte auch nur im Traum an die Straßen, Touristenbusse und Leichtflugzeuge gedacht, die heute regelmäßig dort verkehren. Es gab keine Straße nach Olduvai, nicht einmal eine Piste. Deshalb mußten, als wir von dem »Weg« abbogen, der vom Ngorongoro-Krater nach Seronera führt (heute eine gut markierte Straße durch die Serengeti!), Gillian und ich uns auf das Dach des überladenen Landrovers setzen und Ausschau halten nach den schwachen Reifenspuren der Leakeys vom letzten Jahr.

Mehrere Jahre lang waren Louis und Mary regelmäßig drei Monate im Jahr nach Olduvai gefahren, um nach Fossilien zu suchen, und sie wußten bereits eine Menge über die prähistorischen Geschöpfe, die in längstvergangener Zeit durch die Serengeti gestreift waren. Doch obwohl sie viele einfache Steinwerkzeuge gefunden hatten, fehlten ihnen noch immer die Überreste der affenartigen Geschöpfe, die sie hergestellt und benutzt hatten. Diese Suche nach den Gebeinen unserer Urahnen führte sie alljährlich hierher zurück. 1959, zwei Jahre später, wurde ihre Ausdauer tatsächlich belohnt: Ihr ältester Sohn Jonny fand den Schädel eines affenartigen Geschöpfes, des sogenannten *Australopithecus robustus*, inoffiziell »Dear Boy« oder »George« genannt, wegen seiner kräftigen Kinnbacken und starken Zähne mitunter auch als »Nußknacker« bekannt.

Wir kamen genau bei Sonnenuntergang in Olduvai an. Schnell errichteten wir unsere Zelte und machten ein Feuer. Ich bedaure jetzt, daß ich nicht Tagebuch geführt habe, denn es wäre wunderbar, so viele Jahre später schriftliche Aufzeichnungen lesen zu können. Was habe ich in jenen ersten Tagen in Olduvai empfunden? Etwa 14 Jahre lang, seit meinem achten oder neunten Lebensjahr, hatte ich davon geträumt, nach Afrika zu reisen und unter wilden Tieren im Busch zu leben. Und auf einmal wachte ich eines Morgens auf und merkte, daß sich mein Traum erfüllt hatte; er war Wirklichkeit geworden, und auch die Tiere waren da, überall rings um unser kleines Lager. Abends, wenn wir nach dem Essen an unserem Feuer saßen, hörten wir oft das ferne, grollende Gebrüll eines Löwen. Und später, wenn wir in unserem gemeinsamen Zelt auf unseren schmalen Feldbetten lagen, hörten Gillian und ich manchmal ein seltsames helles Lachen, ein Miauen und keuchendes Rufen, das, wie wir erfuhren, zum großen Repertoire der Tüpfelhyänen gehörte.

Nach getaner Arbeit waren Gillian und ich frei, eigene Streifzüge zu unternehmen. Manchmal wanderten wir den Grund der Schlucht ab unter dem Blätterdach der Akazien, zwischen den schwertartigen Blättern des Bogenhanfes, einer wilden Sisalart, hindurch. Oder wir kletterten die steilen Hänge hinauf auf die Hochflächen, wo das Gras von der Sonne der Trockenzeit versengt und blaßgolden war, sofern es der unbarmherzige Wind nicht mit einer grauen Staubschicht bedeckt hatte. Die großen Herden von Antilopen, Zebras und Thomsongazellen, die in der Regenzeit über diese Ebenen ziehen, waren längst weitergewandert, dem Wasser nach, das sie zum Leben brauchen. Wir bemerkten jedoch, daß trotzdem noch viele Tiere in und nahe der Schlucht lebten, denen das Wasser aus Dickblattgewächsen und Wurzeln genügte. Oft schreckten wir ein paar Dikdiks auf, entzückende Zwergantilopen, kaum größer als Hasen. Gelegentlich kamen wir auch an einer kleinen Herde Grantgazellen vorbei, und dann und wann sahen wir Giraffen vorüberziehen.

Auch richtige Abenteuer erlebten wir, zum Beispiel die Begegnung mit einem Spitzmaulnashorn. Nashörner sind sehr kurzsichtig, doch dieses bemerkte uns, obgleich der Wind glücklicherweise in unsere Richtung wehte. Es schnaubte und wühlte den Boden auf, wobei es aus seinen kleinen Schweinsäuglein umherspähte, um sich dann umzuwenden und davonzutraben, den Schwanz hoch in die Luft gestreckt. Ich war so aufgeregt, daß meine Beine nachgaben und mein Herz wie verrückt in meiner Brust hämmerte. Ein Nashorn vor uns, und wir zu Fuß! Ein andermal, Gillian und ich befanden uns zwischen Dornbüschen unten in der Schlucht, hatte ich ein prickelndes Gefühl, wie man es manchmal empfindet, wenn man sich beobachtet glaubt. Ich drehte mich um und sah zwei junge Löwen in etwa zwölf Metern Entfernung. Sie beäugten uns voller Interesse. Gillian wollte sich im undurchdringlichen Dickicht auf dem Grund der Schlucht vor ihnen verstecken, aber ich war dafür, weiter hinauf auf die Hochfläche zu klettern ins offene Gelände. Wir vergrößerten vorsichtig den Abstand zwischen uns und den Löwen, dann drehten wir uns um und gingen langsam zum Abhang an der Seite der Schlucht. Die Löwen waren ungefähr zwei Jahre alt und zeigten die ersten büscheligen Anfänge von Mähnenwuchs auf der

Schulter. In diesem Alter sind sie extrem neugierig, und mit ziemlicher Sicherheit hatten sie noch nie in ihrem Leben so etwas wie Gillian und mich gesehen. Sie folgten uns mindestens hundert Meter weit, dann schauten sie zu, wie wir den Abhang zur Ebene hochstiegen. Später sagte Louis, es sei ein Glück gewesen, daß wir nicht gerannt wären, weil sie uns sonst wahrscheinlich gejagt hätten aus einem puren Spieltrieb heraus, dem sie ebensowenig widerstanden hätten wie Hauskätzchen einem Wollknäuel.

Einen Großteil meiner Zeit verbrachte ich in Olduvai damit, nach Fossilien zu graben. Das war in der heißen tropischen Sonne harte Arbeit, aber spannend. Zuerst wurde die Stelle von dem kleinen Team aus Afrikanern, die stets die Leakeys begleiteten, vorbereitet. Sie entfernten mit Spitzhacken und Schaufeln die oberste Erdschicht. Sobald sie der Fossilienschicht näher kamen, bestand Mary darauf, selbst den Rest der schweren Arbeit zu machen. Falls ein wichtiges Fossil von der Spitzhacke getroffen wurde und kaputtging, war es ihrer Meinung nach besser, selbst dafür verantwortlich zu sein als einer der Afrikaner. Da ich jung, stark und gesund war, nahm Mary gern meine Hilfe an, und wir kamen gut miteinander aus, als wir da beim Schwingen der schweren Geräte schwitzten.

Als wir endlich auf das Fossilienbett stießen, stocherten wir die harte Erde mit Jagdmessern heraus und suchten dabei nach Knochen. Wenn wir etwas fanden, nahmen wir für das letzte Stück Arbeit Zahnstocher. Wenigstens acht Stunden pro Tag gruben wir nach Fossilien; um elf Uhr machten wir eine kurze Kaffeepause, und um Mittag, in der größten Hitze des Tages, hielten wir eine dreistündige Rast, während derer wir uns im Schatten einer aufgespannten Plane versammelten und unsere Funde sortierten und etikettierten. Das Graben war meistens sehr eintönig, wurde jedoch höchst spannend, wenn wir die Gebeine eines ungewöhnlichen Geschöpfes bloßlegten. Und natürlich verließ uns nie die Hoffnung, vielleicht als erste die Überreste eines Frühmenschen in Olduvai zu finden.

Es gab auch Augenblicke, in denen ich beim Anblick und Berühren eines Knochens, den ich in der Hand hielt, ganz unvermittelt von einer ehrfürchtigen Scheu ergriffen wurde. Dieser Knochen hatte einmal einem lebendigen, atmenden Tier gehört, das vor Millionen Jahren herumgelaufen war, geruht und sich fortgepflanzt hatte! Er hatte einem Geschöpf mit einer Persönlichkeit, mit Augen und Haaren, ureigenem Geruch und ureigener Stimme gehört. Wie mochte es ausgesehen haben? Wie hatte es gelebt? Das erste Mal, als es mir so erging, hielt ich ein Stück Stoßzahn von einem der Riesenschweine in der Hand, die einst die Ebenen bevölkerten. Ich konnte mich recht gut in diese Urzeit zurückversetzen; da stand das Schwein, ein gewaltiger schwarzer Koloß, mit funkelnden Augen und riesenhaften, glänzenden Stoßzähnen. Ich konnte förmlich seine starken Ausdünstungen riechen und hören, wie seine Zähne mahlten. Mehrere Male wurde ich solcherart in andere Zeiten entrückt, so beflügelt war meine Phantasie durch die kunstvollen Rekonstruktionen von Lebensformen, die längst von unserem Planeten verschwunden sind.

Olduvai war weit entfernt vom Garten meiner Kindheit im Birkenhof und den sandigen Felshängen an der zivilisierten englischen Küste. Aber ich hatte als Kind schon von dem Leben geträumt, das ich jetzt lebte. Meine Familie mit ihren Neckereien und ihrer Liebe, die Sonntagspredigten von Trevor, die ersten Schritte ins Erwachsenenleben im Nachkriegs-england, all das hatte den Geist geprägt, der jetzt die neue, aufregende Welt von Olduvai erforschte. Die Kontinuität meines Denkens war die Brücke zwischen dem Kind von einst und der jungen Frau, die daraus geworden war. In den köstlichen drei Monaten in Olduvai waren wir umgeben vom Geheimnis der Evolution, und es besteht kein Zweifel daran, daß es mich sehr stark beeinflußte. Meine dortigen Erfahrungen woben mit an meiner späteren Denkweise über die Entwicklung der Arten im Lauf der Zeit, das Aufkommen sittlicher Vorstellungen und unsere Bestimmung im Gesamtzusammenhang aller Dinge – unser endgültiges Ziel.

Sehr starken Einfluß auf mich nahm damals auch Louis Leakey selbst. Es ergab sich ungezählte Male die Gelegenheit zu einem Gespräch, vor allem nach dem Abendessen, wenn wir unter dem klaren afrikanischen Himmel saßen, die leuchtenden, erstaunlich nahen Sterne über uns, ins flackernde Lagerfeuer starrten, dessen Wärme uns in der kühlen Nachtluft wohl tat, und den vielen Tierstimmen lauschten. Bei unseren Gesprächen wurden Geschichten erzählt, die Tagesereignisse besprochen und eine Vielzahl von Themen angeschnitten, die uns gerade in den Sinn kamen. Ich erinnere mich noch an einen Abend, an dem Louis über die Kikuyureligion sprach. Ihre Rituale seien in vieler Hinsicht alttestamentarischen Ritualen verblüffend ähnlich, sagte er. Selbst Farbe und Alter der Opferziegen oder -hühner seien gleich. Dies erwähnte er auch in einem Brief an seinen Bruder, der Bischof in Mombasa war, und listete eine ganze Reihe von Übereinstimmungen auf. Aber sein Bruder antwortete nie darauf, vielleicht weil er meinte, daß eine solche Betrachtungsweise unangemessen sei.

Louis verstand nicht, warum so viele Menschen Wissenschaft und Religion für unvereinbar halten. Ich selbst habe das auch nie begreifen können, und es wundert mich, daß viele Wissenschaftler Atheisten oder Agnostiker sind. Die Quantenphysik, die zumindest einige religiöse Überzeugungen andeutungsweise hat bestätigen können, war zu diesem Zeitpunkt noch kein geistiges Allgemeingut, und die Urknalltheorie von der Entstehung des Universums hatte auch noch keiner aufgestellt. Statt dessen diskutierten wir über die allmählichen Veränderungen infolge evolutionärer Prozesse, über das Tier »Mensch«, sein zunehmend komplexeres Gehirn und über die Entstehung von Sprache, die unsere Spezies in die Lage versetzte, sich immer mehr einer kulturellen Evolution anzuvertrauen. Verglichen mit der physischen Evolution und ihrer schleppenden Gangart im Zeitenlauf leitet die kulturelle Evolution mit blitzartiger Geschwindigkeit Veränderungen ein. Ich weiß noch, daß ich eines Abends in Erzähllaune war und beschrieb, wie ich mir Gott vorstellte, der auf seine Schöpfung herabschaute und mit Blick auf die Entwicklung des Menschen zu dem Schluß kam, daß die Zeit reif war, diesen seinen Kindern bewußt zu machen, wirklich bewußt zu machen, wer sie waren. Sie waren reif dafür, den Heiligen Geist zu empfangen.

Frömmelei sei das größte Übel, meinte Louis. Ich glaube, er liebte seinen Vater, haßte jedoch dessen engstirnige schottisch-presbyterianische Anschauungen. Er gab etliche Anekdoten darüber zum besten. Eine davon handelte von einem mächtigen Kikuyuhäuptling. Wenn dieser Häuptling zum Christentum bekehrt werden könnte, hatte der Vater gedacht, würde der ganze Stamm seinem Beispiel folgen. Und darauf hätte jeder Missionar stolz sein können. Es bedurfte monatelanger Überredungskünste, bis der Häuptling endlich die Entscheidung traf, sich taufen zu lassen. Louis' Vater wollte eben voller Freude einen Zeitpunkt dafür festsetzen, als ihm plötzlich ein schrecklicher Gedanke kam. »Ist dir klar«, fragte er den Häuptling, »daß du als Christ nur eine Frau haben darfst?« Der Häuptling, der mindestens acht Frauen hatte, starrte ihn an. Er wollte es sich noch einmal überlegen. Am darauffolgenden Sonntag kam er wieder zu der kleinen Kirche. »Ich werde mich nicht taufen lassen«, erklärte er mit aller Bestimmtheit. »Meine Frauen haben mir treu gedient. Sie sind gute Frauen. Wenn ich sie verstoße, ist es eine Schande für sie. Ich hatte gedacht, euer Gott sei ein gerechter Gott, aber jetzt weiß ich es besser. Euer Gott ist nicht mein Gott.« Mit diesen Worten schritt er davon. Solche Geschichten reißen die rituellen Hüllen weg, den Mantel, in den wir den Funken der Wahrheit einpacken.

Louis unterhielt sich nur zu gern über das mutmaßliche Verhalten unserer frühesten Vorfahren. Er hatte sich selbst beigebracht, Steinwerkzeuge herzustellen, und führte begeistert die Konstruktion von Handäxten, Pfeilspitzen und anderen Geräten vor. Er stellte Überlegungen an, wie ein steinzeitlicher Mensch diese Werkzeuge wohl benutzt, wie er gejagt, in was für einer Art von Gesellschaft er gelebt haben mochte. Louis war ein revolutionärer Geist. Er hatte das sichere Empfinden, daß jemand, der die Ursprünge des Menschen verstehen wollte, nicht nur mit den fossilen Gebeinen und Überresten der Vergangenheit vertraut sein mußte, sondern auch mit den lebenden Nachfahren der prähistorischen Geschöpfe. So hatte er zum Beispiel in einer detaillierten Studie die Beinknochen einer Reihe von heute lebenden Antilopen und deren Bewegungsmuster untersucht und damit die Funktion der verschiedenartigen Knochenstrukturen ihrer Beine ermittelt. Mit Hilfe dieses Wissens mußte es möglich sein, anhand der Struktur fossiler Antilopenknochen die Bewegungen dieser Tiere zu rekonstruieren. Die vielen fossilen Antilopenknochen, die wir in Olduvai fanden, hatten auf einmal einen viel stärkeren Reiz, und ich betrachtete die kleinen Höcker, an denen die Muskeln befestigt gewesen sein mußten, und die Furchen für die Sehnen mit einer ganz neuen Faszination.

Gegen Ende unseres dreimonatigen Aufenthalts in Olduvai sprach Louis zum ersten Mal mit mir über sein starkes Interesse an Schimpansen, Gorillas und Orang-Utans. Schimpansen gibt es nur in Afrika, und ihr Lebensraum erstreckt sich über den gesamten äquatorialen Waldgürtel, von der Westküste ostwärts bis in den Westen Ugandas und Tansanias. Louis hatte gehört, daß vor kurzem Schimpansen in der Nähe von Kigoma im zerklüfteten Bergland am Ostufer des Tanganjikasees gesichtet worden waren, etwa tausend Kilometer südwestlich von Olduvai. Sie gehörten, erklärte er, zur östlichen, langhaarigen Art *Pan troglodytes schweinfurthii.* Ihn interessierten die großen Menschenaffen besonders, weil sie unsere engsten lebenden Verwandten sind und weil er meinte, durch den tieferen Einblick in ihr Verhalten in der Wildnis besser Vermutungen darüber anstellen zu können, wie sich unsere Steinzeitvorfahren verhalten haben könnten. Das wäre dann ein weiterer Beitrag zu seinen lebenslangen Bestrebungen, die Geheimnisse unserer prähistorischen Vergangenheit zu entschlüsseln. Durch die Rekonstruktionen, die geschickte Anatomen hergestellt hatten, besaß er bereits eine recht klare Vorstellung davon, wie unsere vorgeschichtlichen Ahnen ausgesehen haben mußten. Größe und Abnutzung ihrer Zähne ließ auf die Art von Nahrung schließen, die sie genossen hatten. Außerdem konnte er fundierte Vermutungen über den Gebrauch der verschiedenen Steinwerkzeuge und anderen Geräte anstellen, die in ihrem Lebensbereich gefunden worden waren. Aber Verhalten versteinert nicht. Louis nahm an, daß unser affenähnlicher, menschenähnlicher gemeinsamer Vorfahr vor mehreren Millionen Jahren womöglich schon die Verhaltensweisen aufwies, die noch die heute lebenden Schimpansen mit den Menschen gemein haben. Und wenn das so war, dann waren die gleichen Verhaltensmuster wahrscheinlich auch bei den ersten echten Menschen anzutreffen. Diese Denkweise war neu, aber sie ist heute weithin anerkannt, um so mehr, als die Genetiker herausgefunden haben, daß unser Erbmaterial, die DNS, um wenig mehr als ein Prozent von dem der Schimpansen abweicht.

Louis wollte unbedingt eine wissenschaftliche Studie über die Schimpansen initiieren. Das sei schwierig, betonte er, denn man wüßte so gut wie nichts über sie; es gäbe keine Richtlinien für eine solche Feldstudie; zudem sei der Lebensraum der Tiere abgelegen und wild. Gefährliche Raubtiere würden dort leben, und Schimpansen selbst seien bis zu viermal stärker als ein Mensch. Ich weiß noch, daß ich mich fragte, ob er je einen Wissenschaftler für diese Herkulesarbeit finden würde.

Nachdem wir von Olduvai nach Nairobi zurückgekehrt waren, arbeitete ich weiterhin im Museum. Aber ich war nicht recht glücklich in Gesellschaft all der toten Tiere und all des Mordens, das in Kauf genommen wurde, um Musterexemplare für die wissenschaftliche Sammlung zu erhalten. Mein schlimmstes Erlebnis war die Teilnahme an einer Sammelexpedition im Kakamegawald, wo zahllose Tiere als Muster gefangen, getötet und gehäutet wurden. Ich liebte den Wald, aber ich haßte diese Sammeltouren. Mir war zwar verständlich, daß das engagierte Team es als wichtig ansah, eine dauerhafte Bestandsaufnahme der Lebensformen zu machen, die eines Tages vielleicht allesamt verschwunden waren. Doch warum war es dann nötig, gleich so viele Exemplare derselben Art von Vögeln, Nagetieren oder Schmetterlingen zusammenzutragen? Man werfe nur einmal einen Blick in die hinteren Räume von naturgeschichtlichen Museen mit ihren Schränken voller ausgestopfter Vögel, kleiner Säugetiere und buchstäblich Tausender von Insekten aller Art! Sie sind ein Zeugnis für das gräßliche Hinschlachten unschuldiger Lebewesen.

Zu jener Zeit war ich bis über beide Ohren verliebt. Welche Ironie des Schicksals! Brian war nämlich Jäger, ein weißer Jäger, der Interessierte auf die Jagd mitnahm. Wie konnte das geschehen? Ich fühlte mich zum Teil wegen seines Mutes zu ihm hingezogen, den er unter widrigen Umständen bewies. Er hatte vor kurzem einen schrecklichen Autounfall erlitten, der ihn beinahe seine Beine gekostet hätte. Er steckte von den Zehen bis zur Brust in Gips, als ich ihn kennenlernte, und schien das sehr tapfer zu ertragen. Er hatte viel durchgemacht und war während des ganzen Jahres, in dem ich ihn kannte, lahm. Er hatte auch entschieden liebe, freundliche Seiten, etwa im Umgang mit Haustieren oder jungen Wildtieren. Aber er jagte und tötete genau die Tiere, deretwegen ich nach Afrika gekommen war, mit denen ich zusammenleben und über die ich Kenntnisse sammeln wollte. Vermutlich dachte ich in meiner jugendlichen Naivität, ich könne ihn ändern. Das funktionierte natürlich nicht, und unsere Beziehung war zum Scheitern verurteilt. Aber solange sie währte, war sie aufregend und leidenschaftlich, und sie lehrte mich eine Menge über die menschliche Natur, besonders meine eigene.

Louis sprach hin und wieder von den Schimpansen. Wenn ich doch so etwas tun könnte, etwas, wobei man nur zu beobachten und zu lernen brauchte, ohne töten zu müssen! Und so platzte ich eines Tages heraus: »Louis, ich wünschte, du würdest nicht immer davon reden, denn genau das würde ich für mein Leben gern machen!«

»Jane«, erwiderte er augenzwinkernd, »ich habe ja nur darauf gewartet, daß du das endlich sagst! Was hast du denn gedacht, warum ich dauernd von den Schimpansen spreche, wenn du dabei bist?«

Ich bin sicher, daß ich ihn mit offenem Mund angestarrt habe. Wie konnte er bloß darauf kommen, daß ich für eine solche Studie geeignet sein könnte? Ich verfügte weder über eine entsprechende Ausbildung noch über einen akademischen Grad. Aber Louis pfiff auf solche Referenzen. Er bevorzuge es sogar, wenn der von ihm ausgewählte Forscher unbeeinflußt von wissenschaftlichen Theorien ins Feld zöge. Er habe stets nach jemandem gesucht, der unbefangen denke, leidenschaftlich gern lerne, Tiere liebe und unglaubliche Geduld habe. Vor allem aber jemanden, der fleißig sei und über längere Zeit fern der Zivilisation leben könne, weil die Studie seines Erachtens mehrere Jahre brauchen würde. Als er es so drehte, mußte ich natürlich zugeben, daß ich dann die perfekte Wahl war!

Er hatte mich offenbar seit unserer Fahrt nach Olduvai genauestens beobachtet. Als er zu dem Schluß gekommen war, daß ich genau der Mensch sei, den er gesucht hatte, wollte er sichergehen, daß ich mir über die Schwierigkeit und mitunter auch Gefährlichkeit der Aufgabe im klaren sein würde, bevor ich einwilligte. Wohingegen ich, kaum daß er mich ins Auge gefaßt hatte, natürlich am liebsten gleich los wollte. In meiner jugendlichen Begeisterung machte ich mir wenig Gedanken darüber, wie lange es dauern würde, bis ich losziehen konnte. Zuerst mußte Louis das nötige Geld auftreiben und die entsprechende Genehmigung einholen.

Während Louis diese Probleme zu lösen versuchte, kehrte ich nach England zurück, um mich so gut wie möglich auf die vor mir liegende Aufgabe vorzubereiten. Ich las alles, was ich über Schimpansen finden konnte. Über ihr Verhalten in ihrem natürlichen Lebensraum war fast nichts bekannt. 1923 war Dr. Henry W. Nissen in das damals französische Guinea gereist, um dort freilebende Schimpansen zu beobachten. Er blieb nur zweieinhalb Monate in der Wildnis und hatte ein Heer von Trägern dabei, die seine Ausrüstung durch den Urwald schleppten. Es dürfte nicht weiter überraschen, daß die Schimpansen bei diesem auffälligen Treiben vor ihm flohen. Es gab noch zwei Feldstudien über nichtmenschliche Primaten. In beiden Fällen sammelten die Forscher zunächst alle Verhaltensdaten von Gibbons und Kongoweißnasen, deren sie habhaft werden konnten, um ihre Studienobjekte dann zu töten und Alter, Geschlecht, Fortpflanzungseigenschaften und sogar den Mageninhalt zu untersuchen. Weiteres Hinschlachten Unschuldiger. Erheblich mehr nützliche Informationen lieferten mir zwei detaillierte Berichte über das Verhalten von Schimpansengruppen in Gefangenschaft. Wolfgang

Köhler und Robert Yerkes, zwei Psychologen, erhielten durch ihre Beobachtungen faszinierende Aufschlüsse über die Intelligenz der von ihnen erforschten Menschenaffen. Ich selber beobachtete eine Zeitlang die Schimpansen im Londoner Zoo, aber das waren nur zwei gelangweilte, psychotische Wesen in einem winzigen, mit Eisenstangen vergitterten Betonkäfig. Dort konnte ich nicht viel lernen, zumal ich schockiert war, unter welchen Bedingungen sie leben mußten. Ich schwor, daß ich ihnen eines Tages helfen würde.

Louis bemühte sich inzwischen, die Vorurteile der Zeit zu überwinden. Wer würde schon eine Studie finanzieren, die zum Scheitern verurteilt war, wie die meisten Leute glaubten! Leakey muß verrückt geworden sein, hieß es, sonst wäre er nicht auf die Idee gekommen, für ein solch gefährliches Projekt ein junges, unerfahrenes Mädchen auszuersehen. Das sei gegen alle guten Sitten. Zum Glück hatte sich Louis noch nie darum gekümmert, was andere dachten. Er blieb hartnäckig und fand schließlich in Leighton Wilkie aus Illinois einen Förderer. Wilkie besaß eine Werkzeugfabrik und zeigte sich an Leakeys Sammlung prähistorischer Fundstücke interessiert. Er hatte schon andere seiner Projekte finanziert und erklärte sich bereit, auch für dieses, so aussichtslos es schien, das Grundkapital aufzubringen, eine Summe, die für ein kleines Boot, ein Zelt, den Flugpreis und die weiteren Kosten ausreichte, die mein sechsmonatiger Aufenthalt in der Wildnis mit sich bringen würde. Ich war begeistert, aber es galt noch ein anderes Hindernis zu überwinden. 1960 war Tanganjika (seit seinem Zusammenschluß mit Sansibar »Tansania«) noch ein britisches Protektorat, und die Behörden waren vollkommen entsetzt über den Gedanken, daß eine junge Weiße in den Busch ziehen sollte. Louis ließ sich jedoch nicht einfach mit einem Nein abspeisen, und so gaben sie schließlich nach. In einem Punkt blieben sie allerdings eisern: Ich müßte eine europäische Begleitung mitnehmen. Wer könnte das sein? Louis wollte vermeiden, daß es jemand sein würde, der meine Erfolgschancen ruinierte. Es mußte also jemand sein, zu dem ich ein entspanntes Verhältnis hatte, der nicht mit mir konkurrierte und mich so forschen ließ, wie ich es für richtig hielt. Wer kam dafür besser in Frage als meine Mutter Vanne? Ich war außer mir vor Freude, als sie einwilligte, sich mir anzuschließen.

Und so trafen Vanne und ich nach einer abenteuerlichen Reise in einem völlig überladenen Landrover, den Bernard Verdcourt steuerte, der Botaniker des Coryndon-Museums (der uns hinterher einmal gestand, er hätte nie gedacht, uns je lebend wiederzusehen), in Kigoma ein. Nur eine kurze Bootsfahrt über den See trennte uns noch von den bewaldeten Bergen, die bald meine Heimat sein würden.

4

Gombe

Als der Motor unseres Bootes losdröhnte und wir endlich am 16. Juli 1960 von Kigoma aus in nördlicher Richtung nach Gombe tuckerten, konnte ich kaum glauben, daß es kein Traum war. Eine Atmosphäre des Unwirklichen hatte sich verbreitet durch den Aufstand in Belgisch-Kongo, der zur Ablösung der Kolonialherrschaft führte. Vor zwei Wochen, gerade als Vanne und ich uns zur Abfahrt rüsteten, waren die ersten belgischen Flüchtlinge in Kigoma eingetroffen. Wir waren zum Warten gezwungen worden. Die Behörden in Kigoma hatten Sorge, daß auch die Bevölkerung von Tanganjika auf die Idee kommen könnte, sich gegen ihre britischen Herren zu erheben. Aber es war ruhig geblieben in Kigoma bis auf die Tausende belgischer Flüchtlinge, die über den See ins Land kamen und Obdach und Nahrung brauchten. Daraufhin hatten wir schließlich doch die Erlaubnis zur Abfahrt erhalten und waren nun unterwegs nach Gombe.

Der Wildhüter David Anstey begleitete Vanne und mich auf dieser achtzehn Kilometer weiten Fahrt im Regierungsboot. Unser eigenes Bötchen, das unsere einzige Verbindung zur Außenwelt sein sollte, war an Bord verstaut worden. Ein kräftiger Wind pfiff, und der See war stark von Wellen gekräuselt, die alle weiße Schaumkronen trugen. Die Berge des von Unruhen erschütterten Kongo im Westen waren im Dunst der Trockenzeit nicht zu sehen, und nach Norden auf Burundi zu war nur Wasser, soweit das Auge reichte. Es war, als befänden wir uns auf einem kristallklaren Süßwasserozean.

Wir hielten uns dicht an der Ostküste. Die Steilhänge der zerklüfteten Abbruchkante, die bis etwa 300 m hoch über den See aufragte, waren dicht bewaldet, während die Hochfläche kahl und nur mit sonnenversengtem Gras bewachsen war, denn der Untergrund war dort oben für viele Baumarten zu felsig. Kleine Dörfer schmiegten sich in die Täler, von Ackerflächen umgeben, für die kleine Waldstücke gerodet worden waren. Wenn es Sandstrände gab, glänzten sie silbern durch Abertausende von winzigen sardinenartigen Fischen, die in der heißen Sonne trockneten. David Anstey erklärte uns, daß sie *dagaa* hießen und nachts mit den Aladinlampen der Fischerboote angelockt wurden, um dann mit Netzen, die aussahen wie riesige Schmetterlingskescher, aus dem Wasser gefischt zu werden. Einige der Fischer winkten uns zu. Nach etwa einer Stunde erreichten wir die Südgrenze des Wildreservats (es wurde erst 1966 zum Nationalpark). Heute ist gleich zu sehen, daß man am Park angekommen ist, weil fast jeder Baum außerhalb davon abgeholzt worden ist, aber in den sechziger Jahren war das nicht so leicht zu erkennen. Ich betrachtete die zerfurchte Landschaft und versuchte mir vorzustellen, wie ich dort leben und arbeiten würde. Ich weiß noch, daß ich mich fragte, wie ich überhaupt die Schimpansen finden sollte.

Bald darauf waren wir an dem Wildhüterposten angelangt, den David Anstey als unseren Standort vorgesehen hatte. Ich sprang auf den kiesigen Sandstrand, die erste von ein paar tausend Landungen dieser Art. Ich erinnere mich noch, daß ich weder erhebende noch Angstgefühle hatte, nur das sonderbare Empfinden einer gewissen Entrücktheit. Doch kaum waren das Boot entladen und die Zelte aufgestellt, überließ ich Vanne und David die Sorge für das Abendessen und wanderte allein den bewaldeten Hang gegenüber dem Lagerplatz hinauf. Und dann überkam mich Begeisterung, wirkte doch alles wie verzaubert auf mich. Ich hockte mich auf einen Felsblock, schaute über das Tal und in den blauen Himmel und hoffte, daß es so und nicht anders im Himmel aussähe. Ich begegnete einigen Pavianen, die mich anbellten. Ich hörte eine Vielzahl von Vögeln. Ich atmete den Geruch sonnengedörrten Grases und trockener Erde und den berauschenden Duft reifer Früchte ein. Den Duft von Gombe! Erst als die Sonne sich anschickte, in dem nun ruhig und glatt daliegenden See zu versinken, kletterte ich wieder hinunter zu Vanne und David, um mit ihnen den ersten verzauberten Abend zu verbringen. Als ich mich in jener Nacht schließlich auf meinem Feldbett unter den funkelnden Sternen schlafen legte und über mir die Wedel der Ölpalme leise im Wind raschelten, hatte ich bereits das Gefühl, daß ich in diese neue Welt des Waldes hineingehörte, daß hier mein Platz war.

David Anstey blieb ein paar Tage bei uns und half uns dabei, uns ein kleines Lager einzurichten, bestehend aus einem einzigen Zelt, das Vanne und ich uns die nächsten vier Monate teilen sollten, und einer improvisierten Küche aus vier Pfosten mit einer Strohabdeckung, dem Reich von Dominic, dem Koch, den wir in Kigoma eingestellt hatten. Er hatte sein eigenes Minizelt, das abseits des unsrigen errichtet wurde. Dann nahm David Abschied von den zwei verrückten Frauen; wie

Die täglichen Aufzeichnungen beim Schein der Petroleumlampe in den Anfangstagen in Gombe

die meisten Leute damals war er fest überzeugt, daß wir unser Vorhaben nach ein paar Wochen abbrechen würden. Wie sehr sollte er sich irren! Bevor er ging, mußte ich ihm versprechen, nicht alleine in den Bergen herumzuklettern, solange ich mich noch nicht auskannte. Adolf, einer der Wildhüter, wurde angewiesen, mich zu begleiten, und Rashidi Kikwale, ein Einheimischer, sollte mein Führer sein.

Ich war mir natürlich darüber im klaren, daß in Gombe Gefahren lauerten. Trotzdem war es ein Schock, als gleich in der ersten Woche zwei aufgeregte Fischer Adolf, Rashidi und mich zu einem Baum in der Nähe des Sees führten. Die Rinde des Baums war an Hunderten von Stellen aufgerissen und zerfetzt. Ein einzelner Büffelbulle hatte am Vorabend einen der Fischer angegriffen. Der Mann hatte sich auf den Baum retten können, aber der Büffel war noch über eine Stunde dageblieben und hatte den Baum attackiert, um sein zu Tode verängstigtes Opfer herunterzuschütteln. Die Fischer hatten mich offenbar auf die großen Gefahren aufmerksam machen wollen, die das Leben im afrikanischen Busch mit sich bringt, und sie beeindruckten mich tief.

Der zerfetzte Baum fiel mir in den nächsten Wochen bei vielen Gelegenheiten wieder ein, wenn wir uns durch das Dickicht der unteren Hänge schlugen, oft auf Tierpfaden und auf allen vieren. Damals gab es eine ganze Menge Büffel in Gombe. Einmal (einige Zeit später, als ich ohne die Begleitung von Adolf und Rashidi auskam) wäre ich beinahe über einen Büffel gestolpert, ein riesiges Tier, das kaum sechs Meter entfernt von mir im Dunkel vor Anbruch der Morgendämmerung lag und wiederkäute. Zum Glück wehte ein kräftiger Wind, dessen Rauschen die leisen Geräusche meiner Annäherung übertönte und der zudem auf mich zu blies. Dadurch konnte ich unbemerkt davonkriechen. Ein andermal, viel später, als ich oben in den Bergen zu nächtigen pflegte, hörte ich den seltsam schneidenden Ruf eines jagenden Leoparden ganz in meiner Nähe im Dunkeln. Natürlich packte mich die Angst, denn Leoparden flößten mir damals wirklich Furcht ein. Doch ich redete mir ein, daß mich der Leopard in Ruhe lassen würde, weil es meine Bestimmung war, hier zu sein und mich einer bestimmten Arbeit zu widmen. Ich würde behütet werden. Ich zog mir also die Decke über die Ohren und hoffte das Beste. Ich weiß heute nicht mehr, ob das Fatalismus war oder ob ich wirklich an eine Art Abkommen mit Gott glaubte: »Ich mache diese Arbeit, Gott, und du paßt auf mich auf!« Gleichwie, der Leopard hatte damals eindeutig kein Interesse daran, mich merkwürdigen weißen Affen zu kosten, obwohl er wahrscheinlich fast vor Neugier platzte. Leoparden sind nämlich sehr neugierig.

Wieder ein andermal, ich ging allein am Seeufer entlang zum Lager zurück und watete gerade im Wasser um einen Felsvorsprung herum, erblickte ich plötzlich eine schwarze Schlange, die sich vor mir wand. Ich blieb wie erstarrt stehen. Die Schlange war fast zwei Meter lang, und an der angedeuteten Haube und den schwarzen Streifen im Nacken konnte ich erkennen, daß es sich um eine Wasserkobra handelte, eine tödlich giftige Schlange, gegen deren Biß es damals noch kein Gegenmittel gab. Sie wurde von einer anrollenden Welle auf mich zugetragen, und ein Teil ihres Körpers landete sogar auf meinen Füßen! Ich starrte sie an, und sie starrte aus glänzenden schwarzen Augen zurück. Ich stand regungslos und wagte nicht einmal zu atmen, bis die Welle zurückschwappte und die Schlange mitnahm. Da sprang ich mit einem Satz aus dem Wasser, und mein Herz klopfte wie wild. Wie ich später erfuhr, war es ein Glück, daß es keine eiertragende weibliche Schlange war, denn in dieser Zeit sind die normalerweise ziemlich zurückhaltenden Wasserkobras sehr aggressiv und greifen alles an, was in ihr Territorium eindringt. Die wenigen Todesfälle durch Bisse der Wasserkobra haben ihre Ursache meistens darin, daß sich die Schlangen in Fischernetze verstricken. Lebt die Kobra noch, wenn das Netz aus dem Wasser ins Boot gehievt wird, ist es kein Wunder, daß sie zubeißt.

Ich hatte zu jener Zeit so gut wie keine Angst, durch ein wildes Tier zu Schaden zu kommen. Vielmehr glaubte ich aufrichtig, die Tiere würden spüren, daß ich ihnen nichts zuleide tun wollte, und mich infolgedessen in Ruhe lassen, wie es bei der Begegnung mit den jungen Löwen in Olduvai gewesen war. Louis hatte mich in dieser Überzeugung bestärkt, gleichzeitig jedoch darauf geachtet, daß ich eine gewisse Vorstellung davon bekam, wie ich mich verhalten sollte, wenn ich unerwartet auf ein anderes Lebewesen traf. Und er hatte mir eingehämmert, nie ein unnötiges Risiko einzugehen. Das Gefährlichste überhaupt ist, zwischen eine Mutter und ihr Junges zu geraten oder einem Tier zu begegnen, das nicht wegrennen kann, weil es verwundet wurde, oder das Grund hatte, Menschen zu hassen. Aber das sind Gefahren, die nicht unbedingt größer sind – wahrscheinlich sogar kleiner! – als die, die in irgendeiner Stadt lauern, und so beunruhigten sie mich nicht weiter.

Viel mehr Sorgen bereitete mir damals die Tatsache, daß die Schimpansen solche Angst hatten und sofort die Flucht ergriffen, wenn sie mich sahen. Ich war ein Eindringling, eine Fremde für sie. Ich wußte zwar, daß sie sich allmählich an mich gewöhnen würden, aber wann? Würde ich etwas wirklich Bedeutsames in Erfahrung bringen können, bevor die Finanzierung des Projekts endete? Mir war vollkommen klar, daß Louis keine weiteren Mittel mehr würde auftreiben können, wenn keine Ergebnisse vorlagen. Es erfüllte mich mit Angst und Schrecken, ihn zu enttäuschen. Das war der einzige Wermutstropfen, der sich in das pure Entzücken mischte, das ich empfand, als ich nach und nach mit meiner neuen Welt vertraut wurde.

Sechs Wochen nach unserer Ankunft in Gombe erkrankten Vanne und ich an Malaria. Was für einen bemitleidenswerten Anblick müssen wir geboten haben, wie wir da Seite an Seite auf den schmalen Feldbetten in unserem Zelt aus Armeebeständen lagen und abwechselnd Fieberhitze und Schüttelfrost durchmachten! Man hatte uns gesagt, es gäbe keine Malaria in Gombe (eine merkwürdige Fehlinformation von seiten des örtlichen italienischen Arztes), und infolgedessen hatten wir keine Medikamente dafür mitgenommen. Wir begnügten uns damit, dann und wann trotz unserer Schwäche unsere Temperatur zu messen und die Werte zu vergleichen. Vanne konnte von Glück sagen, daß sie am Leben blieb, denn sie hatte vier Tage nacheinander schrecklich hohes Fieber um die 40 Grad und war eine Zeitlang zu schwach zum Laufen.

Sobald es mir besser ging, machte ich mich gleich wieder auf die Suche nach den Schimpansen. Eines Morgens brach ich in aller Herrgottsfrühe auf, als es noch kühl war. Langsam und mit vielen Pausen erklomm ich den steilen Hang gegenüber unserem Zelt. Dieser Tag sollte im Kalender rot angestrichen werden, denn er markierte einen Wendepunkt: Ich entdeckte den *Peak* (Gipfel), und von da an änderte sich alles zu meinen Gunsten.

Der Peak ist eine runde Felskuppe in halber Höhe auf einem der Kämme, die zwischen den Tälern vom höchsten Grat der Abbruchkante bis hinunter zum See verlaufen. Von diesem herrlichen, gute 150 Meter über dem See gelegenen Aussichtspunkt aus konnte ich zwei Täler überblicken: das Kakombetal, in dem unser Camp lag, und das Kasakelatal im Norden. Während ich dort oben saß, zu schwach, um nach dem anstrengenden Klettern weiterzugehen, hörte ich unten im Tal Schimpansen. Und dann sah ich, wie sie sich in einem großen Feigenbaum an Blättern gütlich taten; ich verfolgte mit dem Fernglas, wie sie weiterzogen, wobei sie von Zeit zu Zeit laute Rufe ausstießen. Kaum waren sie verschwunden, wurde es wieder still, und ich eilte hinunter, ohne einen Gedanken an das Fieber zu verlieren, um der armen kranken Vanne von dem zauberischen Erlebnis zu berichten.

Damit begann einer der aufregendsten Abschnitte meines Lebens, die Zeit der Entdeckungen. Kein Tag verging, an dem ich nicht irgend etwas spannendes Neues über die Schimpansen erfuhr. Mein Leben war fortan von einem bestimmten Rhythmus geprägt. Ich stellte mir den Wecker auf 5.30 Uhr, aß eine Scheibe Brot, machte mit heißem Wasser aus der Thermoskanne Kaffee und kletterte dann noch im Dunkeln zu jenem Gipfel empor. Vanne rief mir meist ein verschlafenes Aufwiedersehen zu, obwohl ich mich immer bemühte, sie nicht aufzuwecken. Hatte ich eine Gruppe oder auch einen einzelnen Schimpansen beobachtet, kletterte ich manchmal hinab und sammelte die Reste dessen ein, was sie gegessen hatten. Auf diese Weise wurde ich allmählich mit dem Terrain vertraut. Und während ich Stück für Stück etwas über ihre Lebensweise in Erfahrung brachte, gewöhnten sie sich allmählich an den Anblick des seltsamen weißen Affen; es sollte allerdings noch fast ein Jahr dauern, bis ich näher an sie herankam als etwa hundert Meter.

Nur selten verging ein ganzer Tag, ohne daß ich zumindest einmal Schimpansen zu sehen bekam, aber gelegentlich mußte ich Stunde um Stunde auf dieses Privileg warten. Wichtig war in diesen Wartezeiten vor allem, wachsam zu bleiben, denn die Schimpansen waren oft nur in kleinen Grüppchen oder allein unterwegs und vollkommen lautlos. Beim leichtesten Wiegen eines Baumwipfels oder leisesten Krachen eines Astes war ich sofort mit allen Sinnen da, obwohl es häufig Affen waren und keine Schimpansen. Ein Wissenschaftler, der mich in jenen ersten Monaten einmal dort besuchte, war erstaunt, daß ich keine Bücher mit hinauf zum Gipfel nahm, um mir die Wartestunden zu vertreiben. Was hätte ich dadurch nicht alles versäumt!

Damals auf ›meinem Peak‹ lernte ich das tägliche Leben der Schimpansen von Gombe nach und nach kennen und konnte mir allmählich ein Bild davon machen, so daß meine Angst vor einem Fehlschlag des Unternehmens schwand. Allerdings vergingen volle drei Monate, bis ich die erste wirklich bedeutsame und ungeheuer spannende Beobachtung machte. Es geschah an einem frustrierenden Morgen. Ich hatte auf der Suche nach Schimpansen drei verschiedene Täler aufwärts und abwärts durchstreift, ohne Erfolg. Erschöpft vom Kriechen durch das dichte Unterholz, machte ich mich mittags auf den Weg zum Gipfel. Als ich im hohen Gras etwa 40 Meter vor mir eine dunkle Gestalt und eine schnelle Bewegung wahrnahm, blieb ich stehen. Ich richtete rasch mein Fernglas auf die Stelle und sah, daß es sich um einen einzelnen Schimpansen handelte, einen erwachsenen Mann, der weniger furchtsam war als die anderen und den ich vom Sehen her schon kannte. Ich hatte ihn David Greybeard genannt wegen seiner hellen Bartbehaarung.

Ich bewegte mich ein wenig, um ihn besser sehen zu können. Er saß auf dem roten Erdhügel eines Termitennests und stieß immer wieder einen Grashalm in ein Loch. Nach einer Weile zog er den Halm vorsichtig heraus und lutschte etwas davon ab. Bisweilen nahm er sich einen neuen Grashalm und benutzte diesen weiter. Als er fort war, ging ich zu dem Termitenhügel. Abgerissene Grashalme lagen überall herum. Termiten krabbelten hin und her und waren bereits dabei, die Löcher zu schließen, in die David seine Grashalme gestochen hatte. Ich ahmte nach, was er gemacht hatte, und als ich meinen Grashalm herauszog, hatten sich Termiten mit ihren Kiefern darangeklammert.

Erst vor knapp zwei Wochen hatte es geheißen, die Studie wäre schon ihr Geld wert, wenn ich bloß die Beobachtung machen würde, daß ein Schimpanse ein Werkzeug benutzte! Und hier war David Greybeard und benutzte ein Werkzeug! Wenige Tage später konnte ich diesen Werkzeuggebrauch erneut beobachten und deutlich sehen, wie ein kleiner belaubter Zweig abgeknickt und von seinen Blättern befreit wurde. Dabei handelte es sich um die absichtliche Veränderung eines Gegenstands und damit um die primitiven Anfänge der Werkzeug*herstellung*. Ich wollte meinen Augen kaum trauen. Lange herrschte das Denken vor, wir seien die einzigen Geschöpfe auf der Erde, die Werkzeuge herstellten und benutzten. Wir definierten uns als *Homo faber,* der »werkzeugherstellende Mensch«. Diese Fähigkeit hob uns gebührend vom übrigen Tierreich ab.

Als ich Louis Leakey die Neuigkeiten telegrafierte, tat er den inzwischen berühmt gewordenen Ausspruch: »Aha! Dann müssen wir jetzt entweder den Menschen oder den Werkzeugbegriff neu definieren oder Schimpansen als Menschen akzeptieren!« Meine Beobachtungen in Gombe stellten die Einzigartigkeit des Menschen in Frage, und wann immer das geschieht, gibt es einen gewaltigen Aufschrei von seiten der Wissenschaft und der Theologie. In diesem Fall versuchten einige, meine Entdeckungen damit abzuwerten, daß ich keine entsprechende Ausbildung hätte und folglich keine zuverlässigen Informationen liefern könnte. Aber die Fotografien, die ich schließlich vorlegte, waren ein stichhaltiger Beweis. Ein paar Wissenschaftler äußerten sogar die Vermutung, ich hätte den Schimpansen erst das Termitenangeln beigebracht! Jedenfalls hatten meine Beobachtungen zur Folge, daß es für nötig erachtet wurde, eine komplexere Definition des Menschen vorzunehmen als zuvor – der Himmel bewahre uns davor, etwas von unserer menschlichen Einzigartigkeit aufzugeben! Ich selber bekam nichts mit von all den Kontroversen und Spekulationen, denn ich setzte mein einfaches Leben fort und brachte immer mehr über die Schimpansen in Erfahrung.

Die Beobachtung des Werkzeuggebrauchs war nicht nur wegen ihrer Bedeutung für die Wissenschaft von Wert. Für mich war noch wichtiger, daß Louis dadurch Gelder bei der National Geographic Society lockermachen konnte, die mir die Möglichkeit gaben, meine Studien fortzuführen. Sein Brief, in dem er mir diese aufregende Neuigkeit schrieb, erreichte mich kurz vor dem Abschied von Vanne, die nach fünfmonatigem Aufenthalt in Gombe nach England zurückkehren mußte.

Ich wußte, daß ich Vanne sehr vermissen würde. Sie war eine wunderbare Gefährtin gewesen und hatte mir in vielfacher Hinsicht geholfen. Sie war immer dagewesen, wenn ich nach Tagen aus den Bergen herabkam, und hatte begierig zugehört, was ich zu erzählen hatte. Wir hatten am Lagerfeuer miteinander geplaudert und Neuigkeiten ausgetauscht. Sie hatte mir von ihrem Tag berichtet, zum Beispiel von dem Fischer, der in die kleine Klinik gekommen war, die sie unter einem Strohdach eingerichtet hatte und in der sie einfache Medikamente ausgab, die Onkel Eric zur Verfügung gestellt hatte; dort hatte sie demonstriert, wie ein schlichtes Beträufeln mit Kochsalzlösung sogar das schlimmste tropische Geschwür zu heilen vermochte. Wie mir viele Jahre später zu Ohren kam, hatte man sie die »weiße Medizinfrau« genannt, und die Leute waren von weither angereist, um von ihr Aspirin, Bittersalz und andere mitgebrachte Wohltaten zu empfangen. Ich stehe tief in ihrer Schuld, nicht nur, weil sie es wagte, mit mir in die Wildnis zu ziehen, sondern auch wegen der wunderbaren Beziehungen zu den Einheimischen, die sie begründet hat, Beziehungen, auf die meine Mitarbeiter, Studenten und ich zählen durften und die wir weiter ausbauen konnten.

Vanne besaß noch eine Eigenschaft, die ich damals nicht ausreichend würdigte. In meiner Wißbegier verbrachte ich oft die Nacht draußen im Wald, besonders dann, wenn Schimpansen in der Nähe des Gipfels ihre Schlafnester gebaut hatten. Bei diesen Gelegenheiten hatte ich einen kleinen Blechkoffer mit einem Kessel, etwas Kaffee und Zucker und einer Decke dabei. Die Decke legte ich an eine Stelle, von der aus ich hören konnte, ob die Schimpansen nachts Rufe ausstießen, und von wo aus ich sie frühmorgens gleich sehen konnte. Das war mein Schlafplatz. Doch zuerst kletterte ich noch einmal hinunter, um mit Vanne zusammen zu Abend zu essen. Und dann ließ ich sie in meinem jugendlichen Egoismus allein. Ich stieg beim Schein des Mondes oder meiner kleinen Taschenlampe den wohlbekannten Pfad zum Gipfel hinauf, restlos glücklich, und ließ Vanne einfach im Lager zurück. Nie kam mir der Gedanke, wie sie sich wohl fühlen mochte so ganz allein in einer fremden, neuen Welt. Und sie beklagte sich nie. Wenn ich jetzt zurückblicke, merke ich erst, wie unglaublich groß ihr Beitrag war.

Nach Vannes Abreise blieb ich noch ein weiteres Jahr. Sie hatte Bedenken, mich allein zu lassen, beruhigte sich jedoch einigermaßen, als Louis versprach, mir seinen vertrauenswürdigen Bootsführer Hassan vom Viktoriasee zu schicken, der unterwegs meine Vorräte und meine Post in Kigoma aufladen würde. Er und Dominic, der inzwischen in Gesellschaft von Frau und Tochter war und weiterhin die Mahlzeiten für mich zubereiten wollte, würden gemeinsam mein kleines Lager bewachen.

5

In der Abgeschiedenheit

Vanne fehlte mir, ihre Kameradschaft, die langen Unterhaltungen am Lagerfeuer, die Gespräche über neue Beobachtungen. Trotzdem fühlte ich mich nach ihrer Abreise nicht einsam, denn ich war schon immer gern allein. Tag für Tag, in Sonne, Wind und Regen, kletterte ich in die Berge. Allmählich gelang es mir, immer tiefer in eine Zauberwelt einzudringen, die vor mir noch kein Mensch erforscht hatte – in die Welt der freilebenden Schimpansen. Es gab Tage, an denen ich sie nicht finden konnte. Aber durch die gesicherte Finanzierung war der Druck von mir genommen, so daß ich mich einfach dem Genuß hingeben konnte, ganz allein zu sein in dem zerklüfteten Gebiet, das ich einmal genausogut kennen sollte wie die Felsküsten und Schluchten meiner Kindheit in Bournemouth.

Es war eine Zeit erhebender Entdeckungen, denn ich lernte jeden Tag etwas dazu, wenn nicht über die Schimpansen, dann über andere Bewohner des Waldes. Das eine Mal begegnete ich einer Truppe von Roten Kolobusaffen, die sich hoch oben unter dem Blätterdach lärmend einen Weg durch die Baumwipfel bahnten. Ein andermal den gewandten Kongoweißnasen mit ihrem seidigen Fell, die fast geräuschlos durch die Wipfel zogen. Faszinierend waren die Paviane mit ihrer dauernden Betriebsamkeit, den herumtollenden Kindern und frechen Heranwachsenden, die von den Älteren streng gezügelt wurden. Die erwachsenen Pavianmänner waren herrlich anzuschauen mit ihrer starken, mähnenartigen Nackenbehaarung und ihren riesigen Eckzähnen, mit denen sie sogar Leoparden verletzen können und die sie entblößten, wenn ich so unvorsichtig war, ihnen direkt in die Augen zu blicken. Außerdem gab es noch Vögel, Eidechsen und jede Menge faszinierender Insekten – von den mitunter unglaublich schönen Schmetterlingen und Nachtfaltern bis hin zu den schwerfälligen Mistkäfern, die ihre kostbaren Dungkugeln rollten.

Diese Waldwildnis nahm mich vollkommen gefangen. Es war eine unvergleichliche Zeitspanne, in der das Alleinsein einfach zum Leben gehörte. Eine wunderbare Gelegenheit, wie man hätte meinen sollen, über den Sinn des Daseins und meine Rolle in alledem zu meditieren; aber ich war viel zu sehr damit beschäftigt, das Leben der Schimpansen zu erforschen, als daß ich mir um den Sinn meines eigenen Lebens Gedanken machen konnte. Ich war nach Gombe gegangen, um eine bestimmte Aufgabe zu erfüllen und nicht um die philosophischen und religiösen Studien meiner Jugend fortzusetzen. Dennoch haben die Monate in Gombe dazu beigetragen, den Menschen zu formen, der ich heute bin – ich müßte schon sehr verhärtet gewesen sein, wenn das Wunderbare und unendlich Spannende meiner neuen Welt keinen prägenden Einfluß auf mein Denken gehabt hätte. Ich kam der Natur und den Tieren immer näher und damit auch mir selber, kam immer mehr in Einklang mit der spirituellen Kraft, die ich überall ringsum spürte. Wer die Freude kennt, mit der Natur allein zu sein, dem brauche ich nichts weiter zu sagen, und wer sie nicht kennt, dem ist die starke, fast mystische Erkenntnis der

Schönheit und Ewigkeit, die einen plötzlich und unerwartet überkommt, mit Worten nicht zu beschreiben. Die Schönheit war immer da, die Augenblicke wirklicher Bewußtheit hingegen waren selten. Sie pflegten sich unangemeldet einzustellen, zum Beispiel beim Anblick der ersten blassen Morgenröte oder bei einem Blick durch das raschelnde Laub einiger Urwaldriesen ins Grün und Braun und in die schwarzen Schatten, die gelegentlich einen hellen Flecken blauen Himmels freigaben; oder wenn ich bei Anbruch der Dämmerung, mit einer Hand an den noch warmen Stamm eines Baumes gelehnt, auf das glitzernde Licht des aufgehenden Mondes über dem unaufhörlich bewegten, leise seufzenden Wasser des Tanganjikasees schaute.

Je länger ich allein war, um so mehr verschmolz ich mit der Zauberwelt des Waldes, die jetzt meine Heimat war. Unbeseeltes bekam auf einmal ein eigenes Gesicht, und ich sprach damit wie mein Lieblingsheiliger Franz von Assisi und begrüßte es wie einen Freund. »Guten Morgen, Peak«, sagte ich allmorgendlich, wenn ich oben ankam, und: »Grüß dich, Bach«, wenn ich dort Wasser holte, oder ich sagte zum Wind, der über mir heulte und mir die Chance verpatzte, die Schimpansen zu finden: »O Wind, beruhige dich doch um Himmels willen!« Die Wesenhaftigkeit der Bäume nahm ich besonders intensiv und bewußt wahr. Beim Berühren der rauhen, sonnenwarmen Borke eines uralten Baumriesen oder der kühlen, glatten Rinde eines jungen, aufstrebenden Bäumchens spürte ich auf eine eigenartige, intuitive Weise, wie der Saft von den unsichtbaren Wurzeln in der Tiefe bis hinauf in die äußersten Spitzen der Zweige hoch über mir stieg. Warum, fragte ich mich dann, haben sich unsere menschlichen Vorfahren nicht

Foto: Hugo van Lawick

David Greybeard 1960: die bahnbrechende Beobachtung der Werkzeugherstellung

wie andere Affen an die Bäume gehalten? Oder warum sind wir, wenn wir einst auf Bäumen lebende Primaten waren, je heruntergekommen? Am liebsten hielt ich mich im Wald auf, wenn es regnete, lauschte, wie die Tropfen auf die Blätter trommelten, und fühlte mich vollkommen geborgen in der dämmerigen Zwielichtwelt von Grün- und Brauntönen und linder, grauer Luft.

Wie verzaubert waren die Nächte, in denen ich bei Mondschein oben auf dem Gipfel blieb! Unter mir spiegelte sich das silbrige Licht in Abertausenden von Blättern, die das Dach des Waldes bildeten, und auf den glatten, glänzenden Palmwedeln strahlte es hell auf. Oft war das Mondlicht so gleißend, daß nur die hellsten Sterne zu sehen waren, und graue Nebelschleier hingen um die Berggipfel und waberten ins Tal. Irgendwann jedoch ging der Mond hinter den Bergen auf der anderen Seite des Sees unter, und bald darauf schwand auch der letzte schwache Schein vom Himmel. Dann war die Nacht wieder ganz anders – pechschwarz und unheimlich, und überall raschelte es und knackten Zweige. Man konnte sich leicht vorstellen, wie ein Leopard durch das hohe Gras schlich oder eine Büffelherde im Unterholz graste. Es ist mir nie etwas passiert.

Die ganze Zeit über lernte ich immer mehr über die Schimpansen. Als ich sie auseinanderhalten konnte, gab ich ihnen Namen. Ich hatte keine Ahnung, daß dies Anfang der sechziger Jahre in der Verhaltensforschung verpönt war – ich hätte ihnen objektive Nummern geben müssen. Auch beschrieb ich sie als lebhafte Persönlichkeiten – wieder eine Todsünde: Nur Menschen besaßen Persönlichkeit. Ein noch schlimmeres Vergehen war es, den Schimpansen so etwas wie menschliche

Gefühle zu attestieren. Zur damaligen Zeit herrschte (zumindest bei vielen Wissenschaftlern, Philosophen und Theologen) die Auffassung vor, nur Menschen hätten Geist, und nur Menschen seien zu vernünftigem Denken fähig. Glücklicherweise hatte ich an keiner Universität studiert und wußte nichts davon. Und als ich es hörte, fand ich es bloß albern und beachtete es nicht weiter. Ich habe den Tieren in meinem Leben immer Namen gegeben. Zudem hatten Rusty und diverse Katzen, Meerschweinchen und Goldhamster mich eines Besseren belehrt. Die Tiere hatten es überdeutlich gemacht, daß sie Persönlichkeit besaßen, daß sie Schlüsse ziehen und Probleme lösen konnten, Geist und Gefühl hatten, und so zögerte ich nicht, diese Eigenschaften auch den Schimpansen zuzuschreiben. Wie recht hatte Louis doch gehabt, jemanden wie mich ins Feld zu schicken, deren Geist unbeleckt war von der Theorie der reduktionistischen, übervereinfachenden, mechanistischen Wissenschaft!

Wenn man sie erst einmal kennt, unterscheiden sich Schimpansen stark voneinander. Am leichtesten zu erkennen war damals Mr. McGregor, ein einigermaßen streitlustiger alter Mann, dessen Schultern und Kopf bis auf einen Haarkranz wie bei einem Mönch mit Tonsur kahl waren. Er erinnerte mich an den kauzigen alten Gärtner aus Beatrix Potters *Geschichte von Peter Hase*. Auffällig war auch Flo mit ihrer Knubbelnase und den ausgefransten Ohren, begleitet von ihrer kleinen Tochter Fifi und ihren zwei Söhnen Faben und Figan. Ferner William mit seinem langen, traurigen Gesicht und die scheue Olly mit ihrer elfenhaften Tochter Gilka. Oder Mr. Worzle mit den seltsam menschengleichen Augen, deren Lederhaut nicht, wie üblich, braun war, sondern weiß. Am liebsten war mir immer David Greybeard mit seiner ruhigen, würdevollen Persönlichkeit. Da er sehr schnell seine Angst vor mir verlor, half er mir, das Vertrauen der anderen zu gewinnen. Daß er mich merkwürdigen weißen Affen anerkannte, hieß für sie, daß ich doch nicht so schlimm sein konnte, wie sie gedacht hatten. Wann immer ich sein angenehmes Gesicht mit dem deutlich abgesetzten silberweißen Bart erblickte, war ich entzückt. Er war sehr häufig in Begleitung eines etwas älteren Schimpansenmannes, den ich Goliath nannte, nicht wegen seiner Größe – die war normal –, sondern wegen seiner kühnen, kämpferischen Persönlichkeit. Wie ich nach und nach merkte, war er damals der ranghöchste Mann.

Aus den Wochen wurden Monate, und immerfort lernte ich etwas Neues und Aufregendes über die erstaunlichen Schimpansen. Je mehr ich lernte, desto klarer wurde mir, wie ähnlich sie uns in vieler Hinsicht sind. Ich beobachtete, daß sie logisch denken und für die unmittelbare Zukunft vorausplanen können, so zum Beispiel, wenn ein Schimpanse, der erst herumsaß, in die Gegend schaute und sich bedächtig kratzte, plötzlich einen Entschluß faßte, zu einem Büschel Gras hinüberging, sorgfältig einen Halm auswählte, ihn zurechtstutzte und sich dann, den Halm im Mund, zu einem Termitenhügel aufmachte, der keineswegs in Sichtweite lag. Dort angekommen, inspizierte er den Hügel, und wenn er von Termiten bewohnt war, begann nun ein Termitenangeln.

Ich sah Schimpansen auch andere Gegenstände als Werkzeug benutzen oder herrichten wie etwa zusammengerollte Blätter, mit denen sie Regenwasser aus einem hohlen Baum schöpften. Oft verwandten sie Steine als Wurfgeschosse, und manche Männer konnten hervorragend zielen. Dann gab es noch die Posen und Gesten, die die Laute begleiteten, die sie von sich gaben – ihr Kommunikationsrepertoire. Vieles davon ist unter Menschen in allen Kulturen dieser Welt gebräuchlich: Küssen, Umarmen, Händchenhalten, einander auf den Rücken klopfen, Herumstolzieren, Boxen, Treten, Kitzeln, Purzelbäume schlagen oder sich im Kreis drehen. Diese Verhaltensmuster kamen in der gleichen Art von Kontext vor und schienen die gleiche Bedeutung zu haben wie bei uns Menschen. Mit der Zeit erkannte ich auch die dauerhaften, liebevollen, festen Bindungen, die zwischen Familienmitgliedern und engen Freunden bestehen. Ich beobachtete, wie sie sich gegenseitig halfen und füreinander sorgten. Sie konnten aber auch nachtragend sein und über eine Woche lang jemandem grollen. Ihre Gesellschaftsordnung erschien mir sehr komplex. Sie verbrachten viel Zeit damit, in kleinen Gruppen, deren Zusammensetzung sich dauernd änderte, umherzustreifen, mußten also immer Entscheidungen treffen: ob sie losziehen sollten, allein oder in einer Gruppe, ob mit David Greybeard oder mit Flo, ob sie die steilen Hänge hinaufklettern sollten, um von den köstlichen *muhande hande* zu essen, oder ob sie lieber in die kühlen Täler hinab sollten, um Feigen zu suchen.

Gelegentlich ließ David es zu, daß ich ihm folgte, und dabei habe ich viel gelernt. Bei einer dafür typischen Gelegenheit kam ich in der Morgendämmerung unter seinem Schlafnest an. Er hatte allein genächtigt. Sowie es heller wurde, kletterte er herab, blieb dann aber eine Weile unten sitzen, als frage er sich, wohin er nun gehen solle. Anscheinend war er zu einem Entschluß gekommen, denn er ging auf einmal ziemlich schnell in südlicher Richtung los. Ich folgte ihm in gebührendem Abstand, bahnte mir einen Weg durch das dichte Unterholz und bemühte mich, mit ihm Schritt zu halten. Wir erreichten einen grasbewachsenen Kamm, der zwischen zwei Tälern verlief, und hier blieb David stehen, schaute auf die Bäume hinab und gab mit seiner tiefen, unverwechselbaren Stimme *Pant-hoots* von sich, wie die lauten, weithin hörbaren Rufe in der Fachsprache heißen. Dann horchte er, ob es Antwort gab. Gleich darauf erschallte unten im Tal ein Chor von Pant-hoots, aus dem ich Goliaths Stimme deutlich heraushören konnte.

David machte sich auf den Weg zu der Gruppe, und als wir ihr näher kamen, hörte ich leises, genußvolles Grunzen, von dem das Futtern guter Nahrung stets begleitet ist, das Knacken brechender Zweige und das klappernde Geräusch zu Boden fallender Schalen. Plötzlich stieß David wieder Rufe aus, diesmal in einem anderen Ton. Er verkündete seine Ankunft und löste damit einen Antwortchor aus. Jetzt kletterte er auf einen der Bäume, und ich kam gerade noch rechtzeitig, um zu beobachten, wie er sich zu Goliath hinüberschwang und die beiden sich mit vor Begeisterung gesträubtem Fell in die Arme fielen.

Ein paar Stunden lang aßen die Schimpansen von den köstlichen *mtobogolo*-Feigen, eine von gut fünfzehn Sorten in Gombe. Dann kletterten sie einer nach dem anderen zum Erdboden hinunter. Einige Junge begannen zu spielen, sie jagten und kitzelten einander, während sich die Erwachsenen niederließen, um sich gegenseitig zu *groomen*, wie die Fellpflege in der Fachsprache genannt wird. Es war kühl im Schatten der hohen Bäume, und gegen Mittag hatten sich die meisten der Gruppe ausgestreckt und ruhten, ein paar schliefen sogar. Am späten Nachmittag wanderte David mit Goliath davon. Ich ließ sie ziehen, denn ich fand, daß ich sie genug belästigt hatte.

Um brauchbare wissenschaftliche Daten zu sammeln, muß man, so heißt es, kalt und objektiv bleiben. Man zeichnet genauestens alles auf, was man sieht, und unterläßt es unter allen Umständen, sich in die Forschungsobjekte einzufühlen. Zum Glück wußte ich während der ersten Monate in Gombe nichts davon. Ein Großteil meines Verständnisses für diese intelligenten Wesen gründete sich gerade darauf, daß ich mich in sie hineinversetzte. Sobald man weiß, *warum* etwas geschieht, kann man seine Interpretation so streng überprüfen, wie man will. Es gibt immer noch Wissenschaftler, die herablassend die Augenbrauen hochziehen, wenn man vom Einfühlen in nicht-menschliche Tiere spricht, aber diese starre Haltung wird langsam aufgegeben. Ich jedenfalls hatte damals weitgehend das Gefühl, etwas über Mitgeschöpfe zu lernen – Geschöpfe, die die angebliche Kluft zwischen dem Menschen und dem übrigen Tierreich überbrückten.

Die Zeit, während der ich mich in den Wäldern aufhielt, um den Schimpansen zu folgen, sie zu beobachten oder auch einfach nur bei ihnen zu sein, erbrachte nicht nur wissenschaftliche Daten für mich, sondern gab mir darüber hinaus einen Frieden, der mich bis ins Innerste erfüllte. Die riesigen, knorrigen uralten Bäume, die Bächlein, die sich murmelnd einen Weg durch den Fels zum See bahnten, die Insekten, die Vögel und vor allem die Schimpansen, alles noch unverändert wie zu Jesu Zeiten.

An einen Tag unter all den vielen erinnere ich mich geradezu mit Ehrfurcht. Ich hatte mich auf abgefallenem Laub und Zweigen auf dem Waldboden ausgestreckt und lag auf dem

Rücken. Ich konnte spüren, wo mich die runden Steine drückten, und wand mich hierhin und dahin, bis ich eine günstige Lage zwischen ihnen gefunden hatte. Hoch über mir futterte David Greybeard Feigen. Ab und zu sah ich einen schwarzen Arm eine Frucht pflücken, einen baumelnden Fuß, eine dunkle Gestalt, die sich geschickt durch das Geäst bewegte.

Ich weiß noch, wie stark mich die Harmonie der Farben im Wald berührte, die Gelb- und Grünschattierungen, die sich zu Braun- und Purpurtönen vertieften. Und die Art und Weise, wie die Kletterpflanzen an den Bäumen hochklommen, sich an Zweige und Äste klammerten und umeinander wickelten. Ich bemerkte, wie sie sich um einen toten Ast wanden und ihn wieder mit Farbe und Leben schmückten. Der mittägliche Chor der Zikaden war laut und durchdringend, er schwoll je nachdem, welche Insektengruppe gerade einstimmte, in der Waldesluft an und wieder ab, als sängen schrille Chorstimmen einen endlosen Kanon ohne Worte.

Wie ich bereits erwähnte, war mir während meines Kurses in Theosophie die Aufgabe besonders schwergefallen, das kreisende Denken anzuhalten, einer der ersten Schritte auf dem Weg zu wahrer Bewußtheit. Früher einmal hatte ich es oft geübt, diese Kunst in der Eile des Lebens jedoch wieder verlernt. An diesem Tag aber spürte ich, wie das Mysterium von damals wieder über mich kam – das Verstummen des Lärms im Innern. Es war, als versänke ich wieder in einem schönen Traum.

Da lag ich, ein Teil des Waldes, und machte erneut die Erfahrung jenes magischen Deutlichwerdens von Klang, jener gesteigerten Wahrnehmung. Ich nahm die geheimsten Regungen in den Wipfeln in aller Klarheit wahr. Ein kleines

Eichhörnchen kletterte in Spiralen, wie es Eichhörnchen tun, empor und untersuchte Spalten in der Rinde, die Augen blank und die runden Ohren wachsam gespitzt. Eine große samtschwarze Hummel besuchte winzige purpurne Blüten, und jedesmal, wenn sie durch einen der Sonnenflecken flog, von denen der Wald gesprenkelt war, leuchtete das Ende ihres Hinterleibs in sattem Orangerot auf. Es ist nahezu unmöglich, diese neue Bewußtheit zu beschreiben, die mit dem Verstummen der Worte einhergeht. Man wird vielleicht in die Welt der frühen Kindheit zurückversetzt, wo alles frisch und vieles wunderbar ist. Worte können das Erlebnis untermalen, sie können ihm aber auch viel nehmen. Wir sehen ein Insekt, und sofort erkennen wir bestimmte Merkmale und klassifizieren sie – aha, eine Fliege. Bei diesem sehr kognitiven Vorgang schwindet ein Teil des Wunderbaren. Sobald wir die Dinge um uns herum etikettiert haben, betrachten wir sie nicht mehr mit der gleichen Sorgfalt. Worte sind Teil unseres rationalen Ichs, und wenn wir sie für eine Weile beiseite lassen, geben wir unserem intuitiven Wesen einen größeren Freiraum.

Ein jäher Regen von herabfallenden Zweigen und das Aufschlagen einer überreifen Feige nicht weit von meinem Kopf entfernt brach den Zauber. David schwang sich an den Ästen herab. Ich richtete mich langsam auf und kehrte widerstrebend in die Alltagswelt zurück. David hatte den Erdboden erreicht, kam ein paar Schritte auf mich zu und setzte sich. Eine Zeitlang betrieb er Fellpflege, dann legte er sich vollkommen entspannt hin, eine Hand unter den Kopf geschoben, und blickte zum grünen Dach über uns empor. Ein leichter Wind strich durch die Blätter und ließ strahlende Lichtsterne aufblitzen. Wie ich dort mit hellwachen Sinnen saß, ging mir, wie seitdem noch oft, durch den Sinn, welch ein Privileg es doch war, voll und ganz von einem wilden, freien Tier akzeptiert zu werden. Es ist ein Privileg, das ich nie als selbstverständlich betrachten werde.

Was dann geschah, ist mir heute, fast vierzig Jahre später, noch so lebhaft im Gedächtnis wie damals. Als David Greybeard sich erhob und einen gut sichtbaren Pfad einschlug, folgte ich ihm. Er verließ den Pfad schließlich und drang durch das dichte Unterholz in der Nähe eines Baches, und ich war sicher, ihn aus den Augen zu verlieren, denn ich verfing mich hoffnungslos in den Lianen. Doch ich fand ihn wieder: Er saß am Wasser, als hätte er auf mich gewartet. Ich sah ihm in die großen, glänzenden weit auseinander stehenden Augen; sie schienen seine ganze Persönlichkeit auszudrücken, seine gelassene Selbstsicherheit, seine angeborene Würde. Die meisten Primaten interpretieren einen Blick direkt in die Augen als Bedrohung. Schimpansen nicht. David lehrte mich, daß er nichts dagegen hatte, wenn ich ihm ohne Arroganz, ohne irgendeinen Anspruch in die Augen schaute. Manchmal erwiderte er meinen Blick sogar wie an jenem Nachmittag. Seine Augen wirkten auf mich wie Fenster, durch die ich, wenn ich nur diese Gabe gehabt hätte, in seinen Geist hätte schauen können. Wie oft habe ich mir seit jenem längst vergangenen Tag gewünscht, einmal mit den Augen, mit dem Geist eines Schimpansen in die Welt blicken zu können, und sei es nur ein paar Augenblicke lang! Solch eine Minute wäre ein ganzes Forschungsleben wert. Denn wir sind an das Menschliche gefesselt und unserer menschlichen Perspektive, unserer menschlichen Sicht der Welt verhaftet. Es fällt uns schon schwer, die Welt aus dem Blickwinkel einer anderen Kultur als unserer eigenen zu sehen oder vom Standpunkt eines Menschen des anderen Geschlechts.

Während David und ich dort saßen, sah ich eine reife rote Ölpalmenfrucht auf der Erde liegen. Ich hielt sie David auf der flachen Hand hin. Er sah mich an und streckte die Hand aus, um sie zu ergreifen. Er ließ sie fallen und nahm dafür sanft meine Hand. Ich verstand seine beruhigende Geste auch ohne Worte: Er wollte die Nuß nicht, aber er hatte meine Beweggründe verstanden und wußte, daß ich es gut meinte. Bis zum heutigen Tag erinnere ich mich noch an den sanften Druck seiner Finger. Wir hatten in einer Sprache miteinander kommuniziert, die viel älter ist als Worte, einer Sprache, die uns mit unseren prähistorischen Ahnen verband, einer Sprache, die unsere zwei Welten überbrückte. Ich war tief bewegt. Als David aufstand und davonzog, ließ ich ihn gehen und blieb still an dem murmelnden Bächlein sitzen, um mir das Erlebte noch einmal zu vergegenwärtigen und es für immer in mein Herz zu schließen.

Mein zunehmendes Verständnis für David und seine Freunde vertiefte den großen Respekt, den ich immer für Lebensformen gehabt habe, die von der eigenen verschieden sind, und ich sah auf einmal nicht nur den Platz der Schimpansen im Gefüge der Dinge mit neuen Augen, sondern auch den unsrigen. Schimpansen, Paviane und andere Affen, Vögel und Insekten, die lebendige Fülle des lebenssprühenden Waldes, die unaufhörlichen Bewegungen des Wassers im großen See und die unzähligen Sterne und Planeten des Sonnensystems, sie bildeten zusammen ein Ganzes. Sie waren alle eins, alle Teil des großen Mysteriums. Und ich gehörte mit dazu. Ein Gefühl der Ruhe überkam mich. Immer öfter ertappte ich mich bei dem Gedanken: »Hierher gehöre ich. Hierfür bin ich auf die Welt gekommen.« Gombe weckte ähnliche Gefühle des Friedens in mir, wie es früher, als ich noch in der Betriebsamkeit der zivilisierten Welt lebte, alte Kathedralen getan haben.

6

Ein Jahrzehnt der Veränderungen

Die Jahre von 1964 bis 1974 waren sehr arbeitsreich und in mehr als einer Hinsicht äußerst produktiv. Ich promovierte an der Universität von Cambridge und wurde acht Jahre später außerordentliche Professorin an der Stanford-Universität, wo ich große Klassen junger Studenten jeweils ein Quartal pro Jahr in Humanbiologie unterrichtete. In diese Zeit fiel auch meine Heirat mit Hugo van Lawick, dem sehr begabten Regisseur und Fotografen, der von der National Geographic Society nach Gombe geschickt worden war, um das Schimpansenprojekt zu dokumentieren. Hugo und ich bauten gemeinsam eine Forschungsstation auf, wir bekamen zusammen ein Kind, Hugo Eric Louis, und gegen Ende des Jahrzehnts wurden wir wieder geschieden. Die zehn Jahre brachten also harte Arbeit – Verwaltungsaufgaben, Lehren, Auswertung und Veröffentlichung wissenschaftlicher Daten – sowie ungeheure Veränderungen in meinem Privatleben mit sich. Ich erlebte die Freude und Verantwortung als Mutter. Ich machte, wie viele andere auch, die bittere Erfahrung, wie sich die enge, herzliche Beziehung zu einem Ehepartner langsam wandelt und schal wird, und litt unter den damit verbundenen starken emotionalen Qualen. Und unter dem Gefühl, versagt zu haben und schuld zu sein.

Hugo und ich heirateten 1964. In diesem Jahr wurde Flo Mutter, und während ich die Entwicklung des kleinen Flint akribisch genau schriftlich festhielt, konnte Hugo dessen Fortschritte mit der 16-mm-Kamera und Fotos dokumentieren. Hugo hatte einen Bananen-Futterplatz eingerichtet, um das nötige Filmmaterial zusammenzubekommen, und David Greybeard brachte immer mehr Mitglieder seiner Gemeinschaft mit, die an dem neuen Überfluß teilhaben sollten. Es gelang uns, zusätzliche Mittel von der National Geographic Society zu bekommen; so konnten wir mehr Studenten einstellen, um die Gunst der Stunde für uns zu nutzen und noch mehr Daten zu sammeln. Aus diesen bescheidenen Anfängen entwickelte sich ein Forschungszentrum, das eine der dynamischsten interdisziplinären Einrichtungen für die Verhaltensforschung an Tieren in der Welt werden sollte.

Während dieser zehn Jahre war ich des öfteren für unterschiedlich lange Zeit von Gombe fort. Ich ging auf meine erste Vortragsreise in den Vereinigten Staaten, die ich, obwohl sie mir schreckliche Angst machte, heil überstand und bei der ich zum einen Erfahrung sammeln und zum anderen mein Wissen weitergeben konnte. Gombe zu verlassen war immer schmerzlich für mich, und die waldbedeckten Hänge verschwammen meist ein wenig vor meinen Augen, wenn ich noch einmal zurückschaute, ehe wir um die Landspitze Richtung Kigoma fuhren. Es war ein Glück, daß im Birkenhof alles ziemlich unverändert geblieben war, wo mich meine Familie am Ende meiner ersten Heimreise nach England erwartete, denn alles andere schien verändert zu sein – rauh, fast feindselig. Natürlich war ich es, die sich verändert hatte. Nach dem monatelangen Aufenthalt in Gombe sah ich die sogenannte

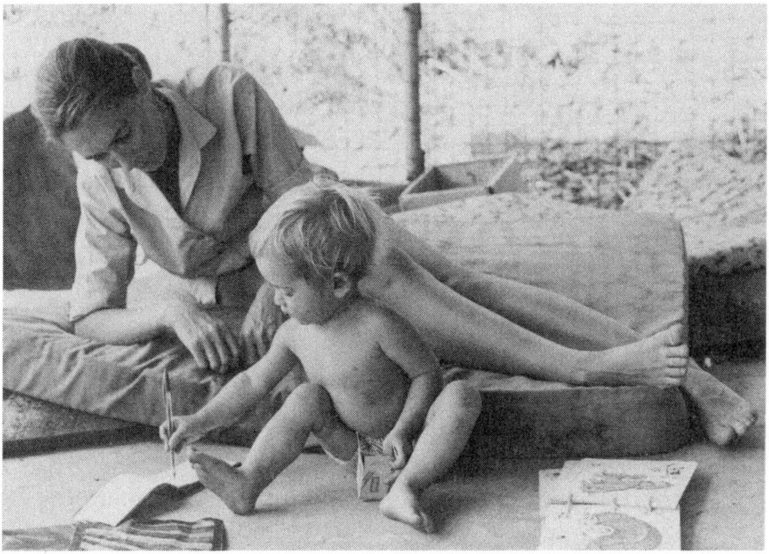

Foto: Hugo van Lawick

1968 mit Sohn Grub in Gombe

»zivilisierte« Welt, die wir geschaffen haben, in einem ganz neuen Licht: die Welt von Ziegeln und Zement, Häusern und Städten, Straßen, Autos und Maschinen. Die Natur war immer schön, eine Bereicherung für Herz und Sinn, während die menschengemachte Welt oft schrecklich häßlich wirkte und geistig verarmt. Der Kontrast zwischen diesen beiden Welten berührte mich jedesmal stärker, wenn ich von Gombe zurück nach England kam, und erfüllte mich mit Trauer. Statt mit dem Frieden des zeitlosen Waldes und dem einfachen, sinnvollen Leben seiner Bewohner wurde ich jäh mit der materialistischen, verschwenderischen – entsetzlich verschwenderischen – Hetze der westlichen Gesellschaft konfrontiert. Statt des sanften Raschelns der Blätter, des leisen Plätscherns der Wellen am Strand, des Gesangs der Vögel und Grillen stürmten Verkehrslärm, dröhnende Rockmusik und gellendes Stimmengewirr auf meine Ohren ein – nirgendwo Stille. Statt des Duftes der weißen Blumen, die nachts ihre Kelche öffnen, und des Geruchs trockener Erde nach einem Regen gab es den Gestank von Benzin- oder Dieselabgasen, von der Küche anderer Leute und von Desinfektionsmitteln, die in den öffentlichen Toiletten den Uringeruch überdeckten. Wenn ich von Gombe fort war und in die Fortschrittswelt eintauchte, fiel es mir schwerer, die Gegenwart Gottes zu spüren. Damals hatte ich noch nicht gelernt, den Frieden des Waldes in meinem Innern zu tragen.

Bei meinen Aufenthalten in der westlichen Welt wurde mir auch immer mehr bewußt, welcher Schaden der Umwelt zugefügt wurde. Welch tiefe Besorgnis löste der entsetzliche Einsatz von »Agent Orange« im Vietnamkrieg aus, das zur Entlaubung feindlicher Waldgebiete diente! In einem der großen britischen Atomkraftwerke gab es einen schweren Störfall, bei dem Radioaktivität austrat. Rachel Carson hatte ihr wegweisendes Buch *Der stumme Frühling* veröffentlicht, in dem sie beschreibt, welche bleibenden Schäden Pestizide bei Vögeln, Fischen und anderen Wildtieren, aber auch Haustieren und Menschen hervorrufen, während sie nur kurzfristigen Nutzen in der Schädlingsbekämpfung bringen. Präsident John F. Kennedy bildete ein Komitee, das diese Behauptungen untersuchte und bestätigte. Daraufhin wurden 1968 DDT und andere Pestizide verboten (allerdings noch jahrelang in großen Mengen an Entwicklungsländer verschenkt). Ein weiteres wichtiges Buch erschien, *Die Bevölkerungsbombe* von Paul Ehrlich, in dem er seiner Sorge über die erschreckende Zunahme der Bevölkerung in allen Teilen der Welt Ausdruck verlieh.

In diese Welt wurde 1967 unser Sohn Hugo Eric Louis geboren. Er hieß bei allen nur »Grub«, und so wird er liebevoll auch heute noch genannt. Unsere afrikanischen Freunde meinten, wir hätten ihn Simba nennen sollen, weil kurz vor seiner Geburt, als Hugo und ich gerade im Ngorongoro-Krater kampierten, das Lager nachts von drei jungen Löwen besucht wurde, die das Zelt des Kochs zerfetzten und behutsam mit dem Landrover vertrieben werden mußten. Wieder am Zelt zurück, hatte der Gasbrenner, den wir entzündet hatten (ein Bestandteil des Plans, Löwen, die einzudringen versuchten, brennende Fackeln entgegenzuschwenken), die Eingangsplane in Brand gesteckt. Und als wir schließlich Schutz in einer kleinen Holzhütte in der Nähe suchten, verspeiste auf der Veranda ein riesiger Löwe mit schwarzer Mähne sein Mahl, während sich seine Löwin nahebei an der gemeinsamen Beute, einer Gazelle, gütlich tat.

Grub verbrachte seine ersten Lebensjahre zum Teil in der Serengeti, wo Hugo Löwen, Hyänen und Wildhunde filmte, die meiste Zeit jedoch in Gombe. Wir mußten ihn von den Schimpansen fernhalten. Schließlich sind sie Jäger, und ihre Lieblingsbeute sind andere Affen; für wildlebende Schimpansen sind Menschenkinder nur eine andere Art von Primaten. Zweimal war von Schimpansen berichtet worden, die im Gombegebiet Menschenkinder als Nahrung getötet hatten, und Hugo und ich wollten kein Risiko eingehen.

Mein Leben bekam nun eine geregelte Struktur. Mit der herrlichen Einsamkeit der ersten paar Jahre war es ein für allemal vorbei, und ich dachte oft wehmütig an diese Zeit zurück. Aber diese Wehmut war sehr egoistisch – allein hätte ich nie auch nur ein Zehntel der spannenden Informationen zusammentragen können, die uns die Studenten und Feldmitarbeiter lieferten. Ich brachte die Vormittage in unserem Haus am Ufer des Sees zu, schrieb wissenschaftliche Abhandlungen, Berichte und Konzepte und erledigte Verwaltungsarbeiten, während Grub, stets unter der Obhut eines Mitarbeiters, am Strand spielte. Irgendwann pflegte ich für eine Stunde zum Futterplatz zu gehen in der Hoffnung, dort ein paar Schimpansen anzutreffen. Die Nachmittage verbrachte ich mit Grub.

Da ich auch mit Kind in Gombe blieb, kamen viele Leute zu dem Schluß, daß sich für mich nicht viel verändert hätte: »Welch ein Glück, daß Sie ein Kind aufziehen und gleichzeitig weiter ihrer Arbeit nachgehen können!« Aber so war es nicht. Zum Beispiel folgte ich den Schimpansen nicht mehr – das taten die Studenten und Feldmitarbeiter. Ich verwaltete lediglich die Forschungsstation – und ging meinen Mutterpflichten nach. Bisweilen überkam mich eine tiefe Traurigkeit, ein wehmütiges Sehnen nach jener Zeit, wo ich noch durch die Wälder streifte und mit den Schimpansen alleine war. Jetzt schien es für jeden einzelnen Schimpansen einen hochmotivierten Studenten zu geben, der den speziellen Verhaltensaspekt erforschte, den er oder sie studierte. Das war eigentlich wundervoll, nur fühlte ich mich dabei wie ein fünftes Rad am Wagen. Doch ich merkte jeden Tag von neuem, daß ich dafür mehr als genug entschädigt wurde durch mein Kind.

Eins hatte ich durch die Beobachtung von Schimpansen und ihren Jungen gelernt: daß ein Kind ein *Vergnügen* sein sollte. Ich verbrachte jeden Nachmittag mit Grub zusammen, die meiste Zeit über spielten wir und waren oft im See, so daß er bald schwimmen konnte wie ein Fisch. Es war eine wunderbare Lehrzeit für mich. Wir alle brauchen als Erwachsene eine gewisse Übung, um wieder mit den Augen eines Kindes in die Welt zu blicken. Wie bereits erwähnt, hatte ich nicht viel Zeit, um bewußt über den Sinn des Lebens *nachzudenken,* aber ich *empfand* den Sinn des Lebens Tag für Tag. Die Erfahrungen der damaligen Jahre gehören bis heute zu den wichtigsten, die ich gemacht habe. Und mir ist klar, daß ich vom Schicksal begünstigt war.

In unseren modernen Industriegesellschaften, wo wirtschaftlicher Erfolg mit Glück gleichgesetzt wird, gibt es viele Frauen, die nie die reine Freude der Mutterschaft erleben werden. Viele *wollen* weiterarbeiten und ihrem Beruf auch dann noch nachgehen, wenn sie ein Kind haben. Andere *müssen* arbeiten, um ihren Anteil zur Haushaltskasse beizutragen – entweder, um einen bestimmten Lebensstandard aufrechtzuerhalten, oder einfach nur, um zu überleben. Und in den Entwicklungsländern, wo eine so hoffnungslose, lähmende

Armut herrscht, machen vermutlich weder Mutterschaft noch Kindheit viel Freude. Grub und ich hatten Glück.

Grubs Geburt erfüllte mein Leben nicht nur mit neuer Liebe, sie entfachte auch aufs neue mein Interesse für die *Nature*-kontra-*Nurture*-Debatte (Anlage gegen Umwelt), die damals bösen Streit in wissenschaftlichen Kreisen auslöste. Waren wir Menschen in erster Linie das Produkt unserer Erbanlagen oder unserer Umwelteinflüsse? In den letzten Jahren sind diese hitzigen Kontroversen natürlich abgeebbt, und jetzt geht man allgemein davon aus, daß sich bei allen Tieren mit verhältnismäßig komplexen Gehirnen das Verhalten im Erwachsenenalter aus einer Mischung von ererbten Eigenschaften und den Erfahrungen ergibt, die im Laufe des Lebens gemacht werden. Mit anderen Worten: Unser Verhalten wird weder ganz von unseren Genen bestimmt, noch ist es gänzlich frei von deren Einfluß. Je höher entwickelt das Gehirn eines Tieres ist, eine um so größere Rolle spielt vermutlich das Lernen bei der Verhaltensausprägung, und desto stärker unterscheiden sich die einzelnen Tiere voneinander. Informationen und Lektionen, die während der Kinderjahre aufgenommen werden, wenn das Verhalten noch weitgehend ungeformt ist, haben sicherlich eine ganz besondere Bedeutung.

Wie alle Mütter wollte ich meinem Sohn natürlich den besten Start ins Leben ermöglichen. Er war mein erstes (und, wie sich ergab, einziges) Kind, und ich mußte wählen, wo ich mir Rat holen sollte. In Frage kamen meine Mutter, der berühmte Kinderarzt Dr. Spock – und Flo. Meine Beobachtungen von Schimpansenmüttern mit Kindern hatten mich damals schon gelehrt, daß eine behütete Kindheit mit ziemlicher Sicherheit Selbstvertrauen und Selbständigkeit im Erwachsenenalter begünstigt, während eine gestörte Kindheit häufig einen unsicheren Erwachsenen prägt. Am wichtigsten waren, wie meine Schimpansenbeobachtungen gezeigt hatten, der Charakter der Mutter, ihre Beziehung zu ihrem Kind und zum Teil auch ihr Verhältnis zu anderen Mitgliedern ihrer Gemeinschaft. Mütter, die wie Flo spielfreudig, zärtlich, tolerant und vor allem fürsorglich waren, schienen Sprößlinge aufzuziehen, die als Erwachsene gute, entspannte Beziehungen zu den anderen Angehörigen der Gemeinschaft unterhielten. Mütter, die eher streng, weniger fürsorglich und kaum zum Spielen geneigt waren, zogen hingegen Kinder auf, die als Erwachsene im allgemeinen verkrampfter waren und sich in ihrer Haut nicht wohl fühlten. Dies traf besonders auf Töchter zu, aber es gab auch Hinweise dafür, daß Söhne ebenfalls davon beeinflußt wurden. Es sah auch alles danach aus, als würden Mütter, die entspannte Beziehungen zu anderen Erwachsenen unterhielten und positiv und selbstbewußt waren – wieder wie Flo –, ihren Sprößlingen einen besseren Start ins Leben ermöglichten als schüchterne, niederrangige Schimpansenfrauen wie Olly, die ein gespanntes Verhältnis zu den anderen hatten. Alle Informationen, die wir seit jenen Anfangstagen zusammengetragen haben, haben diese ersten Eindrücke untermauert.

Wir können nicht einfach davon ausgehen, daß Faktoren, die die Entwicklung eines Schimpansenkindes beeinflussen, auch für ein Menschenkind ausschlaggebend sind. Aber mein gesunder Menschenverstand und meine Intuition sagten mir, daß es höchstwahrscheinlich doch so war. Ich wollte auf jeden Fall sicherstellen, daß Grub viel Spaß in seinem Leben hatte. Von Flo hatte ich gelernt, daß Vergnügen erheblich besser dafür geeignet war, ein kleines Kind zu belehren, als Bestrafung.

Aber ich hatte auch gelernt, wie wichtig Disziplin und Konsequenz sind. Am Ende habe ich bei der Erziehung meines Sohnes die vereinte Weisheit von Vanne, Flo, Dr. Spock – und Mutter Natur beherzigt.

In den ersten drei Jahren seines Lebens waren Grub und ich auch nicht eine einzige Nacht getrennt, und mindestens eine Tageshälfte war nur ihm gewidmet. Statt Schule hatte er zu Anfang Fernunterricht. Dann versuchte ich mich selbst als Lehrerin, aber das ging schief, woraufhin wir nacheinander ein paar junge Leute aufnahmen, die ein praktisches Jahr zwischen High-School- und Collegezeit absolvieren wollten. Die Bezahlung dafür war der Aufenthalt in Gombe. Als Grub neun Jahre alt war, fuhr er nach England, ging dort zur Schule und lebte bei Vanne im Birkenhof. Ich habe die englische Sitte, Kinder aus Übersee mutterseelenallein auf Internate »daheim« zu schicken, immer entsetzlich gefunden. Aber bei uns lag der Fall anders. Der Birkenhof mit Danny, Vanne, Olly und Audrey war nur eine Erweiterung von Grubs Zuhause. Die Ferien verbrachten wir stets gemeinsam: Zu Weihnachten und Ostern fuhr ich nach Bournemouth, und im Sommer kam er nach Tansania. An manchen Wochenenden während der Schulferien besuchte Grub Hugo, der damals in London an Filmen arbeitete.

Zweifellos haben meine Schimpansenbeobachtungen dazu beigetragen, eine bessere Mutter aus mir zu machen, aber darüber hinaus merkte ich, daß meine eigene Mutterschaft mir zu einem besseren Verständnis des mütterlichen Verhaltens von Schimpansinnen verhalf, denn man kann schlecht mitfühlen oder Emotionen begreifen, die man nicht selbst erlebt hat. Zum Beispiel habe ich erst nach Grubs Ankunft auf der Welt

»The Birches«, der Birkenhof in Bournemouth, England, der mir immer eine Heimat geblieben ist

Hier bin ich ein Jahr alt und fein herausgeputzt

Mit meinem Vater, meiner Mutter Vanne und meiner Schwester Judy

Nachdenklich

Foto: W. E. Joseph

Meine lebenslange Tierliebe ist schon früh erwacht

Mit Figaro

Foto: W. E. Joseph

Mit Daniel in Bushels Reitstall

Mit Nanny, Judy und Jubilee

Die Familie 1947: Judy, Olly, Danny, Audrey, ich, Onkel Eric und Vanne

Onkel Eric und Danny mit Audrey, Vanne und Olly

Pfarrer John Trevor Davies, die »große Liebe« meiner Jugendzeit

Jane und Rusty, die Unzertrennlichen

Mit meinem Vater, kurz vor meiner Abreise nach Afrika

Louis Leakey 1972

Meine Mutter mit unserem wunderbaren Bootsführer Hassan in Gombe

Meine Mutter Vanne, die »weiße Medizinfrau«, in ihrer kleinen Krankenstation in Gombe 1960

Vanne mit Walkie-talkie – während ich die ganze Nacht draußen bei den Schimpansen war

Foto: Judy Waters

David Greybeard auf einem Termitenhügel. Er hat sich gerade einen neuen Grashalm abgerupft, um ihn als Werkzeug zu benutzen

Foto: Hugo van Lawick

Mit David Greybeard, dem Schimpansen, der früher als die anderen seine Angst vor mir verlor und mich in seine Waldwelt einführte

Braut und Brautvater

Frischverheiratet
mit Hugo van Lawick 1964

1971 mit Grub in Gombe

die grundlegenden, starken Triebkräfte der Mutterliebe verstehen können. Wenn jemand Grub erschreckte oder in irgendeiner Weise sein Wohlbefinden bedrohte, bekam ich einen Wutanfall. Jetzt konnte ich viel leichter die Gefühle einer Schimpansenmutter nachempfinden, die wie wild mit den Armen herumfuchtelte und Drohungen ausstieß, sobald jemand ihrem Kind zu nahe kam oder wenn ein Spielkamerad ihr Kind versehentlich verletzte.

1968 wurde unser kleines Camp im Wald von einer Tragödie heimgesucht: Eine der amerikanischen Studentinnen stürzte während eines Streifzuges mit Schimpansen in einen Abgrund und starb. Ruth Davies war eine intelligente, attraktive, vitale junge Frau. Sie liebte Gombe und die Schimpansen. Sie interessierte sich leidenschaftlich für das Dominanzverhalten erwachsener Schimpansenmänner und brachte Stunden damit zu, Mike, Goliath, David Greybeard, die Brüder Hugh und Charlie und alle übrigen zu beobachten. Dies führte indirekt zu ihrem Tod. Damals zeichnete jeder seine Beobachtungen laufend auf Kassette auf, und Ruths Kassettenrecorder wurde nach ihrem Tod in ihrer Nähe gefunden. Das Band gab die letzten Stunden ihres Lebens wieder wie ein Flugschreiber bei einem Jet. Sie war mit Hugh losgezogen und weit im Süden, als der Unfall passierte. Auf dem Band war ihr ihre Erschöpfung anzuhören, denn sie rang am Ende nach Luft. Und so war sie wohl irgendwie ausgerutscht und in eine Felsspalte hinabgestürzt, die, wie wir hinterher entdeckten, fast vollständig von darüberhängenden Pflanzen verdeckt wurde.

Ruths Eltern entschieden, daß ihre Tochter in den Bergen von Gombe begraben werden sollte, die sie zu Lebzeiten so geliebt hatte. Sie kamen per Flugzeug zu der schlichten Trauerfeier und sagten, daß sie trotz ihres Kummers froh wären, wenigstens einmal den Ort gesehen zu haben, der Ruth soviel bedeutet hatte. Auch ich bin froh, daß sie ihre letzte Ruhestätte hier gefunden hat; noch lange habe ich ihre Gegenwart gespürt, eine sanfte, stille Gegenwart im Frieden der Wälder, in denen sie, wie sie mir oft gesagt hatte, einige der glücklichsten Tage ihres Lebens verbracht hat.

Grub war anderthalb Jahre alt, als Ruth starb. Er hatte sie liebgewonnen, als sie einige Wochen bei Hugo und mir wohnte. Obgleich wir nie den Versuch machten, ihm ihren Tod zu erklären, wußte er nach Art kleiner Kinder genau Bescheid. Grub und ich blätterten einfach zum Spaß durch ein Fotoalbum, und dabei stießen wir auf ein Bild von Ruth, wie sie gerade mit ihm im Garten spielte. Er zeigte auf sie: »Ruth!« und fügte dann traurig hinzu: »Ruth jetzt ganz kaputt.«

Nach Ruths Tod wurde beschlossen, daß jeder Student von nun an immer von einem einheimischen Tansanier begleitet werden sollte. Der Arzt, der an Ruths Leiche die Obduktion vornahm, hatte uns versichern können, daß sie nicht lange gelitten hatte, sondern auf der Stelle tot war. Doch während der fünftägigen Suche nach ihr hatten wir uns qualvoll ausgemalt, daß sie vielleicht mit furchtbaren Schmerzen irgendwo lag, ohne sich bemerkbar machen zu können. Wenn sie doch nur nicht allein gewesen wäre – ein Gefährte hätte wenigstens heimkehren und uns Bericht erstatten können. So kam es, daß sich Hilali Matama, Eslom Mpongo, Hamisi Mkono, Yahaya Alamasi und andere unserem Mitarbeiterstab zugesellten. Wie sich bald zeigte, hatten diese Männer aus kleinen Dörfern rings um den Park das Zeug zu erstklassigen Feldforschern. Daraufhin nahmen wir uns die Zeit, sie auszubilden, und sie wurden schließlich ein unverzichtbarer Teil unseres Forschungsteams.

Als Mutter meines Sohnes glaube ich meine Sache ganz gut gemacht zu haben, aber zwischen meinem Mann und mir lief es leider nicht so glatt. Unsere Wege trennten sich immer öfter, etwa, weil Hugo einen Film in Westafrika drehte und ich auf Vortragsreise nach Amerika ging. Zudem gab es Widersprüche in einigen Grundsatzfragen. Diese Meinungsverschiedenheiten waren uns natürlich vor unserer Heirat bewußt, aber wie die meisten jungen Leute dachten wir, unser Auserwählter würde sich ändern. Als das nicht eintraf, sondern Zank und Streit zunahmen, beschlossen wir 1974, uns scheiden zu lassen. Hugo und ich blieben Freunde, aber es war trotzdem ein trauriges Ende, besonders für Grub, denn er liebte uns natürlich alle beide.

In dieser emotional schweren Zeit ergab sich für mich die Gelegenheit, während einer UNESCO-Konferenz über Aggression, die in Paris stattfand, Notre Dame zu besuchen. Immer schon, seit der Lektüre von Victor Hugos *Glöckner von Notre Dame,* hatte ich mir die berühmte Kathedrale anschauen wollen. Aber ich ahnte nicht, wie wichtig dieser Besuch für mich werden sollte, hatte ich doch dort, wie in der Einleitung beschrieben, ein ekstatisches Erlebnis – so jedenfalls kam es mir vor, und diese Erfahrung entfachte mein Interesse für die Philosophie und den Sinn des Lebens wieder neu. Gab es eine Urkraft im Universum, einen Schöpfer, der die Materie und folglich das Leben selbst schuf? Hatte das Leben auf dem Planeten Erde einen Sinn? Wenn ja, welche Rolle spielten dann wir Menschen in diesem Gesamtgefüge? Und welche Rolle hatte insbesondere ich?

Mir scheint, daß im Grunde nur zwei Denkweisen möglich sind, was unser Dasein hier auf der Erde angeht. Entweder stimmen wir mit Macbeth überein, daß das Leben nichts weiter als ein »Märchen ist, erzählt von einem Dummkopf«, die sinnlose Entstehung von Lebensformen einschließlich der schlauen, habgierigen, selbstsüchtigen und unheilvoll zerstörerischen Spezies, die wir *Homo sapiens* nennen – der evolutionären »Panne«. Oder aber wir glauben, wie Pierre Teilhard de Chardin einmal gesagt hat, »daß etwas im Gange ist im Universum, etwas, das wie Schwangerschaft und Geburt aussieht«. Anders ausgedrückt, daß ein Plan, eine Absicht hinter allem steht.

Als ich in der schlimmen Zeit meiner Scheidung über diese letzten Fragen nachdachte, wurde mir klar, daß meine Erfahrungen im Wald und mein Verständnis für die Schimpansen mir einen neuen Blickwinkel eröffnet hatten. Ich für mein Teil war felsenfest davon überzeugt, daß es eine starke spirituelle Macht gab, die wir Gott, Allah oder Brahma nennen, aber ich wußte auch mit gleicher Gewißheit, daß ich mit meinem endlichen Geist nie deren Form oder Wesen würde erfassen können. Doch selbst wenn es keinen Gott gab, wenn Menschen keine Seele hatten, bliebe es trotzdem dabei, daß die Evolution in ihren Jahrmillionen der Schwangerschaft ein bemerkenswertes Tier hervorgebracht hat – das menschliche Tier. Unseren engsten biologischen Verwandten so ähnlich und doch so anders. Denn unsere Studie über Schimpansen hatte nicht nur die Gemeinsamkeiten zwischen ihnen und uns herausgearbeitet, sondern auch die Punkte, in denen krasse Unterschiede bestehen. Unbestreitbar sind wir nicht die einzigen Geschöpfe mit Persönlichkeit, Verstand, Nächstenliebe und Gefühlen wie Freude oder Trauer, ebensowenig wie wir die einzigen Wesen sind, die sowohl geistig als auch körperlich leiden können. Aber unser Intellekt ist unendlich komplexer geworden, seit sich aus einer Seitenlinie des Affenmenschen vor etwa zwei Millionen Jahren der erste wirkliche Mensch entwickelte. Und wir, nur wir, haben es zu einer hochkomplexen Sprache gebracht. Zum ersten Mal in der Evolution entwickelte sich eine Spezies, die dazu fähig war, ihre Jungen etwas über Gegenstände und Ereignisse zu lehren, die nicht gegenwärtig waren, also Weisheit weiterzugeben, die durch Erfolge – und Fehler – in der Vergangenheit begründet war, Pläne für eine ferne Zukunft zu schmieden, über Ideen zu sprechen, so daß sie dank der vereinten Weisheit der Gruppe reifen konnten, manchmal über alles erkennbare Maß.

Durch die Sprache können wir wie kein anderes Lebewesen die Fragen stellen, wer wir sind und warum wir hier sind. Dieser hochentwickelte Geist erlegt uns aber auch die Verantwortung für die anderen Lebensformen auf diesem Planeten auf, deren Fortbestand durch das gedankenlose Verhalten unserer eigenen Art bedroht ist – *ganz gleich, ob wir an Gott glauben oder nicht.* Dabei sind diejenigen, die nicht an einen Gott glauben, sondern davon überzeugt sind, daß wir unser Dasein einem bloßen Zufall der Evolution verdanken, womöglich aktiver im Umweltschutz, denn wenn es keinen Gott gibt, dann liegt es allein an uns, etwas zu ändern. Andererseits kenne ich eine ganze Reihe von sehr gläubigen Leuten, die ihre Verantwortung als Menschen einfach abschütteln in der Überzeugung, alles sei sicher »in Gottes Hand«. Ich bin in dem Glauben erzogen worden, daß Gott denen hilft, die sich selbst helfen. Wir alle sollten Verantwortung übernehmen und daran mitwirken, die Erde zu reinigen und zu heilen, die wir in so vieler Hinsicht geschändet haben.

Vielleicht war mein Erlebnis in der Kathedrale von Notre Dame eine Art Aufruf, zur Tat zu schreiten. Ich glaube, ich habe in einer für das menschliche Ohr verständlichen Weise die Stimme Gottes gehört – damals habe ich es allerdings noch nicht so gesehen. Ich hörte keine Worte, sondern nur Klang. Ob Worte oder nicht, es war eine ungemein starke Erfahrung, und sie hat mich wieder in die Welt zurückgeworfen, in die ich einst geboren wurde, ins zwanzigste Jahrhundert mit all seinen Problemen. Sie hat mir bewußt gemacht, daß die spirituelle Kraft, die ich so tief in der wilden, wunderbaren Waldwildnis empfunden habe, ein und dasselbe ist wie das, was ich in meiner Kindheit kannte, zur Zeit Trevors, als ich viele Stunden in alten Kathedralen zuzubringen pflegte. Jetzt, aus der Rückschau, muß ich sagen, daß Notre Dame wahrhaftig ein Meilenstein auf meinem Weg war. Später, als die Zeit dafür reif war, sollte ich mich an das erhabene Erlebnis erinnern, und dann sollten sich mir auch die Worte offenbaren. Aber soweit war es noch lange nicht. Bis dahin sollten noch Ereignisse eintreten, die meine Kraft und meinen Glauben an Gott auf eine schwere Probe stellten.

7

Die Vertreibung aus dem Paradies

Kurz bevor meine Welt auf den Kopf gestellt wurde, lernte ich den Mann kennen, der für ein paar kurze Jahre mein neuer Partner – in der Liebe und im Leben – werden sollte: Derek Bryceson, Direktor der Nationalparks von Tansania und Mitglied des Parlaments in Daressalam. Er war von leidenschaftlicher Liebe und Loyalität für seine zweite Heimat erfüllt und viele Jahre lang der einzige frei gewählte Weiße in Schwarzafrika. Wenn ich ihm nicht begegnet wäre, hätte schließlich der Entführungsvorfall in Gombe vom Mai 1975 den Forschungen ein Ende bereitet. Derek war energisch und hatte einen starken Charakter; er war ehrlich bis zur Grobheit, und er hatte einen herrlichen Sinn für Humor. Außerdem war er Idealist mit dem Willen und der Kraft, sich für positive Veränderungen einzusetzen.

Im Zweiten Weltkrieg war er Bomberpilot der Royal Air Force gewesen, jedoch nach wenigen Monaten aktiven Einsatzes abgeschossen worden. Bei diesem Absturz wurde seine Wirbelsäule verletzt, und es hieß, er würde nie wieder gehen können. Da war er eben 19 Jahre alt. Entschlossen, den Ärzten zu beweisen, daß ihre Diagnose falsch sei, hatte er es mit bloßer Willenskraft geschafft, wieder gehen zu lernen und mit einer einzigen Krücke auszukommen. Nur eins seiner Beine besaß genügend Muskeln, um es zu bewegen; das andere mußte er aus der Hüfte nach vorn schwingen. Er lernte auch Autofahren, obwohl er sein linkes Bein mit der Hand anheben mußte, um den Fuß von der Kupplung auf die Bremse zu setzen.

Kaum konnte er wieder laufen, ging er nach Cambridge und erwarb einen B. A. in Landwirtschaft. Eine »gemütliche Lehnstuhlstelle« auf einer Farm in England lehnte er ab, weil sie, wie er mir sagte, »nur für einen Invaliden geeignet war«. Statt dessen ging er nach Kenia, wo er zwei Jahre lang auf einer Farm arbeitete. Dann bewarb er sich mit Erfolg bei der britischen Regierung um eine der Weizenfarmen in den Vorbergen des Kilimandjaro. Dort lernte er nach zwei Jahren den charismatischen politischen Führer Julius Nyerere kennen und engagierte sich fortan für die Unabhängigkeit Tansanias. Derek spielte für den Rest seines Lebens eine Schlüsselrolle in der Politik Tansanias, er hatte mehrere Kabinettsposten inne und war unter anderem für die Landwirtschaft und das Gesundheitswesen zuständig.

Präsident Nyerere hatte Derek, kurz bevor wir uns kennenlernten, zum Direktor der Nationalparks ernannt. Derek besuchte die Parks regelmäßig, und gelegentlich flogen Grub und ich mit ihm in seiner kleinen viersitzigen Cessna. Bei einem dieser Flüge entgingen wir nur um Haaresbreite dem Tod, und vielleicht war es die jähe Einsicht, wie unbeständig das Erdenleben sein kann, die uns zu dem Entschluß brachte, zu heiraten. Wir waren schon etwa eine Stunde unterwegs, als plötzlich eine dünne Rauchfahne wie von einer Zigarette, die im Aschenbecher nicht richtig ausgedrückt wurde, hinter den Armaturen hervorkam. Wir flogen Richtung Ruaha-Nationalpark und hatten noch 45 Minuten Flugzeit bis dahin. Unter

Foto: Gay Stryler

1976 mit Derek

uns war zerklüftetes, felsiges, baumbewachsenes Gelände. Derek prüfte die Instrumente: Bis auf den Rauch schien alles in Ordnung zu sein. Bis auf den Rauch! Kein Rauch wäre sicher besser und uns allen lieber gewesen. Aber es war nichts zu machen, außer das Beste zu hoffen und zu beten. Wir versuchten alle, den Rauch zu ignorieren, aber ich vermochte trotzdem kaum die Augen abzuwenden von der dünnen grauen Fahne. Zum Glück wurde sie nicht dicker, aber die 45 Flugminuten dehnten sich wie eine Ewigkeit.

Schließlich erreichten wir den Nationalpark. Das Rangercamp und das Gästehaus kamen in Sicht, und wir sahen endlich die in den Busch geschlagene kleine Landebahn am Ruaha-Fluß. Und immer noch keine Flammen. Als wir eben zur Landung ansetzten, lief plötzlich eine Herde Zebras über die Landebahn. Unser Pilot riß die Maschine wieder hoch. Und dann verlor er auf einmal die Nerven. Die ganze Zeit war er mit dem Rauchfähnchen vor Augen geflogen, und jetzt noch das Hindernis bei der Landung – das brachte ihn aus der Fassung, und statt nun eine Schleife zu fliegen und danach auf der Bahn zu landen, setzte er zur Notlandung unter den Bäumen am anderen Ufer des Flusses an. Ich war gerade mit Grubs Sicherheitsgurt beschäftigt, als ich Derek in gepreßtem Ton sagen hörte: »Du willst doch wohl nicht da unten landen! Laß es sein!« Die letzten Worte schrie er, aber zu spät.

Das Flugzeug schlug mit doppelter Landegeschwindigkeit auf den Boden auf. Gott sei Dank krachte eine der Tragflächen gegen einen Baum, so daß die Maschine herumschwang – sonst hätte sie nichts mehr davor bewahrt, sich zu überschlagen und sofort in Flammen aufzugehen. Für eine ziemlich lange Zeit, wie uns schien, brach die Maschine, vollkommen außer Kontrolle, noch weiter durch den Busch, bis sie endlich stehenblieb.

Der Pilot öffnete seine Tür und schrie: »Schnell raus – sie geht gleich in Flammen auf!« Schon war er verschwunden und ließ nicht nur seine Passagiere sitzen, sondern auch den Motor laufen.

»Steig aus, Grub!« sagte ich zu meinem Sohn. »Lauf hinter dem Mann her!« Grub machte es richtig. Er gehorchte, und erst in sicherer Entfernung drehte er sich um und schaute zurück.

Aber Derek konnte nicht hinaus. Die Tür auf seiner Seite ließ sich nur ein paar Zentimeter bewegen. Das Rad des Fahrgestells auf dieser Flugzeugseite war abgeknickt, so daß die Maschine eine extreme Schräglage hatte und die andere Tragfläche hoch in die Luft ragte. Derek konnte nicht einmal seinen Sitz zurückschieben, um sich mehr Bewegungsraum zu schaffen, weil unser ganzes Gepäck aus dem hinteren Teil des Flugzeugs hinter die Sitze gerutscht war. Ich machte mich wie wild daran, es aus dem Weg zu räumen.

»Suchst du deine Handtasche?« fragte Derek mit spitzbübischem Lächeln. Ich starrte ihn an. »Nur keine Angst. Es fliegt noch nicht in die Luft«, versicherte er mir. O dieser herrliche trockene englische Humor!

Als es Derek schließlich gelungen war, sich hochzuziehen und aus der anderen Tür hinauszuzwängen, traf das Parkpersonal ein. Alle waren erleichtert, uns lebendig und unverletzt vorzufinden, denn sie hatten das Flugzeug niedergehen sehen und nur noch mit Toten gerechnet. Nun mußten wir uns entscheiden, ob wir warten wollten, bis sie uns einen Landrover schickten, der mit der kleinen handbetriebenen Fähre flußaufwärts übersetzen konnte, was eine halbe Stunde dauern würde, oder ob wir es wagen wollten, den Ruaha-Fluß trotz der häufig dort anzutreffenden ziemlich großen Krokodile zu durchwaten. Grub nahm uns die Entscheidung ab: Wenn Gott uns vor dem Tod durch Bruchlandung gerettet hatte, würde er uns dann nicht auch davor bewahren, von Krokodilen aufgefressen zu werden? Ich willigte ein, denn meine Beine gaben nach, jetzt wo wir in Sicherheit waren, und ich brauchte dringend eine Tasse Tee. Ob durch göttliche Intervention oder doch eher wegen des Lärms aller Parkranger, die zu beiden Seiten von uns im Wasser herumplatschten, jedenfalls blieben wir bei der Durchquerung von Krokodilen verschont.

Im Parkgästehaus zogen wir uns trockene Kleider an und ruhten uns aus. Erst jetzt, wo alles vorbei war und uns richtig zu Bewußtsein kam, welches Glück wir gehabt hatten, wirkte der Schock nach. Während ich mit Derek und Grub beim Tee saß, dachte ich über die Bruchlandung nach. Ich war sicher gewesen, wir würden alle sterben, als das Flugzeug auf den Boden krachte und wir durch die Bäume rasten. Ich weiß noch, daß ich gedacht habe: »Gleich knallt das Flugzeug irgendwo gegen und geht in Flammen auf.« Trotzdem hatte ich keine Angst, während es geschah. Überhaupt keine. Ich glaube, mein Kopf war ausgeschaltet und wie benommen. Ich sagte mir nur: »Das war's.« Man hat ja von Leuten gehört, die im Angesicht des Todes ihr Leben in lebhaften Bildern blitzschnell noch einmal an sich vorüberziehen sehen. So etwas passierte bei mir nicht. Eigentlich enttäuschend.

In der Abendkühle fuhren wir durch den Park. Wir trafen auf eine kleine Herde Elefanten bei der Tränke. Die Sonne stand tief und orangerot hinter den Fieberbäumen am Himmel. Für uns in unserer Freude, noch einmal davongekommen zu sein, war Afrika so schön wie noch nie. Und ich sagte ja, als Derek mich bat, seine Frau zu werden.

Nach unserer Heirat blieb ich weiterhin in Gombe und kümmerte mich um die Verwaltung des Forschungszentrums. Ab 1975 lebten manchmal bis zu zwanzig Studenten dort, die nicht nur Schimpansen beobachteten, sondern auch Paviane. Wir hatten graduierte Studenten von amerikanischen und europäischen Universitäten mit einem breiten Querschnitt von Fachgebieten, überwiegend Anthropologen, Verhaltensforscher und Psychologen. Die Studenten schliefen in kleinen grasgedeckten Aluminiumhütten, die unter Bäumen versteckt in der Nähe des Camps standen. Zu den Mahlzeiten versammelten sie sich in einem größeren Gebäude am See, und Grub und ich gesellten uns oft zu ihnen. Derek blieb in Daressalam, kam jedoch während seiner Routinebesuche in den Parks ziemlich oft zu uns. Und er war mir eine große Hilfe bei der Leitung des Zentrums.

In einer Nacht im Mai ereignete sich plötzlich etwas Furchtbares. Vierzig bewaffnete Männer kamen von Zaire (dem jetzigen Kongo) in einem Boot über den Tanganjikasee und überfielen unser Lager. Von lauten Rufen aus dem Schlaf gerissen, ging die Parkwächterin Etha Lohay hinaus, um nach dem Rechten zu sehen. Sie wurde überwältigt und mit vorgehaltener Waffe gezwungen, die Angreifer zu den Studentenunterkünften zu führen. Sie weigerte sich. Zum Glück für Etha hatten die Leute bereits vier Studenten gefunden – soviel wollten sie (für sie waren zwei Hütten mit jeweils zwei Schlafstellen am anderen Ufer des Sees vorbereitet worden). Unten am Strand wurde Etha freigelassen. Sie sah noch voller Entsetzen, daß den Opfern die Hände fest hinter dem Rücken gefesselt wurden, und rannte los, um unsere tansanische Studentin Addie Lyaru zu suchen. Die beiden zogen ihre weißen Nachthemden aus, um mit dem Dunkel der Nacht zu verschmelzen, und warnten in aller Eile die anderen Studenten. Mein Haus lag weiter entfernt am Seeufer, so daß ich erst etwas von dem Überfall mitbekam, als das Boot schon wieder abgefahren war. Sobald wir sicher sein konnten, daß die Angreifer wirklich weg waren, versammelten wir uns tieferschüttert, um zu beraten, was wir tun sollten. Vier Studenten – drei Amerikaner und ein Niederländer – fehlten. Jemand berichtete, er hätte vier Gewehrschüsse vom See her gehört, und wir fürchteten nun, daß die Entführten getötet worden sein könnten. Es sollte Wochen dauern, bis wir erfuhren, was mit ihnen geschehen war.

Alle Nicht-Tansanier mußten Gombe verlassen, und so zogen wir nach Daressalam um, wohnten auf engstem Raum in Dereks kleinem Gästehaus und warteten auf Nachricht. Es war ein Alptraum, der endlich dadurch abgemildert wurde, daß einer der entführten Studenten zwei Wochen später zwecks Überbringung einer Lösegeldforderung nach Kigoma zurückgeschickt wurde. Zumindest erfuhren wir, daß auch die anderen drei noch lebten. Aber die Forderungen waren extrem hoch, denn die Rebellen wollten nicht nur eine große Summe Geldes plus eine Lieferung Waffen, sondern stellten darüber hinaus Bedingungen an die tansanische Regierung, die, wie Derek wußte, zum Teil unerfüllbar waren. Die Rebellen schickten schließlich zwei Abgesandte nach Daressalam, die mit der amerikanischen und der niederländischen Botschaft verhandeln sollten. Diese Gespräche zogen sich endlos hin und führten allseits zu gespannten Beziehungen. An diese qualvolle

Zeit denke ich nicht gern zurück; es war schon für uns, die wir in Daressalam warteten, die Hölle – wieviel schlimmer mußte es für die Opfer selbst sein, zu warten und sich dauernd fragen zu müssen, ob sie wohl gerettet oder ob sie auf der anderen Seite des Sees gegenüber dem Paradies von Gombe, aus dem sie geraubt worden waren, sterben würden.

Das Lösegeld wurde schließlich bezahlt – mit Geld, wie wir später erfuhren, das zur Unterstützung der revolutionären Bewegung von Laurent Kabila diente, der zwanzig Jahre später Präsident Mobutu absetzen, die Macht in Zaire übernehmen und das Land in Demokratische Republik Kongo umbenennen sollte. Die Rebellen hielten sich aber nach der Geldübergabe nachts am See nicht an ihren Teil der Abmachungen, sondern ließen nur zwei von den drei noch in ihrer Gewalt befindlichen Entführten frei, zwei junge Frauen. Das stürzte mich in tiefe Verzweiflung, denn ich war sicher, daß sie ihre letzte Geisel als abschreckendes Beispiel umbringen würden. Die hochrangigen Unterhändler aus Amerika waren schon wieder nach Hause geflogen. Gott sei Dank gaben die Rebellen schließlich, nachdem sie ihre Geisel noch ein paar Wochen lang festgehalten hatten, aus unerfindlichen Gründen auf und sandten den Studenten über den See nach Kigoma. Wir waren unendlich erleichtert.

Alle vier Entführungsopfer kehrten also unversehrt zurück – körperlich unversehrt. Worunter sie schrecklich gelitten hatten, war die geistige Folter. Tag für Tag hatte es geheißen: »Ihr könnt bloß hoffen, daß eure Freunde das Lösegeld bezahlen, denn sonst müssen wir euch töten.« Ich vermute, daß sie sich nie ganz von dem Psychoterror dieser Zeit erholen werden. Die Erinnerung daran wird weiter in ihnen schlummern, um immer dann, wenn sie einmal krank, einsam oder niedergeschlagen sind, in Form von grauenhaften Alpträumen aus den Tiefen ihres Unterbewußtseins in ihr Bewußtsein zu dringen.

Nach dem Vorfall galt Gombe monatelang als »Risikogebiet«, und wir brauchten für jeden Besuch dort eine staatliche Genehmigung. Ohne Derek und das hohe Ansehen, das er bei der tansanischen Regierung genoß, hätte die Entführung das Ende des Forschungsprojekts in Gombe bedeutet. Allein hätte ich mit den vielen neuen Problemen nicht fertig werden können. Derek stand mir zur Seite und half mir beim Management des Forschungszentrums wie auch des Parks. Vor allem aber brachte er es fertig, die tansanischen Mitarbeiter zu motivieren und sie dazu anzuregen, eine wachsende Verantwortung bei der täglichen Organisation der Forschungsvorhaben zu übernehmen. Außerdem konnten wir in Daressalam jeden Tag die neuesten Nachrichten über Funk empfangen. Ich versuchte, den Entführungsalptraum aus meinem Denken zu verdrängen.

Doch als ich im Oktober 1975 nach Amerika reiste, merkte ich, daß er bei weitem noch nicht ausgestanden war. Ich lehrte damals zwei Wochen im Frühling und das ganze Herbstquartal hindurch Humanbiologie an der Stanford-Universität in Kalifornien. Wir hatten alle gedacht, das Lösegeld für die Entführer sei schon vor der Freilassung der Studenten aufgebracht worden, erfuhren jedoch in den Staaten, daß dem nicht so war, vielmehr immer noch Spenden gesammelt wurden. Ich tat dazu, was in meinen Kräften stand, was allerdings nicht viel war. Und dann fing etwas an, was auf mich wie ein seltsam unwirklicher Alptraum wirkte.

Gerüchte kursierten. Mir wurde nahegelegt, nach nur zwei Wochen Anwesenheit Stanford wieder zu verlassen. Das wäre besser, hieß es, bis »Gras über alles gewachsen sei«. Die meisten Gerüchte gab es über Derek. Es stimmte, daß er gehofft hatte, die Freilassung der Studenten könnte ohne Lösegeldzahlung erreicht werden – um damit keinen Präzedenzfall zu schaffen. Aber der Gedanke, wir hätten je den Tod der Entführten in Kauf nehmen wollen, war völlig absurd. Derek war sogar in Verhandlungen getreten, ob seine Freunde von der SAS, einer britischen Spezialeinsatztruppe, sie nicht retten könnten. Gerede gab es auch wegen meines angeblichen Mangels an Verantwortungsbewußtsein. Warum hatte ich mich nicht anstelle der Studenten als Geisel zur Verfügung gestellt? Daß ich überhaupt erst nach der Entführung gemerkt hatte, was los war, wurde gar nicht berücksichtigt.

Diese Gerüchte zirkulierten in verschiedenen Teilen Amerikas. Eins ist sicher: Hätte ich Stanford verlassen, wie mir nahegelegt wurde, hätte ich wahrscheinlich nie mehr in die Vereinigten Staaten zurückkehren können. Statt dessen mietete ich ein Haus, und bald zogen Vanne und Grub und später auch Derek ein. Dann rückte ich den Gerüchten zu Leibe. Bei meinen Anstrengungen während des Herbstquartals ging mir die Bedeutung des biblischen Ausdrucks »sich die Lenden gürten« auf. Ich gürtete meine Lenden wieder und wieder, um mich mit allen möglichen Leuten auseinanderzusetzen, die mich mieden. Zum Programm gehörten öfters auch Wochenendflüge, die ich mir kaum leisten konnte. Und das alles nur, um die Vorgänge aus meiner Sicht zu erklären. Vanne war, wie immer, ein wahrer Kraftquell. Oft besprachen wir bis spät in die Nacht hinein meine nächsten strategischen Schritte, während Grub schon friedlich schlief nach seinem Schultag in der kleinen Schule auf dem Universitätscampus. War ich endlich im

Bett und wälzte mich schlaflos hin und her, spendete mir Dannys Bibelspruch wieder Trost: »Wenn ich schwach bin, so bin ich stark.« Und so war es natürlich auch.

Die ganze Sache bedrückte mich nicht nur, sondern war mir auch völlig rätselhaft, bis ich von einem Mann interviewt wurde, der gerade zwölf bedeutende Entführungen der jüngsten Zeit in verschiedenen Teilen der Welt untersuchte, darunter den berühmten Patty-Hearst-Fall. Ich werde nie vergessen, was er zum Schluß unseres Treffens sagte: »Jane, ich weiß, daß Sie diese Situation unfair und unerträglich finden. Leider sind bei jedem der von mir untersuchten Fälle, in denen große Lösegeldsummen gezahlt wurden, die zwischenmenschlichen Beziehungen in Mitleidenschaft gezogen worden. Freundschaft und Vertrauen wandelten sich in Feindschaft und Mißtrauen. In jedem einzelnen Fall.«

Welch ein schreckliches Zeugnis für das Wesen des Menschen! Gerade dann, wenn jemand verletzt und verwundbar ist und versucht, seinen Lebensweg wiederzufinden, gehen Freundschaften in feindseligen, bitteren Gefühlen unter. Bei mir hatten die schlimmen Wochen allerdings schließlich ein Ende, auch wenn ich danach ziemlich angeschlagen und erschöpft war – aber wenigstens einen Teil der Gerüchte hatte ich entkräften können. Damit kam auch das Ende meiner Lehrtätigkeit an der Stanford-Universität und das Ende einer Ära.

Das alles ist lange her, und ich denke selten an diese Zeit zurück. Ich erwähne sie an dieser Stelle nur, weil sie sich damals so verheerend auswirkte und mich soviel über die menschliche Natur gelehrt hat. Viele Menschen, die ich für echte Freunde gehalten hatte, erwiesen sich als Gut-Wetter-

Freunde. Jetzt erkannte ich meine *wahren* Freunde. Sie waren mir ein wunderbarer Rückhalt! Einige meiner ehemaligen Studenten kamen von weit her, um mir beizustehen, und traten unablässig für mich ein. Ohne Zweifel bin ich stärker und selbstbewußter aus diesem Kampf hervorgegangen. Er brachte vielfältige Erfahrungen mit sich, die völlig unerwartet waren, geradezu grotesk und gewiß eine Herausforderung für mich. Ich weiß noch, daß ich um Kraft bat für das, was ich tun mußte. Aus der Rückschau betrachtet, glaube ich, daß die Überwindung all der Schwierigkeiten damals meinen Glauben an Gott gestärkt hat.

Nach der Entführung kam für längere Zeit kein Akademiker mehr nach Gombe, so daß unser Hauptgeldgeber unsere Forschungen nicht länger unterstützen konnte – ein neues Problem. Zwei wunderbare Freunde, Fürst Ranieri di san Faustino und seine Frau Genevieve, genannt Genie, wollten helfen. Ranieri hielt es für wichtig, daß unsere Finanzierung eine sichere Grundlage erhielt, damit wir nicht auf Gedeih und Verderb auf irgendwelche Zuschüsse angewiesen waren. Und so machte er sich daran, Gemeinnützigkeit für ein Institut zu beantragen, das meinen Namen tragen sollte. Tragischerweise starb er vorher, aber Genie führte sein Werk fort und erledigte den Papierkram, so daß 1976 das Jane-Goodall-Institut gegründet werden konnte. Über die Jahre haben viele hilfreiche, engagierte und begabte Menschen in der Verwaltung des Instituts mitgewirkt und das Ihre dazu beigetragen, die Zukunft der Schimpansen in Gombe zu sichern und unser Programm zu erweitern. Und so konnte trotz des Entführungsvorfalls und der Verwirrung, die er gestiftet hat, in Gombe weiter geforscht werden, wenn auch in einer etwas anderen Form: Informationen wurden nicht mehr nur von einem internationalen Studententeam gesammelt, sondern in der Hauptsache von immer besser eingearbeiteten tansanischen Mitarbeitern, die aus Dörfern in der näheren Umgebung des Nationalparks stammten. Später gesellten sich auch einige ausländische Forscher und ein tansanischer Akademiker zu ihnen.

Nach der Entführung kamen jedoch ein paar Jahre lang keine ausländischen Studenten mehr nach Gombe. In den ersten Monaten erhielt selbst ich nur für jeweils einige Tage eine Aufenthaltserlaubnis. Allmählich entspannte sich jedoch die Lage wieder, so daß mir ein Aufenthalt von ein oder zwei Wochen genehmigt wurde. Dann war es fast so wie in der guten alten Zeit, denn ich hatte mein Haus am Strand wieder für mich allein und konnte jedem Schimpansen folgen, wenn ich Lust dazu hatte, ohne fürchten zu müssen, einem Studenten bei seinen Beobachtungen in die Quere zu kommen. Bei einem jener Besuche etwa drei Jahre nach der Entführung saß ich am Ufer des Sees, schaute mir den herrlichen Sonnenuntergang an und dachte nach. Am Himmel in einem zarten Enteneierblau waren Wolkentupfer, die über den Bergen auf der gegenüberliegenden Seite des Sees in Rot- und Goldtönen aufglühten. Ein Bild vollkommenen Friedens. Dabei herrschte gleich hinter der ruhigen, leise plätschernden Wasserfläche im Westen, im östlichen Zaire, und im Norden nach Burundi zu alles andere als Frieden – dort gab es nur Angst, Haß und Gewalt. Die Dorfbewohner von Zaire wurden immer wieder von Rebellen aus den gleichen Kreisen wie die Entführer terrorisiert. Erst am Vorabend hatte ich durch mein Fernglas gierige Flammen gen Himmel züngeln sehen – da brannten Dorfhütten zur Bestrafung dafür, daß die Rebellen nicht soviel

Nahrung erhalten hatten, wie sie gefordert hatten. Offenbar geschah das an vielen Orten. Gelegentlich landeten Kanus voller unglücklicher, hungriger Flüchtlinge an den Gestaden von Gombe.

Zaire ist immer von Unruhen erschüttert worden, dachte ich. Als Vanne und ich 1960 zum ersten Mal nach Kigoma kamen, war der kleine Ort von den ersten Flüchtlingswellen aus dem damaligen Belgisch-Kongo überflutet worden. Es waren Belgier auf der Flucht vor der Revolution, die die alten Kolonialherren aus dem Kongo vertrieb und schließlich zur Entstehung Zaires unter der Diktatur Präsident Mobutus führte. Die Flüchtlinge kamen über den Tanganjikasee, manche verwundet, manche nur mit dem, was sie auf dem Leibe trugen, und mußten vorübergehend in einem großen Lagerhaus im Hafen von Kigoma versorgt werden. Vanne und ich waren selbst dort für kurze Zeit gestrandet und hatten den Bewohnern von Kigoma dabei geholfen, Nahrung für die Flüchtlinge zuzubereiten. Ich weiß noch, daß ich einem Team angehörte, das um die zweitausend Brote mit Dosenfleisch belegte, in feuchte Tücher einpackte und in Blechkisten auslieferte. Vannes und meine Weiterfahrt nach Gombe hatte sich um gut eine Woche verzögert, bis die Behörden sicher waren, daß die Lage sich beruhigt hatte.

Nach dem stürmischen Anfang war es ruhig und friedlich weitergegangen. Und obgleich ich im November 1961, als Tanganjika unabhängig wurde, gebeten worden war (von britischer Seite), Kigoma zu verlassen für den Fall, daß es Aufruhr gab, blieben die Leute friedlich. Louis Leakey hatte tatsächlich unwissentlich das politisch stabilste der 21 afrikanischen Länder ausgewählt, in denen noch Schimpansen vorkommen;

während meines gesamten gut vierzigjährigen Aufenthalts in Tansania hat es nie Aufstände oder Rebellionen dort gegeben, vor allem wohl dank *Baba ya Taifa*, des »Vaters der Nation« Julius Nyerere. Aber Gombe lag nur 35 Kilometer von der Grenze zu Burundi im Norden entfernt, und so spürten wir immer wieder etwas von der gespannten Situation des kleinen Landes, wenn der Konflikt zwischen Tutsis und Hutus aufflammte, der jedesmal zur brutalen Ermordung Tausender von unschuldigen Männern, Frauen und Kindern führte.

1972 hatte sich dieser uralte, schwelende Konflikt zu riesigen Massakern ausgeweitet. Wir hatten manchmal das Schießen gehört, wenn der Wind von Norden her blies, und sogar schon Pläne gemacht, wo wir uns in den Bergen verstecken wollten, falls sich die Lage verschlimmerte. Doch trotz der deutlichen Zunahme von französisch sprechenden Afrikanern, die den Strand entlang nach Süden wanderten und vermehrt in den Straßen von Kigoma auftauchten, hatte sich bisher für uns kaum etwas verändert.

An all diese Gewalttätigkeiten dachte ich, als ich zusah, wie die Sonne hinter den friedvoll wirkenden Bergen auf der anderen Seite des Sees versank. Berge, in denen sich, auch jetzt gerade unter meinem Blick, Menschen versteckten, die um ihr Leben fürchteten und überlegten, wie sie am besten ihren Peinigern entkommen konnten. Und ich dachte, wie traurig es doch war, daß unser aggressives Verhalten all unseren hohen Ideen und edlen Absichten zum Trotz in vieler Hinsicht dem der Schimpansen nicht nur glich – es war sogar schlimmer. Schlimmer, weil Menschen die Freiheit haben, sich über ihre niederen Instinkte zu erheben, was den Schimpansen wahrscheinlich nicht möglich ist. Auf jeden Fall, dachte ich bei mir, haben die Forschungsjahre in Gombe, in denen sich nach und nach auch die dunkle Seite der Schimpansennatur offenbarte, ein neues Licht auf das Wie und Warum unseres menschlichen Verhaltens geworfen.

Foto: Hugo van Lawick

Faben

8

Die Wurzeln des Bösen

Louis Leakey hatte mich zu den Schimpansen nach Gombe geschickt in der Hoffnung, ein besseres Verständnis ihres Verhaltens würde uns ein Fenster in die Vergangenheit öffnen. Als genialer Mensch mit Weitsicht, der er war, hatte er mir gesagt, seines Erachtens würde ich mindestens zehn Jahre bis zum Abschluß meiner Arbeit brauchen, und das zu einer Zeit, als selbst Forschungen von nur *einem* Jahr Dauer höchst selten waren! Als ich anfing, hatte ich natürlich nicht vor, zehn Jahre in Gombe zu bleiben. Das kam mir mit meinen 26 Jahren wie ein ganzes Leben vor. Doch wenn ich nach zehn Jahren aufgehört hätte, hätte ich weiter daran geglaubt, daß Schimpansen, so ähnlich sie uns in ihrem Verhalten sind, letztlich viel »besser« sind. Schockierende, schreckliche Ereignisse belehrten mich eines besseren.

1971 wurde einer unserer Forscher namens David Zeuge eines brutalen Angriffs auf eine Schimpansin aus einer Nachbarhorde. Sie war von einer Gruppe »unserer« Schimpansenmänner gestellt worden, die sie schlugen und zu Boden trampelten, einer nach dem anderen. Im Laufe dieses Angriffs, der über fünf Minuten dauerte, wurde ihr ihr etwa 18 Monate altes Kind entrissen, getötet und teilweise verzehrt. Die Mutter konnte entkommen, aber sie blutete stark aus so vielen Wunden, daß sie wahrscheinlich einige Zeit später gestorben ist. Als David zurückkehrte und erzählte, was er gesehen hatte, waren wir wie vom Donner gerührt. Wir sprachen bis tief in die Nacht darüber und kamen am Ende zu dem Schluß, es müsse sich um einen einmaligen Vorfall gehandelt haben, eine makabre Abweichung von der Norm. Schließlich war der Rädelsführer der Alpha-Mann Humphrey, den die meisten von uns bestenfalls für einen Psychopathen hielten und der schon öfter Frauen seiner eigenen Gemeinschaft böse attackiert hatte. Unserem Empfinden nach mußte Humphrey die anderen dazu aufgestachelt haben, sich so untypisch zu verhalten.

Leider war der »edle Affe« eine ebensolche Mär wie der »edle Wilde«; wir sollten noch sehr oft Zeuge von Vorfällen brutaler Aggression zwischen verschiedenen Gemeinschaften werden, die mehrmals zum Töten eines Kindes führten. Gelegentlich nahmen die Interaktionen zwischen »unseren« Schimpansen und »fremden« Schimpansenfrauen aus anderen Gemeinschaften absonderliche Formen an. Einmal wurde eine solche unglückliche Frau von einer Gruppe erwachsener Männer gestellt, die an der Südgrenze ihres Reviers patrouillierten. Sie kletterten auf den Baum, auf dem sie mit ihrem Kind, das sich an ihren Bauch klammerte, saß und aß. Die Schimpansin machte den verzweifelten Versuch, die Männer, von denen sie umringt wurde, zu beschwichtigen, indem sie Unterwerfungsgrunzlaute ausstieß und sich dicht auf den Ast duckte. Eine Zeitlang schien es, als hätte sie damit Erfolg. Einige Männer begannen sogar zu essen. Als einer dicht an der Schimpansin vorbeikam, streifte sie ihn mit einer typischen Unterwerfungsgeste, woraufhin er zurückzuckte, den Arm anstarrte, den sie berührt hatte, eine Handvoll Blätter abriß und sich damit kräftig die beschmutzte Stelle abrieb. Und dann, nur wenige Minuten später, fielen die Männer alle gemeinsam in einem brutalen Angriff über sie her. Das Kleine starb, und die Wunden der Schimpansin waren so schwer, daß wir, obwohl wir es nie mit Gewißheit wußten, so gut wie sicher waren, daß sie nicht durchkommen würde.

1975 protokollierten wir den ersten kannibalistischen Überfall der hochrangigen Schimpansenfrau namens Passion und ihrer eben erwachsenen Tochter Pom auf Neugeborene *ihrer eigenen Gemeinschaft*. Ich war gerade in Daressalam, als ich davon hörte. Passion und Pom hatten Gilkas Baby getötet und aufgefressen. So klang es jedenfalls über die Funkverbindung. Ich hoffte, daß wir etwas falsch verstanden hatten – wie konnte so etwas geschehen? Unglückseligerweise war es nur allzu wahr.

Derek und ich flogen nach Gombe und hörten uns die Geschichte in allen schauerlichen Einzelheiten an. Gilka hatte ihr Junges gewiegt, als plötzlich Passion erschienen war, sie einen Augenblick angestarrt hatte und dann mit gesträubtem Fell auf sie losgegangen war. Gilka war laut kreischend geflohen. Aber sie war behindert; eins ihrer Handgelenke war seit einer Polioepidemie im Jahre 1966 gelähmt. Verkrüppelt und mit einem Baby im Arm hatte sie keine Chance. Passion hatte ihr das Kind entrissen, es mit einem kräftigen Biß in den Schädel getötet und sich dann niedergelassen, um das gräßliche Festmahl mit ihrer Tochter und ihrem jugendlichen Sohn zu teilen.

Warum war das geschehen? Damals herrschte in Gombe kein Nahrungsmangel – Passion hätte das Fleisch des Kindes nicht zum Überleben gebraucht. Außerdem gehörte Gilka nicht zu einer benachbarten Schimpansengemeinschaft; sie und Passion kannten sich schon ihr Leben lang. Während wir uns über das schreckliche Ereignis unterhielten, kam uns der Gedanke, ob Gilkas erstes Baby vor zwölf Monaten etwa das gleiche Schicksal ereilt hatte; auch es war im Alter von nur wenigen Wochen verschwunden. Noch ein letztes Mal geschah das Entsetzliche, als Gilka ein Jahr später wieder ein Kind bekam und an Passion verlor. Dabei focht sie trotz ihrer Körperbehinderung einen wütenden Kampf aus – aber diesmal kam Pom hinzu, für die es ein Leichtes war, das Baby zu ergreifen und zu töten, während die stärkere Passion über Gilka herfiel und ihr Wunden schlug, die nie mehr richtig verheilten. Gilka verlor drei Kinder in ebensovielen Jahren, und ich glaube, danach war sie seelisch gebrochen.

Etwa zwei Jahre später fand ich ihre Leiche dicht am schnell fließenden Kakombe-Fluß. Sie war weniger als zwanzig Jahre alt, und ich hatte sie fast ihr Leben lang gekannt, denn zu Beginn der sechziger Jahre war sie ein kleines Kind gewesen. Während ich da stand, sann ich über das viele Unglück nach, das sie von Anfang an verfolgt hatte, so daß ihr Leben, das eigentlich verheißungsvoll begonnen hatte, einen traurigen Verlauf nahm. Sie war ein bezauberndes Kind gewesen, voller Lebensfreude und trotz des eher eigenbrötlerischen, ungeselligen Wesens ihrer Mutter unbezähmbar fröhlich. Als sie ein wenig älter war, hatte sie sich mit Wonne in männlicher Gesellschaft aufgehalten, eine rechte Angeberin, die sich in überschäumender Freude im Kreis drehte, Pirouetten tanzte und Purzelbäume schlug. Dann hatte sie im Jugendalter Kinderlähmung bekommen. Die Krankheit hatte nicht nur eins ihrer Handgelenke gelähmt, sondern auch ihren kleinen Bruder dahingerafft, mit dem sie ein Herz und eine Seele gewesen war. Zu allem Überfluß war wieder einige Zeit später ihr spitzbübisches, herzförmiges Gesicht von einer grausamen Pilzerkrankung verunstaltet worden. Diese verursachte groteske Geschwulste auf der Nase und im Brauenbereich, die manchmal so anschwollen, daß sie fast blind war und das Wandern entlang der Pfade sehr mühsam für sie war, weil sie gegen alle möglichen Hindernisse lief. Nach dem Tod ihrer Mutter schien es sehr einsam um sie geworden zu sein. Am stärksten war sie ihrem älteren Bruder verbunden, und es war rührend anzusehen, wie er auf seine lahme Schwester wartete, wenn sie einmal zusammen loszogen. Wie hatte ich mich gefreut, als sie ihr erstes Kind bekam – jetzt hatte sie wieder einen Gefährten. Aber es war nach wenigen Wochen verschwunden. Insgesamt dreimal war ihr das Ausleben der Mutterschaft grausam versagt worden. Höchstwahrscheinlich hatte Passion alle drei Kinder von Gilka auf dem Gewissen. Dabei war Gilka eine sehr aufmerksame, zärtliche Mutter gewesen in den wenigen Wochen, in denen sie die Säuglinge bei sich hatte.

Eine grünes Dämmerdunkel herrschte im Wald, das dort, wo die Strahlen der Nachmittagssonne durch das raschelnde Laub des Blätterdachs hoch oben drangen, mit hin und her huschenden Lichtflecken gesprenkelt war. Der Bach murmelte, und dann erscholl das klare, betörend schöne Lied eines Rötels. Als ich zu Gilka hinabschaute, kam plötzlich ein tiefer Frieden über mich. Sie hatte endlich den Körper abgeworfen, der ihr nur eine Last gewesen war.

In der Zeitspanne von 1974 bis 1978 wurden zehn Schimpansenkinder in der Gesellschaft, die wir beobachteten, geboren – nur eins davon überlebte. Wir wissen, daß fünf von ihnen von Passion und Pom getötet und verzehrt wurden, und haben den Verdacht, daß es den drei anderen ebenso erging. Es wurde ernsthaft diskutiert, wie weiteren Angriffen vorgebeugt werden könnte, aber glücklicherweise bekamen Passion und Pom selber Kinder, und damit hörte der Kannibalismus auf.

Das hieß allerdings nicht, daß alles in bester Ordnung war, denn die zuerst so friedvoll wirkenden Schimpansen verstrickten sich immer mehr in eine Art Stammeskrieg. Er nahm seinen Anfang, als sich die Schimpansengemeinschaft, die ich inzwischen so gut kannte, zu teilen begann. Sieben erwachsene Männer und drei Mütter mit ihren Kindern brachten immer mehr Zeit in der südlichen Bergregion zu, durch die die gesamte Gesellschaft zu streifen pflegte. 1972 wurde deutlich, daß diese Schimpansen eine vollkommen neue, getrennte Gemeinschaft bildeten. Die den Süden beanspruchende Kahama-Gruppe hatte den Nordteil des Gebirges aufgegeben, während sich die Kasakela-Gruppe nun von den Plätzen im Süden, die sie sonst besucht hatte, wann immer es ihr gefiel, ausgeschlossen fand. Wenn sich Männer in der Übergangszone begegneten, drohten sie einander; die Gruppe mit weniger Männern gab schnell auf und zog sich ins Innere ihres Heimatreviers zurück. Dabei handelte es sich also um typisches Revierverhalten.

1974 wurden die Aggressionen ernster. Den ersten tödlichen Angriff beobachtete Hilali Matama, unser Headman. Sechs Kasakela-Männer schlichen leise auf ihre Südgrenze zu, wo sie auf einen jungen Kahama-Schimpansen trafen, der in aller Stille futterte. Als er die sechs sah, versuchte er zu fliehen, wurde jedoch gepackt, zu Boden gedrückt und dann von der Kasakela-Bande zehn Minuten lang verprügelt, getreten, geschlagen und gebissen. Danach ließen sie ihn leise kreischend auf der

Erde liegen. Noch immer kreischend, stand er schließlich langsam auf und spähte ihnen nach. Er muß an seinen Verletzungen gestorben sein, denn er wurde nie wieder gesehen.

Das war der erste von einer Reihe brutaler Angriffe, die die starke Kasakela-Gemeinschaft auf einzelne Mitglieder der abgetrennten Gruppe verübte: der »vierjährige Krieg«. Nicht nur erwachsene Männer fielen ihnen zum Opfer, sondern auch erwachsene Frauen. Alle Überfälle dauerten zwischen zehn und zwanzig Minuten und hatten stets den Tod des Opfers zur Folge. Alles in allem wurden die Angriffe auf vier der sieben abtrünnigen Schimpansenmänner beobachtet; ein weiterer wurde tot aufgefunden, und die Verstümmelung seines Körpers ließ vermuten, daß er ebenfalls von Kasakela-Männern überwältigt worden war, während die übrigen zwei einfach verschwanden. Beobachtet wurde auch der Angriff auf eine der drei erwachsenen Frauen; die anderen beiden verschwanden ebenfalls spurlos. Mit anderen Worten: In diesem Krieg wurde die gesamte Gruppe, die nach Süden abgewandert war, ausgelöscht – mit Ausnahme dreier junger, kinderloser Schimpansinnen. Sie wurden von den siegreichen Männern in die eigene Gruppe zurückgeholt.

Die vier Jahre von 1974 bis 1977 waren das dunkelste Kapitel in der Geschichte von Gombe und für mich geistig und emotional eine der schwierigsten Zeiten meines Lebens. Unsere friedliche, idyllische Welt, unser kleines Paradies, war auf einmal auf den Kopf gestellt: zuerst die Entführung, die ein Schock für uns war und uns angst machte. Dann die Gewalt im vierjährigen Krieg der Schimpansen und andere Überfälle zwischen den Gruppen. Ferner der Kannibalismus von Passion und Pom. Im Privatleben hatte meine Scheidung Herzeleid und Gewissensbisse verursacht. Am allerschlimmsten traf mich die Nachricht von Dannys Tod. Nach nur vier Jahren lag meine Welt in Trümmern.

Die Entführung und ihre bitteren, schmerzlichen Folgen wirkte bei allen, die dabei waren, nach. Doch ich wußte schon mein Leben lang, daß es Entführungen und Lösegelderpressungen gab; aus nächster Nähe etwas davon mitzubekommen hat meine Ansicht über die dunkle Seite des Menschen kaum verändert. Hingegen veränderten die brutalen Morde, die unter den Schimpansen beobachtet wurden, meine Ansicht vom Wesen der Schimpansen nachhaltig. Während der ersten zehn Jahre meiner Forschung hatte ich, wie gesagt, angenommen, die Schimpansen von Gombe seien im allgemeinen »besser« als Menschen. Ich hatte gewußt, daß bisweilen Aggressionen aufflammten, manchmal aus scheinbar nichtigem Grund; Schimpansen sind von Natur aus aufbrausend, aber Aggressionen innerhalb einer Gesellschaft äußern sich meist bloß in Abschreckungs- und Drohgebärden statt in heftigen Kämpfen – man könnte sagen: »Viel Lärm um nichts.« Und plötzlich fanden wir heraus, daß unsere Schimpansen brutal sein konnten – daß sie wie wir eine dunkle Wesensseite haben.

Monatelang bemühte ich mich angestrengt, mit dieser neuen Erkenntnis fertigzuwerden. Oft wachte ich nachts auf und hatte schreckliche Bilder der Gewalt vor Augen: Passion, wie sie mit blutverschmierten Lippen von Gilkas totem Säugling aufblickte; Satan, wie er mit der hohlen Hand das Blut auffing und trank, das über Sniffs verletztes Gesicht lief; Faben, wie er Godis gebrochenes Bein im Kreis herumdrehte. Oder Madam Bee, wie sie hinter Büschen versteckt lag und langsam an ihren furchtbaren Wunden starb, während ihre zehnjährige Tochter sie zu trösten versuchte, ihr sanft das Fell pflegte und die Fliegen verscheuchte.

Als ich die ersten Beobachtungen der Morde innerhalb der Schimpansengesellschaft von Gombe veröffentlichte, war ich einer Menge Kritik von seiten etlicher Wissenschaftler ausgesetzt. Es hieß, die Beobachtungen seien bloß »anekdotisch« und deshalb irrelevant. Das war schlichtweg absurd. Wir hatten aus nächster Nähe nicht nur einen, sondern fünf brutale Überfälle auf die Kahama-Gruppe beobachtet und viele Angriffe auf fremde Weibchen aus benachbarten Gruppen aufgezeichnet. Andere Wissenschaftler waren überzeugt, daß sich unsere Gombe-Schimpansen aufgrund unserer Bananenfütterungen ohnehin nicht normal verhielten. Diese Kritik war berechtigt. Aber die Angriffe auf Schimpansinnen aus der Nachbarschaft fanden alle weit entfernt von der Futterstation an der Peripherie des Kasakela-Gebietes statt. Und die Kahama-Schimpansen hatten das bananenreiche Territorium freiwillig und anscheinend für immer verlassen. Es konnte in keinem Fall belegt werden, daß die Überfälle auftraten, weil diese Schimpansen heimzukehren versuchten. Noch bedeutsamer jedoch ist es, daß andere Feldforscher in anderen Schimpansengebieten Afrikas ein ähnlich aggressives Revierverhalten beobachtet haben.

Selbst von den Wissenschaftlern, die die Daten von Gombe akzeptierten, meinten einige, es sei ein Fehler gewesen, die Beobachtungen zu veröffentlichen; ihres Erachtens sollte ich die Aggressivität nach Möglichkeit immer herunterspielen. Warum dieser Widerstand? Für mich war es die erste Erfahrung mit der »politischen« Beeinflussung der Wissenschaftler, mit dem Entscheidungsdruck, ob etwas aus politischen, religiösen oder sozialen Gründen veröffentlicht werden sollte oder nicht. Ein Kollege, dem ich von der Gewalttätigkeit der Schimpansen erzählt hatte, riet mir: »Das sollten Sie auf keinen Fall veröffentlichen, denn damit geben Sie verantwortungslosen Wissenschaftlern und Journalisten die Daten an die Hand, mit deren Hilfe sie ›beweisen‹ können, daß die menschliche Konfliktbereitschaft angeboren, Krieg also unvermeidlich ist – eine unglückselige, bedauerliche Erblast von unseren brutalen affenartigen Vorfahren.«

So politisch brisant war das Thema »Aggression« Anfang der siebziger Jahre. Das war kaum verwunderlich, denn die Frage nach dem Wesen von Aggressivität war immer noch mit den Schrecken des Zweiten Weltkriegs verknüpft, den wir wenige Jahrzehnte zuvor durchlebt hatten. Auf der einen Seite der Debatte waren diejenigen, die glaubten, Aggressivität sei angeboren und bereits in unseren Genen angelegt, auf der anderen diejenigen, die die Auffassung vertraten, ein Menschenkind würde zur Welt kommen wie ein unbeschriebenes Blatt, in das sich die während seines Lebens auftretenden Ereignisse einprägten, und davon würde das Verhalten des Kindes im Erwachsenenalter bestimmt.

Die erste Konferenz über diesen Gegensatz von *»Nature«* und *»Nurture«* (Anlage und Umwelt), an der ich teilnahm, wurde von der UNESCO in Paris organisiert. Mit Erstaunen hörte ich, wie Wissenschaftler, die ich hoch schätzte, feierlich erklärten, ihrer Meinung nach sei Aggressivität aller Art erlernt. Darum müßten wir, so argumentierten sie, eigentlich eine utopische aggressionsfreie Gesellschaft schaffen können, wenn es uns gelänge, aus dem Leben unserer Kinder alle Erfahrungen von Gewalt und Aggression zu verbannen, alle Geschichten darüber, allen Nationalismus, Militärmusik jeder Art, alles Konkurrenzdenken, alle Bestrafungen und vieles andere mehr, was ich inzwischen vergessen habe. Schließlich seien, argumentierten sie weiter, vom sogenannten »Fortschritt« unberührte Völker wie die Buschmänner und Eskimos völlig aggressionslos und kämen ohne kriegerische Auseinandersetzungen aus; der Mensch sei folglich seinem wahren Wesen nach eindeutig friedlich. Das hatte sich längst als unwahr erwiesen, aber die Vorstellung vom »edlen Wilden« hielt sich bei vielen hartnäckig. Mein Beitrag auf der Konferenz über die Dominanzkämpfe und Gruppenkonflikte bei Schimpansen sowie andere aggressive Verhaltensweisen wurde von der Hälfte der Anwesenden begrüßt und von den übrigen heftig bestritten.

Ein Wissenschaftler insbesondere, den ich bis dahin immer sehr bewundert hatte, schlug sich in der Kontroverse zu meiner Überraschung vehement auf die Seite der »unbeschriebenen Blätter«. Ich werde nie vergessen, wie ich ihn bei einer Tasse Kaffee fragte: »Nehmen Sie *wirklich* an, daß Aggressionsverhalten erlernt ist? Mir ist nicht klar, wie Sie das als Verhaltensforscher glauben können.« »Jane«, erwiderte er, »ich spreche lieber nicht darüber, was ich wirklich glaube.« Seitdem hat er in meiner Achtung sehr verloren.

An einen Psychologen aus der damaligen Sowjetunion werde ich mich auch stets erinnern. Wir befanden uns ja mitten im kalten Krieg, und er mußte erst bei seinem Chef anrufen, bevor er Fragen zu beantworten wagte, die auch nur im entferntesten einen politischen oder kontroversen Anklang hatten.

Mit meinem Aufenthalt in Gombe hatte ich keineswegs nachweisen wollen, daß Schimpansen besser oder schlechter waren als Menschen, und ich hatte mir auch kein Rüstzeug verschaffen wollen, um großartige Äußerungen über die »wahre« Natur des Menschen loszulassen. Ich wollte Kenntnisse sammeln, Beobachtungen machen und diese protokollieren; und ich wollte meine Beobachtungen und Gedanken so ehrlich und klar wie möglich mit anderen teilen. Meinem Empfinden nach war es auf jeden Fall besser, den Tatsachen ins Auge zu sehen, wie unangenehm sie auch sein mochten, als etwas abzuleugnen.

Sobald die Einzelheiten der Gruppenkonflikte unter den Schimpansen von Gombe veröffentlicht waren, benutzten einige Autoren die Daten tatsächlich, um zu behaupten, damit sei ein für allemal bewiesen, daß Gewaltverhalten tief in unsere Gene eingeprägt sei und uns seit Urzeiten von unseren Primatenvorfahren vererbt würde. Wir Menschen seien, so schlossen sie, blutrünstige Geschöpfe, und Verbrechen und kriegerische Auseinandersetzungen seien daher unvermeidlich. Diese Ansicht erhielt starken Auftrieb durch die 1976 veröffentlichte soziobiologische Studie *Das egoistische Gen* von Richard Dawkins. Er behauptete, unser Verhalten sei in erster Linie durch unsere Gene bestimmt. Da diese Proteintüpfelchen das »Ziel« hätten, sich fortzupflanzen, sei fast alles, was wir tun, von der Notwendigkeit des genetischen Überlebens geprägt, entweder durch eine erfolgreiche eigene Vermehrung oder durch die Fortpflanzung von Verwandten, die einen großen Anteil unserer Gene mit uns gemeinsam haben. Wir helfen also höchstwahrscheinlich unseren eigenen Familienmitgliedern und besonders unseren nächsten Anverwandten wie Brüdern und Schwestern, um das Überleben unserer Gene zu sichern. Und was ist, wenn wir einem Nichtverwandten helfen? Das liegt dann nicht an irgendeinem Sinn für Mitmenschlichkeit und Liebe, sondern eher an unserer »Erwartung« (genauer gesagt: an der »Erwartung« unserer Gene), daß unsere gute Tat erwidert wird. Ich rette dich heute vor dem Tod durch Ertrinken in der Erwartung, daß dafür eines Tages du mich oder meine Verwandten rettest. Und wir sind von Natur aus egoistisch – alles, was wir tun, dient letztendlich unserem eigenen genetischen Überleben. Darüber hinaus sollten wir, wie Dawkins in einer anschließenden Veröffentlichung weiter ausführte, nicht auf die Hilfe irgendeines Gottes hoffen, denn wir lebten in einem Universum, das von nichts anderem regiert werde als »blinder, mitleidloser Gleichgültigkeit«.

Dawkins' Buch wurde zum Teil deshalb ein Bestseller, glaube ich, weil es den meisten Menschen eine Rechtfertigung der menschlichen Selbstsucht und Grausamkeit lieferte. Wir konnten nichts dafür, und es lag alles nur an unseren Genen. Gleichzeitig entdeckte die Medizin die physischen Wurzeln hinter vielen psychischen Störungen. Es wurde vermutlich als Trost empfunden, im Grunde nicht für das eigene schlechte Verhalten verantwortlich zu sein. Ich mußte an das denken, was Holocaust-Überlebende von den sadistischen Brutalitäten und Folterungen erzählt hatten. Bot Dawkins' Theorie vielleicht eine Erklärung dafür, wie es in einem angeblich kultivierten, zivilisierten Land zu Massen- und Völkermord so großen Ausmaßes kommen konnte?

Damals kam ich zu dem Schluß, und ich glaube heute noch daran, daß es zwecklos ist, die angeborene Neigung des Menschen zu Aggressivität und Gewalt abzuleugnen. Die Wut, die mich selbst instinktiv überkam, wenn mein geliebtes Kind Grub bedroht war, ist mir Beweis genug. Aber viele wissenschaftliche Versuche haben auch gezeigt, daß aggressive Verhaltensmuster ziemlich leicht zu erlernen sind. Anfang der siebziger Jahre, als ich Gastprofessorin an der Stanford-Universität war, leitete der Psychiater Robert Bindora einen Versuch, bei dem festgestellt werden sollte, wie bereitwillig kleine Kinder aggressive Verhaltensmuster übernehmen. Dazu schlug und prügelte er vor einer Gruppe von Zwei- und Dreijährigen auf eine menschenähnliche Puppe ein, trat gegen sie und trampelte auf ihr herum. Jede dieser Handlungen beging er mehrmals, langsam und deutlich. Jeweils nach verschieden langen Pausen gab er den Kindern Gelegenheit, sich selbst mit der Puppe zu befassen, und zeichnete ihre Reaktionen auf. Wie zu erwarten war, stürzten sich seine kleinen Versuchspersonen eifrig auf die Puppe und verübten an ihr zum großen Teil die gleichen Handlungen, die er ihnen vorgeführt hatte. Ein guter Grund dafür, Kinder vor Gewalt im Fernsehen zu bewahren! (Ich hätte mir sehnlichst ein ähnliches Experiment gewünscht, bei dem eine solche Puppe geküßt, umarmt und gestreichelt worden wäre, aber das gab es nicht.)

Das Verhalten der Schimpansen von Gombe lieferte also den Zündstoff für allerlei Theorien; viele Wissenschaftler stritten dafür oder dagegen und benutzten – oder verwarfen – die Erkenntnisse, die ihre eigenen Lieblingstheorien vom Wesen der Aggressivität des *Menschen* bestätigten oder widerlegten, während ich mit meiner Arbeit in Gombe lediglich das Wesen der Aggressivität von *Schimpansen* besser verstehen wollte. Meine Frage lautete: Wie weit sind die Schimpansen unseren menschlichen Weg, der zu Haß, Bosheit und Kriegen schlimmsten Ausmaßes geführt hat, schon gegangen?

9

Vorformen des Krieges

Die Erkenntnis, daß Schimpansen zu Formen des Territorialverhaltens und damit verbundenen Feindseligkeiten fähig sind, die durchaus den Formen primitiver menschlicher Kriegführung entsprechen, war sowohl faszinierend als auch schockierend. Bisher hatte ich kriegerisches Verhalten für ein rein menschliches Phänomen gehalten. Berichte von kriegerischen Verhaltensweisen datieren bis zu den ersten schriftlichen Aufzeichnungen der menschlichen Geschichte zurück; sie scheinen fast ein universelles Charakteristikum von Menschengesellschaften zu sein. Kriege sind aus einer Vielzahl von Motiven geführt worden, nicht zuletzt aus kulturellen und ideologischen Gründen. Sie dienten, zumindest ökologisch, dazu, den Siegern Lebensraum und Lebensgrundlage zu sichern. Bis zu einem gewissen Grad haben Kriege auch die Bevölkerungsdichte reguliert und so natürliche Ressourcen erhalten.

Wie Darwin hervorgehoben hat, müssen Kriege in prähistorischer Zeit, bei denen meist Gruppenkonflikte und nicht Streitigkeiten unter einzelnen ausgetragen wurden, für einen erheblichen selektiven Entwicklungsdruck zugunsten einer immer ausgeklügelteren Kooperation unter Gruppenmitgliedern gesorgt haben. Auch das Kommunikationsgeschick dürfte lebenswichtig gewesen sein: Die Entstehung einer komplexen Sprache bedeutete einen Riesenvorteil. Eigenschaften wie Intelligenz, Mut und Altruismus wurden wahrscheinlich hochgeschätzt, und die besten Krieger hatten vielleicht mehr Frauen und infolgedessen mehr Nachkommen als feige, weniger geschickte Gruppenmitglieder. Dieser Prozeß mußte immer weiter eskalieren, denn je mehr Intelligenz, Kooperationsfähigkeit und Mut eine Gruppe aufwies, um so höher waren die Anforderungen an deren Feinde. Es ist sogar vermutet worden, daß hauptsächlich Kriege den evolutionären Druck erzeugten, der die riesige Kluft zwischen dem menschlichen Gehirn und dem Gehirn unserer nächsten lebenden Verwandten, der Menschenaffen, bewirkte. Ganze Gruppen von Hominiden mit unterentwickelten Gehirnen konnten keine Kriege gewinnen und wurden dadurch ausgerottet.

Das hervorstechende Merkmal der ersten echten Menschen waren sicher ihre großen Gehirne. Dieser Größenunterschied zwischen menschlichem und Schimpansengehirn hat Paläontologen jahrelang nach einem Skelett, halb Affe und halb Mensch, suchen lassen, einem fossilen Bindeglied zwischen beidem. Dieses sogenannte *»Missing link«* hätte sicherlich aus einer ganzen Reihe von ausgestorbenen Gehirnen bestehen müssen, jedes wieder komplexer als sein Vorgänger. Diese Gehirne werden der Wissenschaft jedoch für immer fehlen, denn geblieben sind ihr nur ein paar schwache Abdrücke auf versteinerten Schädeln.

Wenn wir an Krieg denken, haben wir meist riesige Heere vor Augen, die gegeneinander vorrücken, entsetzliche Konfrontationen zwischen Männern zu Pferde und zu Fuß, in gepanzerten Fahrzeugen und Panzern, in Kampfflugzeugen und

Bombern, und im allerschlimmsten Fall sehen wir Männer nur durch Knopfdruck ganze Länder binnen einer Sekunde vernichten. Menschenkriege werden zwischen verschiedenen Ländern und zwischen Gruppen innerhalb eines Landes ausgetragen – revolutionäre und Bürgerkriege gehören zu den brutalsten Auseinandersetzungen überhaupt.

Der vierjährige Krieg der Schimpansen von Gombe konnte sich natürlich mit Menschenkriegen dieser Art nicht messen, aber es war deutlich geworden, daß sich die Menschenaffen immerhin schon auf der Schwelle zu dieser eigentlich rein menschlichen »Leistung« befanden. Schließlich wurden die großen Fortschritte in der Entwicklung von Mensch und Waffe auch nicht über Nacht erreicht. Wie all unsere kulturellen Errungenschaften hat sich der Krieg über die Jahrhunderte allmählich weiterentwickelt von schimpansenähnlichen Aggressionen bis hin zum organisierten bewaffneten Konflikt von heute. Es gibt noch immer eingeborene Völker, deren Art der Kriegführung sich nur unwesentlich vom Krieg der Gombe-Schimpansen unterscheidet, wo Angriffstrupps ins Nachbardorf schleichen und dort morden und plündern.

Da das Kriegshandwerk in seiner typisch menschlichen Form eine kulturelle Entwicklung darstellt, müssen unter unseren frühesten Vorfahren erste Anpassungen stattgefunden haben, die eine solche Entwicklung überhaupt ermöglichten. Ausschlaggebend dürften eine auf Kooperation gegründete gemeinschaftliche Lebensform gewesen sein, Jagdgeschick, Territorialverhalten, Waffengebrauch und die Fähigkeit, gemeinsam Pläne zu machen. Außerdem muß eine tiefsitzende Angst vor Fremden oder auch Fremdenhaß in aggressivem Verhalten ihren Ausdruck gefunden haben. Die Schimpansen von Gombe verfügten eindeutig in höherem oder geringerem Maße über die obengenannten Eigenschaften.

Diese Schimpansen zeigten mit Sicherheit aggressives Territorialverhalten. Sie schützten nicht nur ihr Heimatgebiet vor dem Einfall feindlicher »Fremder« – das heißt Angehöriger von Nachbargesellschaften beiderlei Geschlechts (ausgenommen heranwachsende weibliche Schimpansen) –, sondern patrouillierten auch mindestens einmal pro Woche entlang ihrer Gebietsgrenzen und überwachten die Bewegungen ihrer Nachbarn. Und sie *verteidigten* ihr Territorium nicht nur, sondern *vergrößerten* es manchmal auch auf Kosten eines schwächeren Nachbarn. Der wahrscheinlichste Grund für den vierjährigen Krieg in Gombe war die Frustration der Kasakela-Gemeinschaft darüber, daß ihnen der Zugang zu einem Gebiet verwehrt wurde, in dem sie frei umhergestreift waren, bis die abtrünnige Gruppe es besetzt hatte.

Ferner fanden einige männliche Schimpansen, besonders die jüngeren, den Konflikt zwischen den Gruppen absolut spannend. Trotz des damit verbundenen Risikos waren erwachsene Männer manchmal immer dichter an den »Feind« herangekrochen, um ihn zu beobachten, auch wenn sich der Rest der »Patrouille« längst ins heimatliche Gebiet zurückgezogen hatte. Dieser Reiz, den Gefahr in sich birgt, dürfte bei den Frühmenschen ausschlaggebend für die Entwicklung von Waffen gewesen sein. Die Tötung von Artgenossen ist nicht gebräuchlich unter Säugetieren, da solche Konflikte für den Angreifer selbst eine tödliche Gefahr sein können. Menschliche Krieger mußten stets durch kulturelle Methoden dazu ermutigt werden: durch Verherrlichung ihrer Rolle, durch die Verdammung von Feigheit, durch Aussetzen hoher Belohnungen für Tapferkeit und Geschicklichkeit auf dem Schlachtfeld usw. Wenn Männer so veranlagt sein sollten, daß Aggressionen, speziell solche gegen ihre Nachbarn, einen Reiz für sie haben, sollte die Rekrutierung von Soldaten recht einfach sein. Und genau das scheint zuzutreffen. Alle männlichen Mitglieder meiner Familie haben sich bei beiden Weltkriegen freiwillig gemeldet, sobald zu den Waffen gerufen wurde. Derek war damals noch zu jung für den Kriegsdienst; daraufhin hatte er alle Luftwaffenstützpunkte abgeklappert, bis er einen fand, der es nicht allzu genau nahm mit den Vorschriften.

Wir wissen nur zu gut, wie fasziniert Menschen von Tod und Qual sind. Öffentliche Hinrichtungen gehörten zu den beliebtesten Ereignissen im England des Mittelalters. Daran hat sich bis heute nichts geändert, denn während ich an diesem Kapitel schreibe (August 1997), lese ich in der Zeitung, daß sich zehntausend Menschen im Westen Teherans versammelten, um sich die Hinrichtung eines überführten Vergewaltigers anzuschauen. Sie sahen zu, wie er, die Schlinge um den Hals, mit einem Kran hoch über ihre Köpfe gehoben wurde und schließlich immer schwächer strampelte und zuckte, als ihm die Luft abgedrückt wurde. Bei Autorennen sammeln sich die meisten Zuschauer an den gefährlichsten Punkten der Rennbahn; und beim Turniersport sind die Hürden besonders attraktiv, bei denen immer die meisten Pferde zu Fall kommen. Kilometerlange Autoschlangen bilden sich, wenn ein besonders schwerer Unfall passiert ist – und das vor allem deshalb, weil alle langsamer fahren, um einen Blick darauf werfen zu können. Es liegt an der Außergewöhnlichkeit dieser Dinge, und viele Menschen, deren Leben im allgemeinen eintönig verläuft, suchen geradezu solch einen besonderen Reiz. Nur darum gelten

Gewalttaten als die interessantesten Nachrichten, über die im Fernsehen und in den Zeitungen berichtet wird.

Was das menschliche Verhalten in bezug auf kriegerische Auseinandersetzungen und andere Gewalttätigkeiten gegenüber Artgenossen betrifft, ist eine Tatsache besonders bedeutsam: Die *kulturelle Evolution* läßt eine *Pseudoartenbildung* zu. Das heißt, vereinfacht erklärt, daß innerhalb einer bestimmten Gruppe individuell entwickeltes Verhalten von einer Generation an die nächste weitergegeben wird. Bei Menschen bedeutet Pseudoartenbildung (oder kulturelle Artenbildung, wie ich es lieber nenne) unter anderem, daß die Mitglieder einer Gruppe (der *In*-Gruppe) sich nicht nur von einer anderen Gruppe (der *Out*-Gruppe) zu unterscheiden glauben, sondern sich auch gegenüber den eigenen Gruppenmitgliedern anders verhalten als gegenüber Menschen außerhalb der Gruppe. Im Extremfall führt die kulturelle Artenbildung zur »Entmenschlichung« der Out-Gruppenmitglieder, so daß diese unter Umständen fast wie Angehörige einer anderen Art betrachtet werden. Das wiederum befreit die In-Gruppenmitglieder von den Verboten und sozialen Zwängen innerhalb ihrer Gruppe und macht aggressive Akte gegen »die anderen« möglich, die in der eigenen Gruppe nicht toleriert würden. Sklaverei und Folter liegen am einen Ende der Skala, Verspottung und Ächtung am anderen.

Bei den Schimpansen von Gombe deutet sich ziemlich klar die kulturelle Artenbildung an. Sie haben ein ausgeprägtes Gefühl für ihre Gruppenidentität und unterscheiden scharf zwischen denen, die »dazugehören«, und den anderen. Kinder von Müttern, die zur Gruppe gehören, werden beschützt, während die von nichtzugehörigen Frauen getötet werden können. Dieses Gefühl einer Gruppenidentität ist hochentwickelt und keine bloße Fremdenfeindlichkeit. Zum Beispiel unterhielten die Mitglieder der Kahama-Gemeinschaft vor der Trennung enge, freundschaftliche Beziehungen zu ihren späteren Angreifern; in einigen Fällen waren sie zusammen mit diesen aufgewachsen, waren gemeinsam gewandert, hatten zusammen gegessen, miteinander gespielt, sich gegenseitig »gegroomt«, also das Fell gepflegt, und zusammen geschlafen. Es scheint, als hätten die Kahamas durch ihre Abspaltung das »Recht« verloren, als Gruppenmitglieder behandelt zu werden – sie wurden fortan wie Fremde behandelt. Und ebenso wie Bürgerkriege unter uns Menschen besonders entsetzlich wüten können, war es mit den Überfällen der Schimpansen auf ihre ehemaligen Freunde. Alle Angriffe waren brutal, und für mich war der schlimmste der auf meinen alten Freund Goliath, der sich unverständlicherweise mit den Abtrünnigen zusammengetan hatte. Er war alt, dünn und gebrechlich und vollkommen harmlos. Verzweifelt hatte er sich zu verstecken versucht und war unter dichtes Buschwerk gekrochen, als sie ihn fanden. Er schrie, als sie ihn herauszogen. Fünf erwachsene Männer, alles frühere Fellpflegefreunde, nahmen an dem Überfall teil. Und ein jugendlicher Schimpanse nutzte jede Gelegenheit, dazwischenzuspringen und unter Begeisterungsschreien selber ein paar leichte Schläge anzubringen. Achtzehn Minuten lang mißhandelten sie ihn mit Schlägen und Bissen, zerrten an ihm herum und verdrehten wieder und wieder eins seiner Beine. Als sie ihn in hoher Erregung verließen, versuchte der alte Mann, sich aufzusetzen, fiel jedoch zitternd wieder um. Wir suchten eine Woche lang jeden Tag nach ihm, haben ihn aber nie mehr gesehen.

Immer wieder zeigten die Kasakela-Männer, wenn sie Kahama-Schimpansen attackierten, aggressive Verhaltensmuster, die bei Kämpfen mit Angehörigen ihrer eigenen Gesellschaft nicht beobachtet wurden, die allerdings regelmäßig vorkommen, wenn Schimpansen versuchen, ein großes Beutetier zur Strecke zu bringen und zu zerstückeln. So wurden die unglücklichen Kahama-Opfer nicht nur geschlagen, getreten und zertrampelt, sondern ihnen wurden auch die Knochen im Leibe gebrochen, Fetzen aus der Haut gerissen und, wie wir es bei Goliath erlebten, die Gliedmaßen abgedreht. Während der Bandenangriffe wurden sie über den Boden geschleift und brutal zusammengeschlagen. Ein Angreifer trank sogar das Blut seines Opfers. Die Kahama-Schimpansen wurden tatsächlich wie Beutetiere behandelt – sie wurden gründlich »entschimpansiert«.

Unglückseligerweise ist die kulturelle Artenbildung inzwischen in den menschlichen Gesellschaften überall auf der Welt weit fortgeschritten. Unsere Tendenz, ausgewählte In-Gruppen zu bilden, aus denen alle, die einen anderen ethnischen Hintergrund, sozioökonomischen Status, andere politische Ansichten und religiöse Überzeugungen usw. haben, ausgeschlossen werden, ist eine der Hauptursachen für Krieg, Aufruhr, Bandenkriminalität und ähnliche Konfliktarten. Beispiele für unsere Neigung, uns zu In-Gruppen zusammenzuschließen, von denen andere ausgeschlossen sind, finden sich in unseren Städten und Dörfern, in Schulen und Gemeinden. Kinder bilden sehr schnell solche Gruppen, in denen sie zusammenhalten, sich gegenseitig unterstützen und sich von allen anderen distanzieren. Kinder, die einer solchen Gruppe angehören, können gegenüber »Außenstehenden« extrem grausam sein und manchen anderen Kindern große Qualen zufügen. William Goldings *Herr der Fliegen* ist deshalb eine Schreckensvision, weil wir wissen, daß Kinder, wenn sie in der richtigen (oder besser gesagt falschen) Umgebung aufwachsen, tatsächlich Barbaren sein können. Heute ist die kulturelle Artenbildung unübersehbar in der erschreckenden Ausbreitung moderner Gangs. Ähnliche Gangs wie die *Crips* und *Bloods* in Los Angeles mit ihren eigenen Farben, Graffiti und anderen kulturellen Unterscheidungsmerkmalen gibt es überall auf der Welt. Sie sind beispielhaft für das Übel, das aus der kulturellen Artenbildung unserer eigenen Spezies erwächst.

Ende der siebziger Jahre, als ich die Beziehung zwischen dem aggressiven Verhalten von Schimpansen und der Gewalt von Menschen verstehen wollte, gab es viele Beweise für das Böse, das durch In-Gruppenbildung und Ausgrenzung bei Menschen rund um die Welt entsteht. In Ruanda, Burundi, Israel, Palästina, Kambodscha, Nordirland, Angola und Somalia flammte ethnischer, politischer und religiöser Haß auf. Völkermord bzw. »ethnische Säuberungen« brachten Aberhunderten, Abertausenden – nein, Millionen – von Menschen den Tod. Die Machtergreifung eines einzigen Mannes in Deutschland hatte zum Holocaust geführt, der aufgrund seiner Größenordnung, der kalten Berechnung und der ungeheuerlichen Gefühlsroheit, mit der er geplant wurde, der sichtbarste Horror unserer Zeit ist. Als der unsägliche Schrecken von Hitlers Vernichtungsprogramm der Weltöffentlichkeit bekannt geworden war, glaubte man in der freien Welt fest daran, daß solch ein Verbrechen an der Menschheit nie wieder vorkommen würde. Welch ein Irrtum! In der kommunistischen Sowjetunion ging Stalin gegen die Freiheit des einzelnen vor und verdammte Tausende von Dissidenten und »Verrätern« zum Tode; den Säuberungsaktionen Maos fielen Abertausende von unschuldigen Chinesen zum Opfer; und in Kambodscha führte Pol Pot auf seine Weise einen grausamen Völkermord durch.

Als besonders erschreckend empfand ich es bei näherem Nachdenken, in welchem Maß unterschiedliche religiöse Gruppierungen von Beginn an einander ihre Überzeugungen aufzuzwingen versuchten. Es ist erschütternd, wie viele Kriege im Lauf der Geschichte aus religiösen Motiven geführt worden sind. Mit ihren sogenannten heiligen Kriegen – dem Kampf darum, wessen Gott der höchste ist – haben diejenigen, die jeweils an der Macht waren, unglaubliches Leid über die »Ungläubigen« gebracht. Folterberichte aus der schrecklichen Zeit der katholischen Inquisition gehören zu den grauenhaftesten Geschichten in meinen alten Schulbüchern.

Dabei enthielten die Lehren der großen religiösen Führer in ihrem Kern einen Aufruf zur Ablehnung von Gewalt, zur Annahme von Menschen anderen Glaubens statt zu deren Ausgrenzung. Ich habe zwar nie Theologie studiert, aber der Bibel und den Predigten, die ich hörte, insbesondere von Trevor, habe ich entnommen, daß Jesus von Nazareth die Gefahren der In-Gruppenbildung sehr genau sah. Sein Leben lang hat er sich dafür eingesetzt, Menschen aller Rassen, Klassen und Religionen in den Umkreis seines Mitgefühls einzubeziehen, sogar die allseits gehaßten Römer: »Liebet eure Feinde; segnet, die euch fluchen; tut wohl denen, die euch hassen; bittet für die, so euch beleidigen und verfolgen.« Er riet außerdem: »Richtet nicht, auf daß ihr nicht gerichtet werdet.« Eine ähnliche Haltung der Toleranz und Annahme ist natürlich auch in den östlichen Lehren zu finden.

Die kulturelle Artenbildung hat, so dachte ich, ganz offensichtlich die Moral und das spirituelle Wachstum der Menschen verkrüppelt. Sie hat die Gedankenfreiheit behindert, das Denken eingeengt und uns zu Gefangenen der Kulturen gemacht, in die wir hineingeboren wurden. Sollten wir in den Kerkern unseres Kulturverständnisses eingeschlossen bleiben, wären all unsere schönen Ideen von der »Menschheitsfamilie«, vom »globalen Dorf« und der Einheit der Völker reine Rhetorik. Ein gewisser Trost lag zweifellos darin, daß uns immerhin klar war, wie wir leben und wie unsere zwischenmenschlichen Beziehungen eigentlich beschaffen sein *sollten*. Aber wenn wir nicht vehement dafür eintraten, war abzusehen, daß Haß, Arroganz und Tyrannei weiterhin blühen würden. (Was sie leider bisher getan haben.)

Die kulturelle Artenbildung ist, so überlegte ich, eindeutig ein Hindernis für den Weltfrieden. Solange wir unserer eigenen beschränkten Gruppenzugehörigkeit eine größere Bedeutung beimessen als dem »globalen Dorf«, werden wir nur Vorurteile und Ignoranz mehren. Es schadet durchaus nichts, einer kleinen Gruppe anzugehören, schließlich gibt sie uns mit unserer Jäger-Sammler-Gruppenmentalität einen Rückhalt und verhilft uns zu einem Kreis enger Freunde, denen wir vorbehaltlos vertrauen können und die absolut verläßlich sind. Das trägt zu unserem Seelenfrieden bei. Gefahr droht lediglich dann, wenn wir eine scharfe Grenze ziehen, einen Graben ausheben oder einen Minengürtel anlegen zwischen unserer eigenen Gruppe und irgendwelchen Andersdenkenden.

Gegen Ende der siebziger Jahre war ich zu akzeptieren bereit, daß die dunkle, böse Seite der menschlichen Natur tief in unserer uralten Vergangenheit wurzelt. Wir haben die starke Veranlagung, uns unter bestimmten Umständen aggressiv zu verhalten; und das sind die gleichen Umstände – Eifersucht, der Kampf um Nahrung, Geschlechtspartner oder Territorien, Angst, Rache usw. –, die auch bei Schimpansen Aggressivität auslösen. Ferner hatte ich gelernt, daß die Menschenaffen, wenn sie wütend sind, eine ähnliche Haltung einnehmen und ähnlich gestikulieren wie wir Menschen: Sie treten großspurig auf, werfen finstere Blicke um sich, schlagen zu, teilen Boxhiebe aus, treten, kratzen, reißen einander die Haare aus und jagen sich. Sie schleudern Steine und Stöcke. Wenn sie Schußwaffen und Messer hätten und wüßten, wie man damit umgeht, würden sie ohne Zweifel ebenso davon Gebrauch machen wie wir Menschen.

In mancher Hinsicht jedoch ist das aggressive Verhalten von Menschen tatsächlich einzigartig. Zwar scheinen die Schimpansen eine gewisse Ahnung von dem Leid zu haben, das sie ihren Opfern zufügen, aber sie sind sicherlich nicht in einem menschlichen Sinne zur Grausamkeit fähig. Nur wir Menschen fügen lebendigen Geschöpfen *absichtlich* körperliche oder geistige Schmerzen zu trotz – oder gerade wegen – unserer Kenntnis der damit verbundenen Qual. Nur wir, zu diesem Schluß kam ich am Ende, sind zum Bösen fähig. Und wir haben in unserer Bosheit Foltermethoden erfunden, die über die Jahrhunderte Millionen von lebendigen, atmenden Menschen unglaubliche Qualen verursacht haben. Daher war es klar für mich, daß die menschliche Niedertracht unendlich viel größer ist als die schlimmsten Aggressionen der Schimpansen.

Heißt das nun aber, daß wir Menschen für alle Ewigkeit an unsere »bösen Gene« gefesselt sind? Ganz bestimmt nicht.

Sollten wir nicht besser als andere Geschöpfe dazu in der Lage sein, unsere biologische Natur unter Kontrolle zu bringen, wenn wir es wollen? Ist nicht auch die zum menschlichen Wesen gehörende Fürsorglichkeit und Nächstenliebe Teil unseres Primatenerbes?

Was könnte uns denn, so fragte ich mich, unsere Erforschung der Schimpansen über die Wurzeln der Liebe lehren?

10

Mitgefühl und Liebe

Schon in den ersten Jahren in Gombe war ich fasziniert und entzückt von dem freundlichen, fürsorglichen Verhalten, das ich bei den Schimpansen so oft erlebte. Friedliche Interaktionen innerhalb einer Gruppe sind viel häufiger zu beobachten als aggressive. Stunden-, ja tagelang kann man einer kleinen Gruppe von Schimpansen folgen, ohne eine einzige Aggression mitanzusehen. Natürlich sind diese Schimpansen, wie bereits erwähnt, zu Gewalt und Brutalität fähig. Aber Kämpfe zwischen den Mitgliedern einer Gemeinschaft dauern selten länger als ein paar Sekunden und gehen meist ohne Verwundungen aus. Im allgemeinen sind die Beziehungen zwischen den Mitgliedern einer Gruppe entspannt und friedlich und von Fürsorglichkeit, Hilfsbereitschaft, Mitgefühl, Nächstenliebe und mit Sicherheit auch von einer Art Liebe gekennzeichnet.

Schimpansen sind äußerst körperbewußt. Oft, wenn sich Freunde nach einer Trennung wiedersehen, umarmen und küssen sie einander. Wenn sie Angst haben oder urplötzlich aufgeregt sind, suchen sie die Berührung mit einem Artgenossen – bisweilen legen sie eine Fülle von Verhaltensweisen der Kontaktsuche an den Tag und umarmen sich, pressen die geöffneten Münder aufeinander, klopfen sich gegenseitig auf den Rücken oder halten sich bei den Händen. Freundschaften halten lange, und weniger gute Beziehungen werden durch die wichtigste aller freundlichen Verhaltensweisen verbessert – das *Groomen,* die soziale Fellpflege. Das Groomen ermöglicht es erwachsenen Schimpansen, über einen längeren Zeitraum hinweg freundliche, entspannte körperliche Kontakte aufrechtzuerhalten. Eine Grooming-Sitzung, bei der sich die Betreffenden gegenseitig mit sanften Fingerbewegungen jeden Zentimeter des Körpers pflegen, kann über eine Stunde dauern. Sie dient dazu, angespannte oder nervöse Gefährten zu beruhigen, und Mütter beschwichtigen auf diese Weise oft ihre unruhigen oder mißgelaunten Kinder. Auch wenn Schimpansen spielen, haben sie eine Menge Körperkontakt, denn sie kitzeln einander oder balgen sich und purzeln bei ihren wilden Ringkämpfen dauernd übereinander. Diese fröhlichen Spiele werden von lautem Gekecker, dem Schimpansengelächter, begleitet, so daß manchmal sogar Gruppenmitglieder mittleren Alters zum Mitmachen verlockt werden.

Mit den Jahren, als wir in Gombe einen besseren Überblick darüber hatten, wer in der komplexen Schimpansengesellschaft mit wem verwandt war, wurde deutlich, daß die Familienbande besonders stark und dauerhaft sind, nicht nur zwischen Mutter und Kind, sondern auch zwischen Geschwistern. In den Stunden, die ich mit der alten Flo und ihrer Familie verbrachte, habe ich viel darüber gelernt. Ich erlebte mit, daß sie nicht nur ihren Kindern Flint und Fifi zu Hilfe eilte, sondern auch ihren erwachsenen Söhnen Figan und Faben. Als Flint geboren wurde, ging Fifi bald vollkommen in der Beschäftigung mit dem neuen Säugling auf. Sobald es ihr erlaubt wurde, spielte sie mit ihm, groomte ihn und trug ihn

Foto: Michael Neugebauer

Fani und Fay

herum. Sie war ihrer Mutter eine wahre Hilfe. Nach und nach merkte ich, daß alle jungen Schimpansen fasziniert und entzückt sind von Neuankömmlingen in ihrer Familie und daß die Beziehungen unter Geschwistern viele Jahre halten. Brüder werden enge Freunde, wenn sie erwachsen sind, oft auch Verbündete, die sich in sozialen Konflikten oder bei Angriffen von anderen Artgenossen gegenseitig schützen.

Die Geschwisterbande machen sich in vieler Hinsicht bemerkbar. Einmal entdeckte die neun Jahre alte Pom, während sie ihrer Familie auf einem Waldpfad voranging, plötzlich eine große aufgerollte Schlange. Nachdem sie einen leisen Warnruf ausgestoßen hatte, kletterte sie wie der Blitz auf einen Baum. Aber ihr kleiner Bruder Prof, der mit seinen drei Jahren noch immer etwas wackelig auf den Beinen war, achtete nicht auf ihre Warnung. Vielleicht war sie ihm unverständlich, oder er hörte sie einfach nicht. Als er der Schlange immer näher kam, sträubten sich Poms Haare, und sie fletschte grinsend die Zähne vor Angst. Dann schoß sie plötzlich, als könnte sie es nicht länger mitansehen, zu Prof hinab, packte ihn und kletterte mit ihm wieder auf ihren Baum.

Eine besonders rührende Geschichte gibt es über das Waisenkind Mel und Spindle, seinen jugendlichen Beschützer. Mel war etwas über drei Jahre alt, als seine Mutter starb. Er hatte keine älteren Geschwister, die ihn hätten adoptieren können. Zu unserem Erstaunen (wir dachten schon, er würde sterben) wurde er von dem zwölfjährigen Spindle adoptiert. Obwohl alle Mitglieder der Schimpansengesellschaft von Gombe einige Gene gemeinsam haben, war Spindle keineswegs eng verwandt mit Mel. Trotzdem waren die beiden nach ein paar Wochen unzertrennlich. Spindle wartete auf den

Wanderungen auf Mel; er ließ den Kleinen huckepack reiten und erlaubte ihm sogar, wenn er Angst hatte oder es regnete, sich an seinem Bauch festzuklammern, wie es bei Müttern üblich ist. Besonders bemerkenswert war folgendes: wenn in Situationen sozialer Unruhe die Hemmschwelle herabgesetzt war und Mel den großen Männern zu nahe kam, entfernte Spindle seinen kleinen Pflegebefohlenen eiligst aus dem Gefahrenbereich, obwohl er dabei selber oft Prügel einstecken mußte. Ein ganzes Jahr währte diese enge Beziehung, und es besteht kein Zweifel, daß Spindle Mel das Leben rettete. Warum handelte Spindle so und bürdete sich die Sorge für ein kleines, kränkliches Kind auf, das nicht einmal eng mit ihm verwandt war? Wir werden es wohl nie erfahren, aber interessant ist in diesem Zusammenhang vielleicht, daß bei der Epidemie, die Mels Mutter dahinraffte, auch Spindles alte Mutter starb. Obgleich er ausgezeichnet für sich selber sorgen könnte, pflegt ein typischer zwölfjähriger männlicher Schimpanse viel Zeit mit seiner Mutter zusammen zu verbringen, besonders nach Zeiten der Auseinandersetzung mit männlichen Erwachsenen oder wenn er bei einem Kampf verletzt wurde. Könnte es sein, daß der Verlust seiner Mutter in Spindles Leben eine Leere hinterließ? Und daß der enge Kontakt zu einem hilflosen Kind diese Leere füllte? Oder empfand Spindle so etwas wie das, was wir Mitleid nennen? Vielleicht eine Mischung aus beidem.

In Zoos werden Schimpansen oft in Gehegen gehalten, die von Wassergräben umgeben sind. Da sie nicht schwimmen können, kommt es leider häufig zu Todesfällen durch Ertrinken. Doch fast immer wird zuvor von einem oder mehreren Gefährten des Opfers versucht, den Unglücklichen zu retten.

Es gibt eine ganze Reihe von Berichten über heldenhafte Rettungen oder Rettungsversuche. Einmal verlor ein erwachsener Mann sein Leben, als er ein ertrinkendes Kind zu retten versuchte, das gar nicht sein eigenes war.

Evolutionsbiologen werten Hilfe durch Familienmitglieder nicht als Nächstenliebe. Verwandte haben immer eine große Anzahl Gene gemeinsam mit einem selbst. Folglich wird durch die Hilfeleistung, so argumentieren sie, nur gesichert, daß möglichst viele dieser kostbaren Gene erhalten bleiben. Selbst wenn einer bei der Rettungsaktion sein Leben verliert, ist durch die Mutter, den Bruder, die Schwester oder das Kind, deren Leben gerettet wurde, der Erhalt des eigenen Erbguts für zukünftige Generationen gesichert. Ein solches Verhalten kann also immer noch als grundsätzlich egoistisch eingestuft werden. Und wie steht es, wenn man jemandem hilft, der nicht zur eigenen Familie gehört? Das wird als Ausdruck eines »reziproken Altruismus« erklärt – hilf deinem Gefährten heute, und du kannst damit rechnen, daß er dir morgen hilft. Diese soziobiologische Theorie ist zwar hilfreich, um die Grundmechanismen des evolutionären Prozesses zu verstehen, wird aber gefährlich reduktionistisch, wenn sie als einzige Erklärung für das Verhalten von Menschen – oder Schimpansen – herangezogen wird. Schließlich haben wir, obschon unsere biologische Natur und Triebhaftigkeit kaum abzuleugnen ist, Jahrtausende lang auch eine kulturelle Evolution durchlaufen. Wir tun Dinge, die manchmal absolut nicht unserem genetischen Überleben in der Zukunft dienen. Selbst Richard Dawkins sagte bei einem Interview für das *London Times Magazine*: »Die meisten von uns gehen, wenn sie jemanden sehr bekümmert und in Tränen aufgelöst sehen, zu ihm, legen den Arm um ihn und versuchen ihn zu trösten. Das ist etwas, wozu auch ich mich impulsiv getrieben fühle ... Daran wird deutlich, daß wir uns über unsere Darwinsche Vergangenheit erheben können.« Als er gefragt wurde, wie das denn sein könnte, lächelte er und antwortete, er wüßte es nicht. Mir jedoch ist allmählich aufgegangen, daß sich eine einfache Erklärung anbietet.

Die Verhaltensmuster der Fürsorglichkeit und Hilfsbereitschaft haben sich über Tausende von Jahren im Zusammenhang mit den Beziehungen zwischen Mutter und Kind sowie zwischen Familienangehörigen entwickelt. In diesem Umfeld sind sie eindeutig förderlich sowohl für das Wohlbefinden der Beteiligten als auch für das Überleben der Art. Diese Verhaltensweisen sind also immer fester ins Erbgut der Schimpansen (und anderer hoher, sozial lebender Tiere) eingebettet worden. Man sollte folglich meinen, daß ein Schimpanse, der in ständigem Wechselkontakt zu anderen vertrauten Gefährten steht – mit denen er spielt, Fellpflege betreibt, wandert, gemeinsam ißt und enge Beziehungen eingeht –, diese wenigstens gelegentlich wie Mitglieder, die ehrenhalber zur Familie gehören, behandelt. Dann wird er aber sicher auf eine Notlage oder auf Hilferufe dieser Ehrenmitglieder ebenso reagieren wie auf die seiner Blutsverwandten. Mit anderen Worten: Ein enger, nicht verwandter Gefährte wird womöglich so behandelt, als sei er (oder sie) blutsverwandt.

Mitgefühl und Selbstaufopferung sind in menschlichen Kulturen hochgeschätzte Eigenschaften. Wenn wir erfahren, daß jemand anders leidet, sind wir verstört, besonders, wenn es sich um einen guten Freund oder einen Verwandten handelt. Nur wenn wir etwas tun, wenn wir helfen (oder unsere Hilfe anbieten), verringert sich unser Unbehagen. Unter Umständen haben wir auch das Bedürfnis, Menschen zu helfen, die wir gar nicht kennen. Wir spenden Geld, Kleidungsstücke oder medizinisches Material für Erdbebenopfer, Flüchtlinge und andere Unglückliche in allen Teilen der Welt, sobald wir auf ihre Notlage aufmerksam gemacht worden sind. Tun wir das, damit andere unsere Wohltätigkeit loben? Oder weil der Anblick hungernder Kinder oder heimatloser Flüchtlinge das Mitleidsgefühl in uns weckt, wir uns schrecklich unwohl fühlen in unserer Haut und Schuldgefühle bekommen, weil wir wissen, daß wir viel haben und sie wenig?

Wenn unser Motiv für wohltätige Aktionen nur die Hebung unseres gesellschaftlichen Ansehens ist oder wir bloß unsere Gewissensbisse loswerden wollen, muß dann nicht der Schluß gezogen werden, daß unser Tun in diesem Fall letztendlich egoistisch ist? So könnte man argumentieren, und manchmal stimmt das auch. Aber ich halte es für falsch – und sogar gefährlich –, reduktionistische Argumente dieser Art gelten zu lassen, die alles verunglimpfen, was an unserer Spezies wahrhaft edel ist. In der Geschichte gibt es zahllose Beispiele von außergewöhnlich mutigen Taten voller Inspiration und Selbstaufopferung. Wahrhaftig – allein die Tatsache, daß uns die Notlage völlig fremder Menschen bedrückt, sagt mir alles. Es ist sicher bemerkenswert und herzerwärmend, daß unser Mitgefühl erwacht und wir aufrichtig mitleiden, wenn wir von einem Kind hören, das bei einem Unfall eine Hirnschädigung erlitten hat, oder von einem alten Ehepaar, das ein Dieb all seiner Ersparnisse beraubt hat, wenn einer Familie der Hund gestohlen und später in einem medizinischen Labor wiedergefunden wird, wo Tierversuche ausgeführt werden.

Da stehen wir nun, wir menschlichen Affen, halb Sünder und halb Heilige, und haben zwei einander entgegengesetzte Neigungen aus grauer Vorzeit ererbt, die uns das eine Mal zur Gewalt treiben und das andere Mal zu Mitleid und Liebe. Sind wir für immer hin und her gerissen zwischen Grausamkeit und Güte? Oder haben wir die Fähigkeit, diese Tendenzen unter Kontrolle zu bringen und die Richtung zu wählen, die wir einschlagen wollen? Diese Fragen setzten mir in den siebziger Jahren sehr zu. Wieder haben mir meine Schimpansenbeobachtungen zumindest andeutungsweise eine Antwort darauf gegeben.

Schimpansen, das wurde mir klar, haben zwar mehr Freiheit zu handeln, wie sie gerade empfinden, aber sie sind auch nicht völlig ungehemmt. Wenn sie älter werden, bekommen sie im allgemeinen nicht mehr so schnell Wutanfälle bei Enttäuschungen, toben aber vielleicht durchs Unterholz, um Dampf abzulassen, und manchmal kriegt dabei ein Unbeteiligter, der ihnen zufällig in die Quere kommt, ein paar Hiebe ab. Bei Menschen erfüllt lautes Fluchen oder auf den Tisch hauen meist den gleichen Zweck. Schimpansen haben ausgezeichnete Mechanismen, um Spannungen abzubauen. So nähert sich das unterlegene Opfer bei einem Kampf trotz seiner unübersehbaren Angst oft schreiend oder wimmernd vor Furcht dem Angreifer und zeigt ihm durch Gestik und Haltung, etwa durch Kriechen auf dem Boden oder trostsuchendes Ausstrecken der Hand, seine Unterwerfung. Normalerweise reagiert der Angreifer darauf, indem er den demütig Bittenden berührt, freundlich klopft oder gar küßt und umarmt. Das Opfer entspannt sich sichtlich, und schon ist die soziale Harmonie wiederhergestellt. Die Schimpansen halten sich tatsächlich meistens an Dannys Lieblingsbibelspruch: Sie ließen kaum jemals die Sonne über ihrem Zorn untergehen.

Eine alte Schimpansin, die in einer großen Gruppe in Gefangenschaft in einem holländischen Zoo lebte, erwarb eine erstaunliche Geschicklichkeit darin, den Frieden in der Gruppe wiederherzustellen. Wann immer zwei erwachsene Männer nach einem Streit angespannt dahockten und den Blicken ihres Gegenübers auswichen, baute sich in der gesamten Gruppe Spannung auf. In diesem Fall begann die alte Schimpansin eine Fellpflegesitzung mit einem der Rivalen, in deren Verlauf sie immer näher an den anderen heranrückte – samt ihrem Pflegepartner. Dann wechselte sie von ihm zu dem Gegner über und widmete sich mit ihm ebenfalls der Fellpflege. Dabei kamen sich die beiden Männer schließlich so nahe, daß sie beide gleichzeitig die Schimpansin groomen konnten. Bildete am Ende nur noch sie das trennende Hindernis zwischen den beiden, machte sie sich leise davon, und schon begannen die ehemaligen Gegner, beruhigt vom Groomen, mit der gegenseitigen Fellpflege, ohne daß einer als erster hätte nachgeben müssen.

Wenn schon Schimpansen ihre aggressiven Neigungen unter Kontrolle bringen und in einer Situation, die aus dem Ruder zu laufen droht, Spannungen abbauen können, dachte ich, müssen wir das doch auch können. Hierin liegt vielleicht die Hoffnung für unsere Zukunft begründet: daß wir wirklich die Fähigkeit besitzen, uns über unser genetisches Erbe zu erheben. Wir können ebenso wie strenge Eltern oder Lehrer unsere aggressiven Neigungen tadeln, ihnen verwehren auszubrechen, und den egoistischen Genen den Kampf ansagen (es sei denn, wir sind körperlich oder geistig gestört, aber dann stehen uns immer bessere medikamentöse Hilfen zur Verfügung). Unsere Gehirne sind ausreichend entwickelt; die Frage ist nur, ob wir unsere Instinkte auch wirklich unter Kontrolle halten *wollen.*

Letztendlich kontrollieren die meisten von uns diese rebellischen Gene tagtäglich. Wie Whitson, ein zwölfjähriger afroamerikanischer Junge, bei einem Vorfall, der in Gewalt hätte ausarten können, jedoch wunderbar entschärft wurde. Der kleine Whitson gehörte zu einer Gruppe von Kindern, die sich in Colorado zu einem Jugendgipfeltreffen versammelt hatten. Es hatte gerade geschneit, und Whitson, der aus San Francisco kam, hatte in seinem Leben kaum jemals Schneeflocken gesehen. Er rollte einen Schneeball, der immer größer und größer wurde. Irgendwie schaffte er es mit Hilfe anderer, den schweren Ball auf seinen Kopf zu hieven. Er wollte herausbekommen, wie lange sich der Schnee auf einer Wanderung, die gerade begonnen hatte, halten würde. Ich war ganz in der Nähe, als ein Mädchen aus Virginia, weiß und gut bürgerlich, vermutlich zum Spaß den Schneeball von seinem Kopf stieß. Er zerplatzte auf dem harten Boden in tausend Stücke. Da ich in nächster Nähe war, als das geschah, konnte ich Whitsons Gesicht gut sehen. Ich bemerkte, wie entsetzt und aufgebracht er war – und wie er dann sichtlich in helle Wut geriet. Er hob schon die Hand, um sie zu schlagen, obwohl er viel kleiner war als sie. Da rief das Mädchen, vollkommen entsetzt über das, was sie in ihrer Gedankenlosigkeit angerichtet hatte: »O weh, es tut mir ja so leid. Ich weiß nicht, warum ich das getan habe. Bitte, bitte verzeih mir«, und sie kniete sich hin und versuchte, den zerplatzten Schneeball wieder zusammenzukneten. Einen Augenblick lang erstarrte Whitson. Er ließ langsam den Arm sinken, und allmählich verschwand der wütende Ausdruck von seinem Gesicht. Dann kniete auch er sich hin. Gemeinsam packten die beiden den Schnee wieder zu einem Ball zusammen. Er hatte den Sieg davongetragen über seinen aggressiven Impuls – und ich war stolz auf die zwei.

Es ist wahrhaftig ein Glück, daß wir nicht *gezwungen* sind, unseren aggressiven Trieben nachzugeben. Wenn wir nicht fortwährend unsere aggressiven Gefühle beherrschen würden, geriete die Gesellschaft völlig außer Kontrolle, wie es immer der Fall ist, wenn bei Aufruhr und Krieg die gesellschaftlichen Normen zusammenbrechen und uns aus dem Chaos das häßliche Antlitz der Anarchie angrinst.

Und so schöpfte ich, als die siebziger Jahre zu Ende gingen, wieder Mut. Aufgrund unserer Erkenntnisse über das Verhalten von Schimpansen müssen wir tatsächlich davon ausgehen, daß unsere aggressiven Tendenzen tief in unser Primatenerbe eingeprägt sind. Aber ebenso sind es unsere fürsorglichen, liebevollen Neigungen. Und ebenso, wie unsere schlechten Taten dem Anschein nach weit schlimmer ausfallen können als das aggressive Verhalten der Schimpansen, so geraten auch unsere Werke der Nächstenliebe und Selbstaufopferung häufig heldenhafter als die der Menschenaffen. Schimpansen reagieren, wie wir inzwischen wissen, häufig auf die unmittelbaren Bedürfnisse eines Gefährten in einer mißlichen Lage, auch wenn damit ein Risiko für sie selbst verbunden ist. Ich glaube jedoch, daß nur wir Menschen mit unserer hochentwickelten Vernunft dazu in der Lage sind, solche selbstaufopfernden Taten zu vollbringen im vollen Bewußtsein des Preises, den wir dafür bezahlen müssen, und zwar nicht unbedingt gleich, sondern vielleicht erst viel später.

Ob Schimpansen ihr Leben für die Rettung eines Gefährten hingeben würden, wenn sie verstehen könnten, wie hoch der Einsatz ist, weiß ich nicht. Es ist höchst unwahrscheinlich, daß unsere nächsten Verwandten im Tierreich irgendeine Vorstellung vom Tod oder ihrer eigenen Sterblichkeit haben; trifft das zu, so können sie gar keine *bewußte* Entscheidung treffen, ihr Leben für einen Freund zu opfern, obgleich ihre Hilfsaktionen durchaus dazu führen können. Wir Menschen hingegen können solche bewußten Entscheidungen treffen. Überall stoßen wir auf Beispiele für heldenhafte Selbstaufopferung, wir brauchen nur die Zeitung aufzuschlagen oder den Fernseher anzustellen. Erst kürzlich geschah vor der englischen Küste folgendes: Gegen Ende eines Segeljachtrennens rund um die Welt hörte der mutmaßliche Gewinner Pete Goss mitten in einem furchtbaren Sturm das Notsignal eines anderen Seglers. Ohne zu zögern, machte er kehrt, um einen französischen Rivalen zu retten, dessen Boot in den riesigen Wellen auseinanderzubrechen drohte, wobei er nicht nur sein Leben aufs Spiel setzte, sondern auch seine Chance aufgab, eine hochbegehrte Trophäe zu erringen. Einige der anrührendsten Geschichten von heldenhaften Taten sind von Schlachtfeldern überliefert, wo immer wieder Männer und Frauen ihr Leben eingesetzt – und oft auch verloren – haben, um einen verwundeten oder in Gefahr geratenen Kameraden zu retten. Die höchste Tapferkeitsauszeichnung in England, das Viktoriakreuz, muß nur allzuoft posthum verliehen werden. Widerstandskämpfer in besetzten Ländern waren wieder und wieder in geheimer Mission gegen den Feind aktiv, trotz der sehr realen Gefahr von Tod und – schlimmer noch – Folter; sie haben sich selbst und sogar ihre Familien für ihre Überzeugung oder ihr Land geopfert.

Auch in der Hölle der Konzentrationslager gab es oft selbstaufopfernde Menschen. Ein besonders bewegender Vorfall ereignete sich im Konzentrationslager Auschwitz: Ein Pole, dem die Hinrichtung bevorstand, flehte schluchzend um sein Leben, damit er bei seinen beiden Kindern bleiben könne. Da trat der große, inzwischen heilig gesprochene Mönch Maximilian Kolbe vor und bot sein Leben für das des Polen an. Nach zwei nahrungslosen Wochen im Bunker wurde er schließlich von den Nazis ermordet, aber die Geschichte lebte unter den Gefangenen und später den Überlebenden weiter: Ein Licht der Hoffnung und Liebe war innerhalb der düsteren Mauern des Konzentrationslagers entzündet worden.

Nicht nur in den Todeslagern kam so etwas vor. Das außergewöhnliche, selbstlose Handeln Oskar Schindlers, der unzählige Juden anstellte und dadurch rettete, ist durch Steven Spielbergs Film *Schindlers Liste* unsterblich geworden. Weniger bekannt ist der heroische Einsatz zweier Konsuln im nationalsozialistisch besetzten Litauen. Der amtierende niederländische Konsul Jan Zwartendijk stellte etwa zweitausend litauischen Juden, die sich vor den anrückenden Nazis in Sicherheit bringen wollten, Passierscheine aus, ohne dazu befugt zu sein. Mit diesen Papieren und mit Genehmigung der niederländischen Regierung konnten sie in die niederländische Kolonie Curaçao ausreisen. Gottlob konnte sich Zwartendijk selbst auch in Sicherheit bringen. Der japanische Konsul Chiune Sugihara handelte offen den Anordnungen seiner Vorgesetzten in Tokio zuwider und stellte mehreren tausend Juden Visa aus, so daß sie auf dem Weg über Rußland ebenfalls nach Curaçao gelangen konnten. Er wußte, daß damit für ihn selbst das Risiko verbunden war, unehrenhaft aus dem Dienst entlassen zu werden. Aber er war ein Samurai und hatte gelernt, denjenigen zu helfen, die Hilfe brauchten. »Ich muß vielleicht meiner Regierung zuwiderhandeln«, sagte er, »aber wenn ich das nicht tue, handle ich Gott zuwider.« Er wurde tatsächlich später in Tokio disziplinarisch bestraft und beschloß sein Leben als finanziell ruinierter, entehrter Mann, doch etwa achttausend litauische Juden, die sonst in den Konzentrationslagern ermordet worden wären, waren durch ihn gerettet. Es war die drittgrößte Rettungsaktion in der Geschichte des Holocaust. Schätzungsweise vierzigtausend Nachfahren der jüdischen Flüchtlinge, die 1940 gerettet wurden, können sich aufgrund der Beherztheit zweier aufrechter Männer heute des Lebens freuen.

Das bedeutungsvollste Ereignis für die Christenheit neben der Auferstehung besteht darin, daß Jesus sein Leben hingab und sich selbst in die Hände seiner Peiniger lieferte, obwohl er nur zu genau wußte, welche Qualen ihn erwarteten. »Mein Vater, ist's möglich, so gehe dieser Kelch an mir vorüber«, betet Jesus im Garten von Gethsemane. »Doch nicht wie ich will, sondern wie du willst!« Er opferte sich selbst, weil er glaubte, damit die Menschheit erlösen zu können.

Diese unwiderlegbaren Qualitäten menschlicher Liebe und menschlichen Mitleids sind es, die mich für die Zukunft hoffen lassen. Wir sind wirklich oft grausam und schlecht. Daran ist nicht zu zweifeln. Wir verschwören uns gegeneinander, wir foltern uns gegenseitig sowohl mit Worten als auch mit Taten, wir bekämpfen uns und töten einander. Aber wir sind auch zu edelstem, großzügigstem, heldenhaftestem Verhalten fähig.

11

Tod

Die Wurzeln des Mitgefühls, der Selbstlosigkeit und Liebe liegen, wie wir gesehen haben, tief in unserer fernen Vergangenheit begründet. Die Liebe nimmt vielerlei Gestalt an, doch oft verwenden wir das Wort zu frei. Wir lieben unsere Freunde, unsere Familie, unsere Haustiere, unser Land. Wir lieben die Natur, den Sturmwind, das Meer. Wir lieben Gott. Was immer wir lieben mögen und je größer unsere Liebe ist, um so größer ist unser Schmerz beim Verlust der geliebten Person oder Sache. Die Tiefe unserer Liebe und nicht die Art des Objektes unserer Liebe bestimmt die Tiefe unserer Trauer. Ein einsamer Mensch, der mit einer geliebten Katze oder einem Hund zusammenlebt, wird – mit Recht – viel mehr über das Hinscheiden des Tieres trauern als über den Tod eines Verwandten, selbst eines Elternteils, zu dem er keine echte, liebevolle Beziehung hatte.

Da wir Menschen uns einen Begriff vom Tod machen, wissen wir verstandesmäßig, daß der Tod auf das Leben folgt. Wir wissen, daß wir einmal am Ende unseres Erdenlebens angekommen sein werden. Mit ziemlicher Sicherheit sind wir die einzigen Lebewesen mit dieser Erkenntnis. Den Unterschied zwischen Leben und Tod erkennen allerdings auch Schimpansen. Ollys Kind wurde im Alter von einem Monat während einer Polioepidemie fast vollständig gelähmt und konnte danach nur noch atmen und schreien. Und es litt offenbar Schmerzen, denn jedesmal, wenn sich seine Mutter bewegte, kreischte es. Es war sehr bewegend, wie zärtlich sie mit ihm umging und seine kleinen gelähmten Gliedmaßen behandelte, als wollte sie nichts zerbrechen. Dann, während einer langen Fellpflegesitzung Ollys mit ihrer Tochter Gilka, starb das Baby. Daraufhin änderte sich die Art und Weise, wie Olly mit ihm umging, drastisch. Sie trug es zwar noch drei Tage lang mit sich herum, aber nicht mehr wie ein Baby, sondern wie eine *Sache.* Sie zerrte es an einem Bein hinter sich her, warf es sich über den Rücken oder ließ es kopfüber auf den Boden fallen. Sie hatte schon früher Kinder verloren und wußte Bescheid. Aber als sie als junge Mutter ihr erstes Kind Mandy verloren hatte, behandelte sie die Leiche gut drei Tage lang so, als sei sie noch lebendig. Erst als der Leichnam zu stinken und Fliegen anzuziehen begann, ließ ihre Fürsorge nach. Offenbar braucht ein Schimpanse Erfahrung, um zu begreifen, daß der Tod unumkehrbar ist. Wenn ihr nächstes Kind krank wurde, würde sie dann fürchten, daß es sterben könnte? Würde sie sich daran erinnern, wie die Krankheit ihr letztes Baby immer mehr schwächte, bis kein Leben mehr in ihm war? Vielleicht. Die Schimpansen überraschen uns unentwegt mit Eigenschaften, die wir einmal für rein menschliche hielten. Ich glaube allerdings nicht, daß sie eine Vorstellung vom Tod haben. Und bestimmt können sie sich auch keinen Begriff von einem Leben nach dem Tod machen.

Ich persönlich habe nie Angst vor dem Tod gehabt, denn ich war stets fest davon überzeugt, daß ein Teil von uns, Geist oder Seele, weiterbesteht. Der Vorgang des *Sterbens* ist es, der mich schreckt. Ich glaube, uns allen geht es so, denn er ist nur allzuoft mit Krankheit und Schmerzen verbunden – heute noch dazu mit der ganzen Unwürdigkeit einer modernen Krankenhausbehandlung, durch die das Leben mittels Schläuchen und Geräten künstlich erhalten wird. Eine Art lebendigen Totseins. Wir alle, da bin ich sicher, würden einen plötzlichen Tod vorziehen, würden die Welt gern schnell verlassen, wenn unsere Zeit gekommen ist – nicht nur um unserer selbst willen, sondern auch wegen derer, die uns lieben. (Außerdem würde es eine Menge Geld einsparen, denn das Sterben kann eine furchtbar teure Angelegenheit sein!)

In der westlichen Welt wird nicht viel vom Tod gesprochen. In unserer Gesellschaft ist ein wachsender Prozentsatz der Bevölkerung über 65 Jahre alt, aber trotzdem werden Jugendlichkeit und Jungbleiben betont. Kranke werden schnell aus dem Blickfeld geschafft und der Pflege Fremder anvertraut, oft genug nicht nur zu ihrem eigenen Besten, sondern weil ihre Verwandten nicht mit ihrem Kranksein belastet werden wollen. Wir fühlen uns unwohl in Gegenwart Schwerkranker, einesteils, weil wir nicht wissen, wie wir gefühlsmäßig mit ihrem Leid und ihren Schmerzen umgehen sollen, und anderntEils, wie ich argwöhne, weil wir dadurch an unsere eigene Verletzlichkeit erinnert werden. Heutzutage bahren die Leute selten die Leiche eines geliebten Verstorbenen im Wohnzimmer auf, so daß Freunde und Verwandte dem Betreffenden die letzte Ehre erweisen können. Man hält es für unpassend oder makaber. Der Tod wird aus dem Blickfeld verbannt. So haben wir eine seltsam künstliche Welt geschaffen, in der die einzigen mit dem Sterben vertrauten Menschen die Krankenpfleger, Altenpfleger, Ärzte, Sanitäter und Leichenbestatter sind.

Derek an der Fütterungsstation in Gombe

Früher starben die Leute zu Hause im Kreis ihrer Familie. Meine Großmutter Danny war beim Tod ihrer Mutter anwesend. Sie und eine Krankenschwester hielten bis zum letzten Atemzug am Bett der alten Dame Wache. Und ich werde nie vergessen, wie Danny einmal zu mir sagte: »Wir sahen beide einen Silberstreif aus ihrem Mund kommen, der einen Augenblick in der Luft schwebte und dann verschwand. Wir wußten, daß es ihre Seele war, die den Körper verließ.«

Ich war bei Derek, als er starb, aber ich habe seine Seele nicht gesehen, wie sie ihn verließ. Ich habe seinen letzten mühsamen Atemzug gehört. Ich war die letzten drei Monate seines Lebens bei ihm. Tagtäglich. Es war die härteste, die grausamste Zeit meines Lebens – mitansehen zu müssen, wie jemand, den ich liebte, langsam und unter Schmerzen an Krebs starb. Ich hatte immer geglaubt, für so etwas nicht die Kraft zu haben, aber als es soweit war, hatte ich keine andere Wahl. Ich mußte tatenlos zuschauen, wie er immer schwächer wurde, wie er litt und schließlich starb. Viele, die dieses Buch lesen, werden die gleiche quälende Erfahrung gemacht haben. Wer sie noch nicht kennt, dem wird dieses Grauen vielleicht noch bevorstehen.

Im September 1979 suchte Derek, nachdem er schon längere Zeit starke Schmerzen im Unterleib hatte, einen Arzt in Daressalam auf. Ich weiß nicht, ob er den Verdacht hatte, es könnte Krebs sein. Und ich weiß auch nicht, warum ich mir der Diagnose so sicher war. Jedenfalls fing ich an zu weinen, sobald er aus dem Haus war. Es war wie in einem Roman: Ich warf mich einfach auf unser Bett und weinte und weinte. »Bitte, lieber Gott, laß es keinen Krebs sein. Bitte, lieber Gott, laß es keinen Krebs sein.« Das sagte ich unaufhörlich vor mich hin.

Ich weinte bis zur Erschöpfung. Ich brachte sozusagen das Weinen hinter mich, bevor er heimkehrte und mir sagte, es sei eine Geschwulst im Bauch entdeckt worden.

Danach ging alles sehr schnell; binnen einer Woche flogen wir nach England, wo wir einen Termin mit einem der besten Fachärzte des Landes hatten. Der Arzt machte uns Mut. Er führte seine Untersuchung durch, studierte Röntgenaufnahmen und die Ergebnisse verschiedener Tests und gab dann sein Urteil ab.

»Ja, Sie haben einen Tumor«, sagte er, »im Dickdarm. Aber das ist eine einfache Operation. Ein hoher Prozentsatz der Patienten erholt sich vollständig wieder davon, und ich glaube, Sie brauchen sich keine großen Sorgen zu machen.«

Dann habe ich ganz umsonst geweint, dachte ich. Wir verbrachten ein paar herrliche Tage in Bournemouth auf dem Birkenhof. Ich war in Hochstimmung. Alles würde gut werden.

Aber es wurde nicht alles gut, beileibe nicht. Wir kehrten nach London zurück, und Derek wurde zum Operationssaal gebracht. »Hier können Sie nicht bleiben«, wurde mir gesagt. »Kommen Sie in drei Stunden wieder.«

Angespannt, wie ich war, lief ich drei Stunden lang in den Straßen herum und wartete. Dann kehrte ich zurück ins Krankenhaus und wartete dort weiter. Ich wartete und wartete. Eine freundliche Krankenschwester steckte schließlich den Kopf durch die Tür und sagte: »Es dauert länger, als wir dachten.« Ich wartete weiter. Wenn ich die Zeit dazu hätte, würde ich gern die Wartezimmer von Krankenhäusern neu gestalten. Wie viele Tausende in einer ähnlichen Situation wie ich haben schon in so kahlen, unpersönlichen Räumen warten müssen! Auf Nachrichten warten müssen, die ihnen das Leben zurückgaben oder vollends zerstörten.

Als Derek endlich herausgefahren wurde, sah er gespenstisch aus wie alle Menschen nach einer Operation, mit allen möglichen Schläuchen, die aus ihm herauskamen. Schrecklich war es, meinen geliebten Mann so sehen zu müssen. Nach weiteren Schmerzmittelinjektionen wurde er davongerollt.

Es war gegen neun Uhr abends, als der Arzt endlich zu mir kam. Unser Gespräch werde ich im Leben nicht vergessen. Er sagte, er müsse mich unter vier Augen sprechen, und bat mich in ein leeres Zweibettkrankenzimmer. Ich weiß noch, daß es dunkel war, kein Licht war an, aber aus unerfindlichen Gründen beließ der Arzt es dabei. Er wandte sich einfach in dem schwachen Licht, das durch die halboffene Tür drang, zu mir und sagte: »Ich fürchte, ich habe mich geirrt. Es besteht keine Hoffnung. Er hat überall Metastasen in seinem Innern. Er hat vielleicht noch drei Monate zu leben, wenn überhaupt. Das können wir ihm aber noch nicht sagen, denn wir wollen den Leuten keinen Schlag versetzen, wenn sie ohnehin schon so geschwächt sind.«

In diesem Augenblick war ich wie gelähmt. Ich glaube, ich habe ihn bloß angestarrt. »Ich würde Sie nach Hause bringen, wenn es in meiner Richtung wäre, aber Sie sind ja stark. Ich weiß, daß Sie der Sache gewachsen sind«, sagte der Arzt noch. »Nehmen Sie bitte ein Taxi.« Er klopfte mir auf die Schulter, ging aus dem dunklen Zimmer, und weg war er.

Es war brutal. Ich saß einfach nur da, stundenlang, wie mir schien. Bis eine freundliche Krankenschwester mit einer Tasse Tee hereinkam, aber ich konnte nichts trinken. Mir war gerade eröffnet worden, daß Derek bald sterben würde, daß keine

Hoffnung bestand. Erst vor einer Woche hatte derselbe Arzt uns lächelnd gesagt, es würde alles gut werden, und uns ein schönes Wochenende gewünscht. So einsam habe ich mich noch nie in meinem Leben gefühlt. Ich war wie benommen, wehrte mich, es zu begreifen. Und wollte nicht darüber nachdenken.

Ich wohnte bei Pam Bryceson, Dereks Schwägerin. Bis zu ihrem Haus waren es etwa dreißig Minuten Fahrt mit der U-Bahn. Als ich nach draußen ging, war es schon nach zehn, und es regnete. Ich brachte nicht die Kraft auf, nach einem Taxi Ausschau zu halten, und wollte mit niemandem reden. Ich wollte niemandem die Wahrheit eingestehen. Ich wollte für immer in dieser unwirklichen mitternächtlichen Welt verharren. Wie ein Schlafwandler ging ich meinen Weg zur Untergrundbahn zurück. Ich ging dieselben Stufen hinunter, die ich am Morgen mit solcher Hoffnung hinaufgestiegen war. Dann stand ich auf dem fast leeren Bahnsteig und versuchte mir einzureden, daß das alles jemand anderem geschah. Schließlich kam ein Zug an, ich stieg ein und setzte mich, saß einfach nur da. Ich wünschte, daß die Fahrt nie zu Ende ging. Vielleicht würde ich, wenn ich still blieb, doch noch merken, daß es nur ein Traum war. Ich wagte nicht an das zu denken, was ich eben gehört hatte. So fuhr ich wie ein Zombie mit der U-Bahn zu irgendeiner fernen Station, der letzten dieser Linie. Und wie ein Zombie ging ich zum gegenüberliegenden Bahnsteig und nahm den nächsten Zug zurück in die Stadtmitte von London. Den letzten, glaube ich. Es war alles unwirklich. Als ich aus dem Zug stieg, mußte ich noch ein weites Stück zu Fuß gehen. Du könntest überfallen werden, dachte ich; hoffentlich wirst du überfallen; du kannst Derek nicht in die Augen schauen. Du könntest eine Lungenentzündung bekommen, dachte ich. Bitte, lieber Gott, laß mich eine Lungenentzündung bekommen.

Natürlich wurde ich weder überfallen noch krank. Ich konnte den nächsten Wochen nicht ausweichen, den schlimmsten Wochen meines Lebens. Über viele, viele Menschen ist das gleiche schreckliche Gottesurteil verhängt worden, und jetzt weiß ich, welche Qual es ist. Als Pam mir in jener Nacht die Tür öffnete, ganz gespannt darauf, zu erfahren, wie die Operation verlaufen war, warf sie nur einen Blick auf mich, wurde totenbleich und legte die Arme um mich, und dann sorgte sie dafür, daß ich mir die klatschnasse Kleidung auszog. Die arme Pam, sie hatte gerade ihren Mann verloren, Dereks Bruder, und war noch in Trauer. Und jetzt kam dieses neue Verhängnis auf sie zu. Sie goß mir einen doppelten Whisky ein, dann mußte ich mich ans Kaminfeuer setzen, etwas essen und eine Schlaftablette einnehmen, was ich sonst nie tue. »Du mußt schlafen, damit du morgen bei Kräften bist«, sagte sie.

Ohne Pam, ihr Mitgefühl und ihre Schlaftabletten wäre ich wahrlich nicht mit dem Horror der nächsten Tage fertiggeworden. Außerdem wiederholte ich jeden Abend vor dem Einschlafen Dannys Lieblingsspruch: »Wenn ich schwach bin, so bin ich stark.« Ich verbrachte den ganzen Tag mit Derek, und zum Schlafen kehrte ich in Pams freundliches Haus zurück. Niemandem sagte ich etwas, denn ich konnte es nur vor Derek geheimhalten, wenn niemand etwas erfuhr. Ich hätte selbst Pam nichts gesagt, wenn sie mir nicht bei meiner Rückkehr in jener Nacht die Tür geöffnet hätte. Kurze Zeit später jedoch, als ich die Kraft dazu zu haben meinte, rief ich die Familie zusammen und teilte ihr die schrecklichen Neuigkeiten mit.

Vanne war wie immer ein Hort der Stärke. Sie kam nach London, und wir machten einen Plan. Wir wollten alternative Heilungsmöglichkeiten ausprobieren. Als Derek sich allmählich etwas von seiner Operation erholt hatte, taten wir alle so, als würde er bald wieder ganz gesund werden, und ich organisierte Termine bei verschiedenen Homöopathen und Heilern in London. Aber keiner von ihnen konnte uns Hoffnung machen. Schließlich hörte Vanne über eine Freundin, daß Hepzibah Menuhin, die Pianistin und Schwester des großen Geigers Yehudi Menuhin, sich in einer Klinik in Deutschland, in Hannover, gegen Krebs behandeln ließ. Während sie für ein paar Wochen wieder in London weilte, suchte ich sie auf. Gemeinsam riefen wir ihren Arzt an und sorgten dafür, daß Derek in sein Krankenhaus aufgenommen werden konnte. Als alles soweit organisiert war, sagte ich Derek die Wahrheit. Es fiel mir jetzt, wo ich neue Hoffnung geschöpft hatte, leichter, es ihm zu sagen – und für ihn war es leichter, es zu hören. Er wurde aus dem Krankenhaus in London entlassen, und am nächsten Tag flogen wir gemeinsam nach Deutschland.

Rückschauend und mit dem Wissen, das ich jetzt habe – daß der Arzt recht hatte und die Ausbreitung des Krebses nicht mehr aufzuhalten war –, glaube ich trotzdem, daß die Entscheidung richtig war. Das schlimmste war eigentlich, daß wir ziemlich isoliert waren, denn außer Hepzibah, ihrem Mann Richard und dem Arzt sprach niemand englisch. Derek und ich kamen einander sehr nahe in dieser fremden neuen Welt, in der wir fast den ganzen Tag zusammen verbrachten. In den ersten zwei der drei Monate glaubten wir auch beide noch aufrichtig daran, daß er wieder gesund werden würde. Wir waren fest davon überzeugt. Hinterher haben manche Leute gesagt: »Wie schrecklich, daß sie diese falsche Hoffnung hatten!« Das finde ich nicht. Während dieser zwei Monate war Derek voll geistiger Energie. Er begann, an einer Autobiographie zu arbeiten, und ich tippte für ihn. Wir hörten uns gemeinsam viel klassische Musik an. Seine Freunde aus Großbritannien und Tansania riefen an, und aus England kamen viele zu einem Besuch. Der damalige Botschafter Tansanias in Deutschland war ein häufiger Gast. Und wir führten viele Gespräche mit Richard und Hepzibah, viele Stunden täglich.

Diese Unterhaltungen waren für uns sehr bedeutsam. Richard und Hepzibah glaubten an ein Leben nach dem Tode, an die Wiedergeburt. Wir sprachen so normal über diese Dinge, daß Derek sie allmählich auch als wahr annahm. Das half uns aber nicht viel, als sich sein Zustand verschlechterte, als seine Schmerzen so zunahmen, daß er sie ohne Morphium nicht mehr ertragen konnte, und ich erkannte, aber nicht zugeben wollte, daß der englische Arzt recht gehabt hatte. Jeder Tag wurde zum Alptraum. Natürlich muß auch Derek Bescheid gewußt haben, aber er wollte sich einfach nicht damit abfinden, zumindest wollte er nicht darüber sprechen. Und bei Richard und Hepzibah war es ähnlich.

Während es mit Derek bergab ging, fiel es mir immer schwerer, einem neuen Tag entgegenzusehen, und ich schlief des Nachts kaum noch. Immer wieder mußte ich mir selbst versichern: »Wenn ich schwach bin, so bin ich stark.« Schließlich kam die Zeit, wo ich ihn abends nicht mehr verlassen konnte. Eine der Krankenschwestern fand mich zusammengesunken in einem Sessel vor und brachte ein Notbett herein. Aber ich konnte selbst dann nicht schlafen, wenn Derek unter dem Einfluß starker Betäubungsmittel in einen komaähnlichen Zustand fiel, in dem er die Nacht überstand. Seine letzten Worte verfolgten mich: »Ich wußte nicht, daß man solche Schmerzen haben kann.« Am Ende haderte ich mit seinem Arzt: »Bitte, bitte halten Sie ihn nicht so am Leben. Bitte lassen Sie ihn nicht länger so leiden.« An seinem letzten Tag erlangte er das Bewußtsein nicht wieder, und als ich nachts schlaflos dalag und seinen rasselnden Atemzügen lauschte, hörte ich das letzte Todesröcheln und wußte, daß er nun wenigstens schmerzfrei war und im Frieden mit sich. Da kletterte ich zu ihm ins Bett und hielt ihn umfangen, zum letzten Mal. So fand uns die Krankenschwester.

Angesichts von Dereks grausamer Leidenszeit wurde ich wankend in meinem Glauben an Gott. Für eine Weile hatte ich sogar den Eindruck, er sei gänzlich erloschen. Während unseres Aufenthalts in Deutschland hatten Derek und ich von Anfang an manchmal eine volle Stunde lang, mit aller Kraft, deren unser Geist fähig war, darum gebetet, daß die Krebszellen vernichtet werden sollten. Danach pflegte ich in die kleine Pension zurückzukehren, in der ich ein Zimmer gemietet hatte, eine Tasse Tee zu trinken und ein wenig mit meiner reizenden, sympathischen, hilfreichen Vermieterin zu plaudern, und manchmal gesellten sich ihre Tochter und ihr Enkel dazu. Dann ging ich in mein Zimmer hinauf und betete wieder. Aber anscheinend hörte mich keiner. »Mein Gott, mein Gott, warum hast du mich verlassen?« Ich befand mich natürlich in einem Zustand geistiger Erschöpfung. Ich litt mit Derek, und ich war tieftraurig. Nach seinem Tod habe ich alles aufgeschrieben, um die qualvollen Erinnerungen loszuwerden. Ich schrieb: »Die allmähliche Zunahme der Schmerzen, die nächtlichen Injektionen anstelle der Tabletten. O dieses Grauen, all dieses Grauen! Die Hölle auf Erden. Das Leiden um den Leidenden, den ich mit jedem Tag, der vergeht, mehr liebe. Das Elend, die Qual. Das Hoffen und Beten, die verzweifelte Suche nach einem Weg, damit umzugehen, die Selbstanklage, versagt zu haben, Beten.«

Sehen Sie: *die Selbstanklage, versagt zu haben*. Unlogisch, aber in solcher Lage sind wir ohne jede Logik. Und natürlich wollte ich jemandem die Schuld zuschieben. Ich war wütend auf mich selbst: Ich hatte alles versucht, doch vergeblich. Einen ägyptischen Geistheiler. Ein indisches Medium, das ein heilsames Pulver anzubieten hätte, wenn ich nur darankommen könnte. Ich kam daran. Körperwaschungen mit kaltem Tee. Die Mediziner mit ihren Tabletten, der Chemotherapie und verschiedenen anderen Methoden, die erfolgversprechend schienen. Nichts, gar nichts half. Statt dessen wurde es schlimmer. Ich war gramerfüllt, leidvoll – und wütend. Wütend auf Gott, auf das Schicksal – die Ungerechtigkeit in allem. Und so wollte ich nach Dereks Tod eine Zeitlang nichts mehr von Gott wissen, und die Welt kam mir wie eine große Ödnis vor. Noch öder erschien sie mir durch die Tatsache, daß der Tod tabuisiert wird. Die Leute fürchten, Wunden aufzureißen, wenn sie mit Trauernden über den Tod sprechen. Was würden sie machen, wenn der oder die Hinterbliebene anfinge zu weinen? Wie könnten sie das ertragen? Ich kannte diese Gefühle selber gut, aber jetzt verstand ich, wie verkehrt sie waren, wie sehr sie zur Vereinsamung beitragen. Mir wurde klar, daß ich den ersten Schritt auf meine Freunde zu tun mußte. In einer absurden Verkehrung der Rollen war ich es, die trösten mußte, die ihnen versichern mußte, daß es mir nichts schadete, sondern in der Seele wohltat, über Derek zu reden.

Nach Dereks Tod blieb ich noch eine kurze Zeit im Birkenhof, meinem Refugium, dann kehrte ich nach Tansania zurück. Derek hatte gewünscht, eingeäschert zu werden, und seine Asche sollte ins Meer gestreut werden, das er zu seinen Lebzeiten so geliebt hatte, in seine Lieblingsgegend des Indischen Ozeans, wo wir oft geschnorchelt und gemeinsam voller Entzücken die Zauberwelt der Korallenriffe erkundet hatten. Es war eine bittere Zeit, besonders, als mir in Heathrow das Kästchen mit seiner Asche ausgehändigt wurde. Alles, was an sterblichen Überresten von ihm geblieben war, in einem kleinen Kasten. Noch jetzt, fast zwanzig Jahre nach seinem Tod, ist mir das Entsetzen lebhaft in Erinnerung, das mich überkam, als ich das Kästchen in Händen hielt. Und dann streute ich die feine graue Asche in den Wind. Fleisch und Knochen, die sterblichen Überreste meines heißgeliebten Mannes, geläutert von der Weißglut des Feuers. Es war regnerisch und kalt, und mir brach fast das Herz, als sich die Handvoll Staub auf dem Meer verteilte, um in Kürze vom wimmelnden Leben im Korallenriff da unten aufgesogen zu werden.

Eine Woche später war ich wieder in Gombe; sechs Monate war es her, seit ich zum letzten Mal dagewesen war. Die Mitarbeiter dort waren aufrichtig betroffen über die Nachricht von Dereks Tod und machten sich verständlicherweise Sorgen um ihre Zukunft. Ich hoffte, im Urwald Heilung und Kraft zu finden. Hoffte, daß der Kontakt mit den Schimpansen, die einfach hinnehmen, was das Leben ihnen bringt, meinen Gram lindern würde.

Die ersten beiden Tage waren unglaublich traurig, besonders des Abends, wenn ich allein in dem Haus war, in dem Derek, Grub und ich so glücklich gewesen waren und das jetzt von

Gespenstern bevölkert wurde. Am dritten Morgen jedoch ereignete sich etwas. Nach einer einsamen Tasse Kaffee, die ich voller Trauer und Wehmut getrunken hatte, während ich dem wechselnden Farbenspiel auf dem See zusah, marschierte ich los, um die Schimpansen zu suchen. Und während ich den steilen Hang zur Futterstation hinaufkletterte, merkte ich plötzlich, daß ich lächelte. Das war auf dem Teil des Weges, den Derek mit seinem gelähmten Bein besonders schwierig und ermüdend gefunden hatte. Doch jetzt war ich es, die Erdverbundene, die sich in der Hitze abmühte – er hingegen war leicht und frei. Er machte sich so über mich lustig, daß ich lachen mußte.

In der darauffolgenden Nacht geschah etwas noch Außergewöhnlicheres. Ich lag in unserem gemeinsamen Bett und lauschte auf das Plätschern der Wellen am Seeufer, die Grillen, all die vertrauten Geräusche der Nacht. Ich rechnete nicht damit, schlafen zu können, und doch schlief ich sehr schnell ein. Und dann wachte ich irgendwann mitten in der Nacht auf. War ich wach? Jedenfalls war Derek da. Er lächelte und war höchst lebendig. Er sprach mit mir. Damals schien es mir, als wäre es eine lange Rede. Er sprach von wichtigen Dingen, von Dingen, die ich wissen sollte, Dingen, die ich tun sollte. Noch während er sprach, wurde mein Körper auf einmal starr, und das Blut rauschte und pochte mir in den Ohren. Tosen, Tosen. Ein Tosen überall in meinem erstarrten Körper. Langsam entspannte ich mich. »Nun gut«, sagte ich, als ich wieder sprechen konnte, vielleicht redete ich sogar laut, »zumindest weiß ich jetzt, daß du wirklich hier bist.« Fast im selben Augenblick ging es wieder los. Mein Körper wurde erneut starr, und wieder war das Tosen überall. Ich weiß noch, daß ich dachte: »Ich muß im Sterben liegen« und daß ich überhaupt keine Angst hatte. Als es vorbei war, konnte ich mich an nichts mehr erinnern – nur daran, daß Derek dagewesen war und daß er mir eine Botschaft überbracht hatte, die voller Freude war. Sonst nichts. Nichts mehr von der Weisheit. Gleich darauf schlief ich fest ein.

Später, wieder in Bournemouth, schrieb ich an eine Hellseherin, die früher einmal Danny sehr geholfen hatte. Sie hatte sich inzwischen zur Ruhe gesetzt und trauerte gerade um den Tod ihres eigenen Mannes. Aber sie willigte in ein telefonisches Gespräch mit mir ein. Als ich ihr von meinem Erlebnis in Gombe berichtete, trat Stille ein. Dann sagte sie: »Genau das gleiche ist mir nach dem Tod meines Mannes widerfahren. Was immer Sie auch tun, stehen Sie, wenn es wieder passiert, bloß nicht auf.«

Ich sagte ihr, daß ich es wohl kaum noch einmal erleben würde, selbst wenn ich es mir wünschte. Sie erklärte mir, daß sie unbedingt hätte aufschreiben wollen, was sie hörte, und sich gezwungen hätte, aufzustehen und Papier und Stift zu holen. Doch kaum aus dem Bett, sei sie ohnmächtig geworden und hätte sich auf dem Boden liegend wiedergefunden, kaum in der Lage, sich zu bewegen. Was denn ihrer Meinung nach vorgefallen sein könnte, wollte ich wissen. Sie sagte mir, es handle sich um eine außerkörperliche Erfahrung. Ich hätte mich, erklärte sie, auf einer anderen Bewußtseinsebene befunden – auf der Ebene, auf der Derek war. Das Tosen werde vom Geist verursacht, wenn er zur Alltagsebene des menschlichen Bewußtseins zurückkehre. Mit ihrem Aufspringen hatte sie, wie sie annahm, ihre Gesundheit und ihr Leben aufs Spiel gesetzt.

Das war jedenfalls ihre Ansicht. Was immer mir geschehen war, ich wußte am nächsten Morgen nur, daß es kein normaler Traum gewesen war. Ich war vollkommen erschöpft, als ich aufstand – aber auch froher, zuversichtlicher. Ich habe immer daran geglaubt, daß es eine Form des Seins gibt, die nicht mit dem Tode endet; ich hatte immer gewußt, daß eine Kommunikation von Geist zu Geist über weite Entfernungen hinweg möglich ist; was nach Dereks Tod geschah, läßt mich vermuten, daß eine solche Kommunikation auch über die Grenzen der Zeit hinweg möglich ist. Mir liegt nichts daran, dies zu beweisen: Viele empfinden ebenso, aber mit unserer westlichen Erziehung sind wir schlecht für die Aufgabe gerüstet, Skeptiker von der Wirklichkeit des Geistes zu überzeugen. Die Wissenschaft verlangt objektive Fakten und einen schlüssigen Beweis; spirituelle Erfahrungen sind subjektiv und führen nur zum Glauben. Mir genügt es, daß mein Glaube mir inneren Frieden bringt und meinem Leben einen Sinn gibt. Trotzdem möchte ich meine Erfahrungen gern mit denen teilen, die ein Ohr dafür haben. Deshalb will ich von zwei weiteren Vorfällen berichten, die beide in Dereks Todesnacht auftraten. Bei allen beiden waren Kinder beteiligt, mein eigener Sohn Grub, der damals in England war, und Lulu, ein kleines Mädchen, das in Daressalam lebte.

Während Derek ans Krankenlager gefesselt war, besuchte Grub, damals dreizehn Jahre alt, auf eigenen Wunsch ein kleines Internat in der Nähe von Bournemouth. Er wußte nicht, daß Derek im Sterben lag. In der Nacht, als es mit Derek zu Ende ging, wachte Grub aus einem lebhaften Traum auf. Er hatte geträumt, Olly sei zu seiner Schule gekommen und hätte ihn angesprochen. »Grub, ich muß dir etwas sehr Trauriges sagen. Derek ist letzte Nacht gestorben.« Er schlief danach wieder ein, schreckte jedoch noch zweimal aus dem gleichen Traum auf, in dem ihm Olly wieder die gleiche Botschaft überbrachte. Nach dem dritten Mal war er so beunruhigt, daß er nicht mehr einschlafen konnte. Er ging sogar zur Schulleiterin und erzählte ihr, daß er schreckliche Alpträume hätte, ohne ihr allerdings deren Inhalt zu offenbaren.

Am Morgen kam Olly zu seiner Schule. Vanne war mit mir in Deutschland, sie war einen Tag zuvor eingetroffen, weil sie das klare Bedürfnis empfand, Derek noch einmal zu sehen. Olly nahm Grub mit in den Garten hinaus und sagte, sie hätte traurige Nachrichten für ihn. »Ich weiß«, erwiderte er, »Derek ist tot, nicht wahr?« Olly war vollkommen verblüfft – bis er ihr von seinen Träumen erzählte.

Lulu, damals im gleichen Alter wie Grub, litt unter dem Down-Syndrom. Derek und ich waren eng mit ihren Eltern befreundet und hatten sie oft in ihrem Haus besucht. Als ich nach Dereks Tod zum ersten Mal wieder nach Daressalam kam, wohnte ich sogar bei ihnen, weil ich die Leere im eigenen Haus nicht ertragen konnte. Derek konnte gut mit Kindern umgehen, und Lulu liebte ihn. In seiner Todesnacht, irgendwann in den frühen Morgenstunden war sie aufgewacht und zu ihrer schlafenden Kinderfrau Mary gerannt.

»Mary«, sagte sie drängend, »bitte wach auf. Der Mann ist gekommen, und er mag mich. Er lächelt.« Mary, noch halb im Schlaf, sagte Lulu, sie hätte nur geträumt und sollte wieder ins Bett gehen. Aber Lulu blieb hartnäckig. »Bitte komm mit, Mary. Ich möchte ihn dir zeigen. Er lächelt.« Schließlich gab Mary auf und setzte sich hin. »Jetzt erzähl mir mal, Lulu, wen du meinst. Wer ist der Mann, der dich anlächelt?«

»Ich weiß seinen Namen nicht mehr«, sagte Lulu. »Aber er kommt immer mit Jane zusammen und geht am Stock. Und er mag mich. Er mag mich wirklich.«

Zwei Kinder in verschiedenen Teilen der Welt. Zwei Kinder, die Derek geliebt hatte. In einer skeptischen, reduktionistischen wissenschaftlichen Welt können solche Dinge leicht als Träume, die zufällig zur selben Zeit geträumt werden, als Halluzinationen oder als psychische Reaktionen, ausgelöst durch Vorgefühle von Schmerz, Streß oder Verlust, erklärt werden. Ich selbst jedoch konnte derartige Erfahrungen nicht so leicht abtun – es hat zu viele Erlebnisse in meinem und im Leben meiner Freunde gegeben, die sich jeder wissenschaftlichen Erklärung entziehen. Die Wissenschaft hat nicht das richtige Werkzeug zum Sezieren des Geistes.

Kriegsjahre, in denen tagtäglich Menschen sterben, die von jemandem geliebt werden, sind erfüllt von machtvollen parapsychologischen Erfahrungen, und Vanne, die immer medial veranlagt war (obwohl sie nie darüber gesprochen hat), hat sicher ihr Gutteil davon abbekommen. Erwähnt habe ich bereits ihre Vorahnung, die uns das Leben gerettet hat, als ein deutsches Flugzeug seine Bomben über unserem Ferienort abwarf. Ein weiterer Vorfall ereignete sich zu einem früheren Zeitpunkt während des Krieges. Sie nahm gerade ein Bad. Plötzlich rief sie laut und eindringlich: »Rex!« Rex war der jüngere Bruder meines Vaters. Dann fing sie bitterlich an zu weinen, und die Tränen kullerten ihr über das Gesicht. Mein Vater, der Urlaub hatte, kam herbeigeeilt, um nachzusehen, was um Himmels willen los sei. »Ich weiß es nicht, ich weiß es nicht«, schluchzte sie, »ich weiß nur, daß es um Rex geht.« Später erfuhr sie, daß sie genau zu dem Zeitpunkt nach Rex gerufen hatte, als dieser bei einem Luftangriff über Rhodesien abgeschossen und getötet worden war. Hugos Mutter hatte ein ähnliches Erlebnis, als das Schiff ihres Mannes im Krieg torpediert wurde. Sie war in England, und das Schiff sank Tausende von Kilometern weit entfernt. Nachts wachte sie in hellem Entsetzen auf, hörte den Motor eines deutschen Flugzeugs über sich und schweres Artilleriefeuer. Sie begann zu weinen, weil sie wußte, daß ihr Mann in Gefahr war. Allmählich wurde ihr bewußt, daß alles still war. Kein Flugzeug, keine Schüsse. Nicht einmal Fliegeralarm. Aber es war die Nacht, in der ihr Mann auf See umkam.

Meine Großmutter Danny hatte ein Gespür für ihren eigenen bevorstehenden Tod. Sie hatte immer gesagt, sie wolle ihrer Familie keine Last sein, und litt gegen Ende ihes Lebens, sie war 97 Jahre alt, unter Lungenentzündung. Eine Zeitlang konnte sie nicht alleine aufstehen, was sie furchtbar fand. Allmählich ging es ihr etwas besser, aber sie war ganz unglücklich darüber, daß sie ihrer Familie so viele Umstände machte. Eines Abends, als Vanne zu ihr kam, um ihr gute Nacht zu sagen, überraschte sie Danny dabei, wie sie die Briefe meines Großvaters las, die sie nahe am Bett aufbewahrte. Danny lehnte sich in die Kissen zurück und bemühte sich, das Seidenband wieder sorgsam um Boxers kostbare Briefe zu schlingen (sie nannte ihn immer Boxer, warum, haben wir nie herausfinden können). Ein Lächeln huschte über ihr Gesicht.

»Liebchen, ich glaube, du mußt heute abend meine Todesanzeige entwerfen.«

Auch von Olly verabschiedete sie sich. Am Morgen war tatsächlich alles Leben aus ihrem Körper gewichen, nur auf dem Gesicht ruhte noch immer ihr leises Lächeln. Sie war zu ihrem geliebten Boxer heimgegangen. Auf den Briefen lag eine kleine Notiz, sie möchten ihr auf die lange Reise mitgegeben werden.

In den ersten sechs Monaten nach Dereks Tod spürte ich oft seine Gegenwart. Ich war der festen Überzeugung, daß er als Geistwesen nichts hören oder sehen konnte – vielleicht konnte er auch nicht *fühlen*, was er in seinem Erdenleben geliebt hatte –, die See, das Rauschen der Wellen, das anmutige Von-Ast-zu-Ast-Hangeln junger Schimpansen, die in den Wipfeln spielten. Und ich hatte das deutliche Gefühl, daß er, wenn ich sehr konzentriert hinsah und lauschte und jedem Detail Aufmerksamkeit schenkte, ein wenig länger seine Freude haben konnte an allem, was er geliebt hatte – durch meine Augen und Ohren. Vielleicht war das reine Einbildung, aber mir war der Gedanke tröstlich, daß er bei mir war und daß ich etwas für ihn tun konnte. Nach einiger Zeit spürte ich seine Anwesenheit immer seltener, als merkte er, daß ich allein klarkäme, daß ich nun wirklich stark war in meiner Schwäche. Ich wußte, daß es Zeit für ihn war, weiterzugehen, und ich wollte ihn nicht halten.

12

Heilung

In den Wäldern von Gombe suchte ich nach Dereks Tod Heilung. Nach und nach fand meine geschundene, erschöpfte Seele bei meinen Besuchen dort Trost. Die Zeit, die ich in den Wäldern zubrachte, während ich den Schimpansen folgte, sie beobachtete oder einfach nur bei ihnen war, hat mir immer im Innersten wohlgetan. Und so war es auch jetzt. Im Wald bleibt der Tod nicht verborgen, höchstens zufällig einmal durch gefallenes Laub. Er ist allezeit rundherum da, ein Teil des endlosen Kreislaufs des Lebens. Schimpansen werden geboren, wachsen auf, werden krank und sterben. Immer sind junge da, die das Leben der Art erhalten. Dies alles gab mir wieder eine Perspektive für mein Leben und damit auch Frieden. Allmählich verlor meine Trauer über den Verlust ihre Bitterkeit, legte sich das vergebliche Wüten gegen das Schicksal.

An einen Tag damals erinnere ich mich besonders gut. Es war im Mai 1981, und ich hatte es nach einer sechswöchigen Tour durch Amerika endlich geschafft, nach Gombe zu kommen – sechs Wochen, gespickt voll mit Vorträgen, Diners zum Spendensammeln, Tagungen, Kongressen und Werbeveranstaltungen, um eine Lobby für die Schimpansen zu finden. Sechs Wochen Hotelleben aus dem Koffer, Auspacken und Einpacken. Ich war erschöpft und sehnte mich nach dem Frieden des Waldes. Ich wollte nur noch bei den Schimpansen sein, meine Bekanntschaft mit den alten Freunden wiederauffrischen, meine Klettermuskeln trainieren und die Ausblicke, Geräusche und Gerüche des Waldes genießen. Ich war froh, weit weg von Daressalam zu sein mit all seinen traurigen Erinnerungen – dem Haus, in dem ich mit Derek gewohnt hatte, den Palmen, die wir gemeinsam gekauft und gepflanzt hatten, den Zimmern, in denen wir zusammen gelebt hatten, dem Indischen Ozean, in dem Derek, der an Land so behindert war, in aller Freiheit um seine geliebten Korallenriffe geschwommen war.

Wieder in Gombe. Es war noch früh am Morgen, und ich saß auf der Treppe meines Hauses am Seeufer. Es war sehr still. Am Horizont, dort, wo die Berge des Kongo den Tanganjikasee säumen, stand riesengroß das letzte Viertel des abnehmenden Mondes, und sein Lichtpfad tanzte und funkelte im sanft gewellten Wasser auf mich zu. Nach dem Genuß einer Banane und einer Tasse Kaffee zog ich los und kletterte die steilen Hänge hinter meinem Haus empor, als Gepäck nur mein kleines Fernglas, ein Notizbuch, ein Bleistift und eine Handvoll Rosinen zum Mittagessen. Ich bin nie besonders hungrig und brauche auch kaum Wasser, wenn ich durch die Wälder streife. Wie gut tat es, endlich allein zu sein und wieder im einfachen Leben zu schwelgen, das mir schon immer in der Seele wohlgetan hat!

Im schwachen Widerschein des Mondes auf dem mit Tau benetzten Gras fiel es mir nicht schwer, einen Weg bergauf zu suchen. Die Bäume ringsum waren noch in die letzten geheimnisvollen Schleier ihrer nächtlichen Träume gehüllt. Es war still und unglaublich friedvoll. Die einzigen Geräusche waren das gelegentliche Zirpen einer Grille und das leise Murmeln der Wellen, die am Strand unten die Steine liebkosten.

Der Wald gab mir den
»Frieden, der höher ist als alle Vernunft«.

Plötzlich brach Vogelgesang aus, das betörend schöne Duett eines Rötelpärchens. Mir fiel auf, daß sich die Intensität des Lichtes verändert hatte; unbemerkt war die Morgendämmerung angebrochen. Mit ihrer zunehmenden Helligkeit hatte die Sonne den silbernen, diffusen Widerschein des Mondes, ihr eigenes Licht, beinahe verdrängt.

Fünf Minuten später hörte ich über mir Blätterrascheln. Ich schaute hinauf und sah, wie sich die Zweige vor dem heller werdenden Himmel bewegten. Die Schimpansen waren erwacht. Es waren Fifi und ihre Kinder, Freud, Frodo und die kleine Fanni. Ich folgte ihnen den Hang hinauf, Fanni auf dem Rücken ihrer Mutter wie ein kleiner Jockey. Gleich darauf erklommen sie einen hohen Feigenbaum und begannen zu essen. Ab und zu hörte ich den leisen Aufprall von Feigenschalen und -kernen auf dem Boden.

Mehrere Stunden lang wanderten wir gemächlich von einem Futterbaum zum nächsten, immer höher und höher. Oben auf einer offenen, grasbewachsenen Kammhöhe kletterten die Schimpansen in einen ausladenden *Mbula*-Baum, auf dem sich Fifi, satt vom morgendlichen Futtern, hoch über mir ein großes, bequemes Nest baute. Den Mittag über hielt sie dort Siesta, die schlafende kleine Fanni in den Armen, während Frodo und Freud in ihrer Nähe spielten. Wie heilsam war es doch, wieder in Gombe zu sein, ganz allein mit den Schimpansen in ihrem Wald. Die betriebsame, materialistische Welt voller Habgier und Selbstsucht lag hinter mir, und für kurze Zeit konnte ich mich wieder wie in den Anfangstagen hier als Teil der Natur fühlen. Ich war ganz im Einklang mit den Schimpansen, denn ich war nicht bei ihnen, um sie zu beobachten, sondern weil ich gern in ihrer Gesellschaft war, in der es keine Habgier und Selbstsucht gab. Von meinem Sitzplatz aus konnte ich weit über das Kasakelatal blicken. Dicht unter mir in westlicher Richtung lag der »Peak«. Eine Flut von Erinnerungen brach über mich herein: An jenem Ort hatte ich in der ersten Zeit gesessen, beobachtet und viel gelernt, während die Schimpansen allmählich ihre Scheu vor dem fremden weißen Affen verloren, der in ihre Welt eingedrungen war. Längst vergessene Gefühle überkamen mich wieder, als ich dort saß und nachsann. Die alte Begeisterung am Neuentdecken, am Anblick von Dingen, die westlichen Augen vollkommen unbekannt sind. Und die Gelassenheit, die sich einstellt, wenn man Tag für Tag in und mit der Natur lebt, in einer Welt, die das menschliche Fühlen einesteils unbedeutend erscheinen läßt und andernteils vertieft.

Während ich über diese Dinge nachdachte, hatte ich kaum darauf geachtet, daß ein Gewitter im Anzug war. Plötzlich merkte ich, daß es nicht mehr nur in der Ferne grollte, sondern direkt über mir. Der Himmel hatte sich verdunkelt, er war fast schwarz, und Regenwolken verhüllten die höheren Gipfel. Mit zunehmender Dunkelheit trat auf einmal Stille ein, verstummte alles, wie oft vor einem tropischen Gewitterregen. Nur das Donnergrollen, das immer näher kam, unterbrach diese Stille; das Donnern und das Geraschel der Schimpansen. Dann zuckte jäh ein blendender Blitz auf, den Bruchteil einer Sekunde später gefolgt von einem unglaublich lauten Donnerschlag, der den harten Fels zu erschüttern schien, bevor er weiterrollte und von Gipfel zu Gipfel widerhallte. Gleich darauf öffneten die schweren dunklen Wolken ihre Schleusen und entließen solche Regenfluten, daß Himmel und Erde im niederrauschenden Wasser miteinander verschmolzen. Ich saß unter einer Palme, deren Wedel mir für eine Weile Schutz boten. Fifi hatte sich vornübergebeugt und schützte ihr Kind; Frodo drückte sich im Nest dicht an sie; Freud kauerte mit gebeugtem Rücken auf einem Ast in der Nähe. Der Regen rauschte endlos herab, so daß meine Palmwedel bald nichts mehr nutzten und ich immer nasser wurde. Allmählich fröstelte ich ein wenig, dann erhob sich ein kalter Wind, der mich vollkommen auskühlte. Wie ich zusammengekauert da saß, verlor ich jedes Zeitgefühl. Die Schimpansen und ich bildeten eine stille, klaglose Einheit, in der es nur noch das geduldige Durchhalten gab.

Es muß eine Stunde gedauert haben, bis das Zentrum des Gewitters nach Süden abzog und der Regen endlich nachließ. Um halb fünf kamen die Schimpansen herabgeklettert, und wir wanderten durch das triefnasse, tropfende Grün zum Berghang zurück. Bald erreichten wir einen grasbewachsenen Kamm mit Aussicht auf den See. Eine blasse, wäßrige Sonne war am Himmel erschienen; ihr Licht fing sich in den Tropfen, so daß die Welt wie mit Diamanten geschmückt aussah und jedes Blatt, jeder Grashalm funkelte. Ich bückte mich tief, um ein juwelenbesetztes Spinnennetz nicht zu zerstören, das sich kunstvoll und zart über den Pfad spannte.

Begrüßungslaute waren zu hören, als Fifi und ihre Familie auf Melissa und Anhang trafen. Sie kletterten alle zusammen auf einen niedrigen Baum, um sich an frischen jungen Blättern zu laben. Ich postierte mich an einer Stelle, von der aus ich zuschauen konnte, wie sie ihre letzte Tagesmahlzeit genossen. Der See unten in der Tiefe war noch immer dunkel und aufgewühlt, und da, wo sich die Wellen brachen, trug er weiße Schaumkronen; schwarze Regenwolken hingen im Süden. Gegen Norden war der Himmel schon klar, und nur ein paar graue Wolkenfetzen waren noch zu sehen. Der Anblick war atemberaubend schön. Im sanften Sonnenlicht wirkte das schwarze Fell der Schimpansen kupferrot gesprenkelt, die Äste, auf denen sie saßen, waren naß und schwarz wie Ebenholz, und die jungen Blätter leuchteten zart hellgrün. Den dramatischen Hintergrund bildete der indigoblaue Himmel, über den Blitze zuckten, während in der Ferne Donner rollte und grollte.

In ehrfürchtiges Staunen über die Schönheit um mich herum versunken, muß ich in einen gesteigerten Bewußtseinszustand geraten sein. Es ist schwer – wenn nicht gar unmöglich –, den Augenblick der Wahrheit, den ich plötzlich erlebte, mit Worten zu beschreiben. Selbst die Mystiker finden keine Worte für die kurzen Momente spiritueller Verzückung. So kam es mir vor, als ich mir hinterher das Erlebnis noch einmal zu vergegenwärtigen versuchte: Mein *Ich* war nicht mehr da; die Schimpansen und ich, Erde, Bäume und Himmel schienen miteinander zu verschmelzen und eins zu werden mit der geistigen Kraft des Lebens selbst. Die Luft war erfüllt von einer Symphonie aus Vogelstimmen, vom Abendgesang der gefiederten Schar. Ich nahm neue Klänge in ihrer Musik wahr, auch im Singsang des Insektenchors – Töne von solcher Höhe und Lieblichkeit, daß ich staunte. Noch nie waren mir Form und Farbe der einzelnen Blätter so intensiv bewußt geworden, die vielfältigen Muster ihrer Adern, die einem jeden Blatt seine Einzigartigkeit verleihen. Auch die Düfte waren deutlich zu unterscheiden: gärende, überreife Früchte; wasserdurchtränkte Erde; kalte, nasse Borke; der Geruch von feuchtem Schimpansenfell und nicht zuletzt mein eigener. Der aromatische Duft junger zerdrückter Blätter war fast überwältigend stark. Ich spürte, daß etwas in der Nähe war, dann sah ich einen Buschbock, ruhig grasend gegen den Wind, und seine gewundenen Hörner und sein kastanienbraunes Fell glänzten dunkel vor Nässe.

Ein ferner Chor von *Pant-hoots* – den lauten, weit tragenden Rufen der Schimpansen – veranlaßte Fifi zu einem Antwortruf. Als würde ich aus einem lebhaften Traum geweckt, war ich auf einmal wieder in der Alltagswelt, kalt, aber quicklebendig. Ich blieb, wo ich war, als die Schimpansen abzogen – der Platz hatte etwas Weihevolles –, und machte mir Notizen, um irgendwie festzuhalten, was ich einen kurzen Moment lang erlebt hatte. Mir waren keine Engel erschienen oder andere himmlische Wesen, wie sie die Visionen großer Mystiker auszeichnen, aber dennoch glaube ich, daß es sich um eine wahre mystische Erfahrung gehandelt hat.

Die Zeit verging. Schließlich nahm ich den Waldpfad heimwärts und kletterte den Hang hinter meinem Haus zum Strand hinab. Die Sonne, ein riesiger roter Ball, versank gerade hinter den Bergen des Kongo; ich setzte mich an den Strand und betrachtete den sich ständig ändernden Sonnenuntergang, der den Himmel rot, dann golden und dunkelpurpurrot malte. Die Oberfläche des Sees, wieder ruhig nach dem Gewitter, wellte sich glitzernd in Gold-, Violett- und Rottönen vor dem flammenden Himmel.

Später, als ich an meinem kleinen Feuer saß und mir aus Bohnen, Tomaten und einem Ei eine Mahlzeit zubereitete, war ich immer noch von Staunen über mein Erlebnis erfüllt. Ja, dachte ich, es gibt viele Fenster, durch die wir Menschen auf unserer Suche nach einem Sinn in die Welt hinausblicken können. Die Fenster, die die westliche Wissenschaft geschlagen hat und deren Scheiben von einer Abfolge brillanter Köpfe

Foto: Hugo van Lawick

Vier Generationen – Grub, ich, Vanne und Danny – 1971 im Birkenhof

Foto: Hugo van Lawick

1964 mit Flo und Familie

Hilali Matama und Goblin

Foto: Hugo van Lawick

Flo

*Fifi, Ferdinand, Gremlin und Gaia**

Fanni und Fax

Freud

**Alle Schimpansenfotos (außer Flos Porträt) von Michael Neugebauer*

Gimble

Gremlin

Fifi

Faustino

Galahad

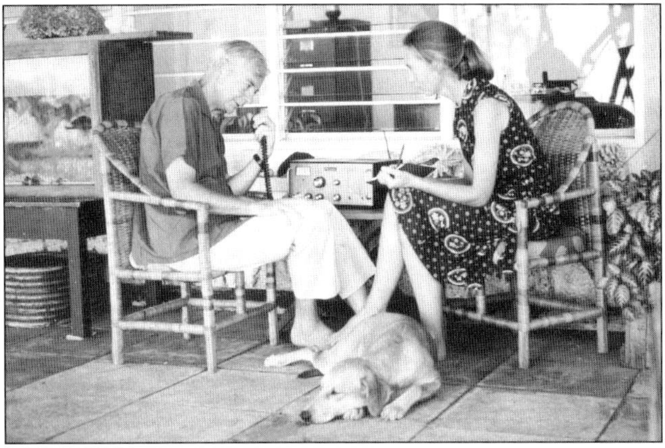

Derek, Wagga und ich auf der Veranda unseres Hauses in Daressalam

Mit Präsident Nyerere in Daressalam

Meine Mutter und ich 1984 in Gombe

Quelle: Mary Ellen Mark

Nach Empfang des CBE-Ordens von Ihrer Majestät, Königin Elisabeth II., mit meinem Vater vor dem Buckingham Palace

Foto: Steve Matthews

1986, als ich Whiskey an seiner 60 cm langen Kette in Burundi kennenlernte

Foto: PETA

Im SEMA-Labor streckt ein zweijähriger Schimpanse die Hand durch die Gitterstäbe seines engen Käfigs

Neue Verhältnisse im SEMA-Labor, die zeigen, daß wir etwas ändern können

Foto: Mary Lewis

Mit Häuptling Leonard George, einem wahrhaft spirituellen Führer, in Vancouver, Kanada

Mit Chitcus (Terrance Brown), meinem Seelenbruder, in Kalifornien

Foto: Mary Lewis

Gary Haun, der »Amazing Haundini«, von dem mein Maskottchen Mr. H. stammt

Kinder können etwas verändern

Während einer Umweltschutzwoche in Angola

Ein von einer Roots & Shoots-*Gruppe aufgeführter Umweltschutztanz*

Foto: Michael Neugebauer

Meine stärkste Quelle der Inspiration: meine Mutter Vanne 1995

Meine Familie – vollzählig! – 1997 vor dem Birkenhof

Foto: Michael Neugebauer

Mit dem Schimpansenwaisenkind Uruhara in der Schutzeinrichtung »Sweetwaters« in Kenia

blank geputzt worden sind. Durch sie können wir immer weiter und immer deutlicher in Bereiche schauen, die bis vor kurzem noch jenseits des menschlichen Wissens lagen. Durch ein solches wissenschaftliches Fenster hatte ich gelernt, die Schimpansen zu beobachten. Über 25 Jahre lang habe ich mich bemüht, mir durch sorgfältige Aufzeichnungen und kritische Analysen Stück für Stück ein Bild ihres komplexen Sozialverhaltens zu machen und ihre Denkweise zu verstehen. Das hat uns nicht nur geholfen, ihren Platz in der Natur besser zu verstehen, sondern uns auch tieferen Einblick in einige Aspekte unseres menschlichen Verhaltens, unseres eigenen Standorts in der natürlichen Umwelt gegeben.

Aber es gibt noch andere Fenster, durch die wir Menschen unsere Umwelt betrachten können, Fenster, hinter denen die Mystiker und Heiligen des Ostens und die Begründer der großen Weltreligionen nach dem Sinn und Zweck unseres Erdenlebens suchten, in dieser Welt voll wundersamer Schönheit, voll Dunkelheit und Häßlichkeit. Diese Meister gaben sich der Kontemplation über die Wahrheit hin, die sie nicht nur mit ihrem Geist erfaßten, sondern auch mit Herz und Seele. Was ihnen offenbar wurde, bildet den spirituellen Kern der großartigen Werke, der heiligen Schriften und der herrlichsten mystischen Dichtungen. An jenem Nachmittag war es so gewesen, als hätte eine unsichtbare Hand einen Vorhang beiseite gezogen, so daß ich für den Bruchteil eines Augenblicks durch ein solches Fenster schauen konnte. Durch einen blitzartigen »Ausblick« hatte ich Zeitlosigkeit und stille Verzückung kennengelernt und eine Wahrheit gespürt, von der die akademische Wissenschaft nur ein winziger Splitter ist. Und ich wußte, daß mir diese Offenbarung mein Leben lang im tiefsten Innern erhalten bleiben würde, auch wenn ich sie nur unvollkommen in Erinnerung behielt, eine Kraftquelle, aus der ich schöpfen konnte, wenn das Leben mir einmal hart, grausam und ausweglos erschien.

Wie traurig ist es doch, daß so viele Menschen glauben, Wissenschaft und Religion schlössen sich gegenseitig aus. Die Wissenschaft bedient sich modernster Techniken und Methoden, um immer mehr über die Entstehung und Entwicklung der Lebensformen auf dem Planeten Erde und über das Sonnensystem herauszufinden, von dem unsere kleine Welt nur ein winziger Teil ist. In neuerer Zeit haben Astronomen die Atmosphären von Planeten erforscht und neue Sonnensysteme entdeckt; Neurologen haben Erstaunliches über die Funktionsweise des Gehirns herausgefunden; Physiker haben das Atom in immer kleinere Teilchen gespalten; ein Schaf ist geklont worden; ein kleiner Roboter ist zum Mars geschickt worden und hat dessen Oberfläche erkundet; die ganze Wunderwelt des Cyberspace hat sich uns aufgetan. Der menschliche Verstand ist wahrlich ein Phänomen. Leider haben all diese erstaunlichen Entdeckungen zu der Annahme verleitet, daß sämtliche Wunder der Natur und des Universums – ja sogar der Unendlichkeit und der Zeit – letztlich durch Logik und Denken, also mit dem begrenzten Verstand, erfaßt werden können. So ist für viele die Wissenschaft an die Stelle der Religion getreten. Nicht irgendein immaterieller Gott hat das Universum geschaffen, so argumentieren sie, sondern der Urknall. Physiker, Chemiker und Evolutionsbiologen könnten den Beginn des Universums und die Entstehung und Entwicklung des Lebens auf der Erde erklären, sagen sie. An Gott zu glauben, an die menschliche Seele und an ein Leben nach dem

Tod halten manche einfach für den verzweifelten und albernen Versuch, unserem Leben einen Sinn zu geben.

Aber nicht alle Wissenschaftler sind dieser Auffassung. Es gibt Quantenphysiker, die zu dem Schluß gekommen sind, daß der Gottesbegriff nicht unbedingt nur ein frommer Wunsch ist. Der Physiker John C. Eccles war zwar der Meinung, die menschliche Seele sei kein Thema für die Wissenschaft, aber er warnte seine Kollegen davor, auf Fragen nach der Kontinuität des bewußten Selbst über den Tod hinaus definitive negative Antworten zu geben. Und manche Gehirnforscher haben das Gefühl, daß alles, was sie je über dessen außergewöhnliche Struktur herausfinden, sich doch nie zu einem vollständigen Verständnis des menschlichen Geistes summieren wird – daß letztlich doch das Ganze mehr ist als nur die Summe seiner Teile. Die Urknalltheorie ist ebenfalls ein Beispiel für die unglaubliche, ehrfurchtgebietende Fähigkeit des menschlichen Geistes, etwas über Phänomene am Anbeginn der Zeit in Erfahrung zu bringen, die eigentlich unfaßbar sind. Zeit, wie wir sie kennen oder zu kennen glauben. Und vor der Zeit? Oder jenseits des Raums? Ich erinnere mich gut daran, wie mich diese Fragen fast bis zum Wahnsinn getrieben haben, als ich noch ein Kind war.

Ich lag flach auf dem Rücken und schaute in den immer dunkler werdenden Himmel empor. Wie traurig wäre es doch, dachte ich, wenn wir Menschen jeden Sinn für das Mysterium, jede Ehrfurcht verlieren würden. Wenn in unserem Gehirn die linke Hemisphäre überstark dominieren und folglich Logik und Verstand über die Intuition triumphieren würden, so daß wir unserem innersten Wesen vollkommen entfremdet würden, unserem Herzen und unserer Seele. Ich sah zu, wie ein

Stern nach dem anderen erschien, zuerst der hellste und dann, als das Sonnenlicht schwand, immer mehr, bis der Himmel mit strahlenden, funkelnden Lichtpunkten übersät war. Albert Einstein, unzweifelhaft einer der größten Wissenschaftler und Denker unserer Zeit, hatte sich eine mystische Anschauung vom Leben bewahrt, in der er, wie er selbst sagte, immer neu bestärkt wurde durch das Staunen und die Demut, die ihn erfüllten, wenn er zu den Sternen emporschaute.

Seit der Zeit des Neandertalers, wahrscheinlich sogar noch eher, haben Menschen überall ihre Götter verehrt. Religiöse, spirituelle Überzeugungen gehören zu den stärksten und dauerhaftesten des Menschen und haben manchmal ein halbes Jahrhundert der intensivsten Verfolgung überdauert. Die Folterqualen, die große christliche Märtyrer ausgehalten haben, hatten einmal meine kindliche Phantasie sehr beschäftigt. Eingeborene Völker in vielen Teilen der Welt haben an ihrem Glauben an den Schöpfer, den Großen Geist, festgehalten und ihre Religion trotz gräßlicher Strafen, die ihnen bei Entdekkung drohten, heimlich weiterausgeübt. Der Glaube an Gott hat auch 45 Jahre kommunistischer Herrschaft in Osteuropa überdauert.

Während ich so dalag, zum sternübersäten Himmel aufblickte und mich noch nicht entschließen konnte, ins Haus zu gehen, mußte ich an einen jungen Mann denken, den ich auf der sechswöchigen Tour kennengelernt hatte, die ich gerade hinter mir hatte. Er hatte während der Ferienzeit einen Job als Page in einem großen Hotel im texanischen Dallas, wo ich gewohnt hatte. Dort fand gerade der Abschlußball der Studenten statt, und ich ging hinunter, um die jungen Mädchen in ihren hübschen Abendkleidern und ihre Begleiter im eleganten Smoking zu bewundern. Sie wirkten so glücklich, so sorglos, denn das Leben lag noch vor ihnen. Als ich dort stand und über die Zukunft nachsann – ihre, meine, die der Welt –, drang eine zaghafte Stimme an mein Ohr:

»Entschuldigen Sie bitte, Frau Doktor – sind Sie nicht Jane Goodall?« Der Page war noch sehr jung und hatte ein frisches Gesicht. Aber jetzt sah er besorgt aus. Unter anderem deshalb, weil er mich eigentlich nicht ansprechen durfte, aber auch, wie sich herausstellte, weil ihm wirklich etwas auf der Seele lag. Er hatte eine Frage an mich. Also setzten wir uns in eine Ecke, etwas abseits der aufgeputzten Menschengruppen und händchenhaltenden Paare, und unterhielten uns über Gott und die Schöpfung.

Er hatte all meine Dokumentarfilme gesehen und meine Bücher gelesen. Es faszinierte ihn, und er fand das, was ich machte, großartig. Aber ich sprach von der Evolution. Ob ich religiös sei? Ob ich an Gott glaubte? Wenn ja, wie denn das mit der Evolution vereinbar wäre? Ob wir wirklich von den Schimpansen abstammten? All diese Fragen stellte er mir mit tiefem Ernst und ehrlichem Interesse.

Ich bemühte mich, ihm so aufrichtig wie möglich zu antworten und meine Überzeugungen darzulegen. Ich sagte, niemand glaube, daß der Mensch vom Schimpansen abstamme. Ich erklärte ihm, daß ich von der darwinschen Evolution überzeugt sei, und erzählte ihm von meinem Aufenthalt in Olduvai, wo ich die Überreste längst ausgestorbener Geschöpfe in Händen hielt. Davon, daß ich im Museum die verschiedenen Stufen der Evolution etwa an einem Pferd hätte verfolgen können: einem zuerst kaninchengroßen Lebewesen, das sich allmählich, über Tausende von Jahren hinweg, immer mehr veränderte und sich immer besser an seine Umgebung anpaßte, bis schließlich das heutige Pferd aus ihm geworden war. Ich erzählte ihm, daß meiner Meinung nach vor Millionen Jahren ein primitives, affenartiges, menschenähnliches Wesen existiert hatte, von dem aus ein Entwicklungszweig zu den Schimpansen geführt hatte und ein anderer schließlich zu uns.

»Aber das heißt nicht, daß ich nicht an Gott glaube«, sagte ich und gab ihm einen kleinen Einblick in meine Ansichten und die Überzeugungen meiner Familie. Daß mein Großvater Pfarrer der Congregational Church gewesen sei. Ich sagte ihm, daß der Schöpfungsbericht, nach dem Gott die Welt in sieben Tagen erschaffen hat, ein Versuch gewesen sein könnte, die Evolution in Form eines Gleichnisses zu erklären. In dem Fall entspräche jeder der sieben Tage mehreren Millionen Jahren.

Und dann sah Gott vielleicht, daß ein Lebewesen entstanden war, das seinen Zwecken dienlich sein konnte. *Homo sapiens* besaß das Gehirn, den Geist, die Möglichkeiten. »Und da hat Gott vielleicht dem ersten Mann und der ersten Frau seinen Odem eingeblasen und sie mit dem Heiligen Geist erfüllt«, schloß ich meine Ausführungen.

Der Page blickte nun nicht mehr so besorgt drein. »Ja«, sagte er, »das könnte stimmen. Das ergibt irgendwie einen Sinn.«

Zum Schluß sagte ich ihm noch, daß es im Grunde keine Rolle spiele, wie wir Menschen zu dem geworden sind, was wir sind, ob durch die Evolution oder durch Erschaffung. Wichtig, lebenswichtig sei nur unsere zukünftige Entwicklung. Ob wir weiterhin Gottes Schöpfung zerstören, einander bekämpfen und die anderen Geschöpfe auf seinem Planeten quälen würden. Oder ob wir Wege finden würden, in Einklang miteinander und mit der Natur zu leben. Nur das sei wichtig, erklärte ich ihm. Nicht nur für die Zukunft der menschlichen Rasse, sondern auch für ihn persönlich. Er müßte für sich eine Entscheidung treffen. Als wir uns schließlich trennten, glänzten seine Augen wieder unbekümmert, und er lächelte.

Beim Gedanken an diese kurze Begegnung mußte ich ebenfalls lächeln, dort am Strand von Gombe, Tausende von Kilometern entfernt von Texas. Das war eine sinnvolle halbe Stunde, dachte ich.

Ein Wind erhob sich, und es wurde kühl. Ich verließ die hellen Sterne und ging zu Bett. Aber schlafen konnte ich noch nicht. Mein Kopf war noch so erfüllt von den Ereignissen des Tages, daß ich zwischen Wachen und Schlafen hängenblieb und die Gedanken immer im Kreis herum liefen. Um sie zum Abklingen zu bringen, stellte ich mir vor, wieder im Urwald zu sein. Und dann stürmten lauter Bilder auf mich ein. Ich sah Danny, wie sie leibte und lebte, als Grub noch klein war und sie im Garten vom Birkenhof saß und eine Tasse Tee trank. Dann Onkel Eric nach seinem letzten Herzanfall, alt und zusammengefallen, im Bett in dem Pflegeheim unweit unseres Hauses; er war nur dort untergebracht worden, weil Vanne und Olly nicht mehr die Kraft hatten, ihn zu heben. Und mir fiel ein, daß ich in der Nacht seines Todes den gespenstischen Schrei einer Schleiereule gehört hatte, des Totenvogels, der die Seelen der Sterbenden ruft. Damals hatte ich nichts davon gesagt, weil in Bournemouth seit fünfzehn und mehr Jahren keine Schleiereule mehr gesichtet worden war. Erst Monate später hatte ich es Vanne gegenüber erwähnt, und da hatte sie mich höchst erstaunt angeschaut und gesagt, auch sie hätte den Schrei gehört. Ich mußte an meine Tante Audrey denken, die auf einem Spaziergang mit unserem Hund Cida gestürzt war und sich einen Schädelbruch zugezogen hatte. Sie erholte sich wieder und lebte danach noch über ein Jahr. Und an den Abend, als Vanne mit einer letzten Tasse Tee zu ihr hineinging und sie ihr erzählte, daß Cida, die sonst nie in ihr Zimmer kam, neben ihrem Bett gesessen und sie immerfort angesehen hätte. Als Vanne später noch einmal in das Zimmer schaute, saß Cida immer noch da. Am nächsten Morgen fiel Audrey hin und starb. Die letzten Lebenstage von Cida fielen mir ein, als wir alle gedacht hatten, es ginge wieder bergauf mit ihr – aber es war nur unser Wunschdenken. Und der Tod von Rusty, meinem Kindheitsgefährten. Ginger, Baggins, Rippal und Spider, meine Hundefreunde in Daressalam. Wie traurig ich gewesen war, sie zu verlieren. Und dann dachte ich an Flo, wie ich neben ihrer Leiche am Bach gesessen und mich daran erinnert hatte, wie sie gewesen war und was ich alles von ihr gelernt hatte. Schließlich hatte ich ganz lebhaft Derek vor Augen, wie er sich den Berg zur Futterstation hinaufgemüht hatte in seinem Eifer, die Schimpansen zu beobachten. Ich merkte, daß ich zu weinen begonnen hatte, und ich weinte und weinte, weinte mir die Wut und die Trauer – und das Selbstmitleid – des vergangenen Jahres von der Seele. Ich weinte mich in den Schlaf. Aber Tränen können heilsam sein, und so wachte ich in dem Bewußtsein auf, daß ich zwar immer Dereks Tod und die Umstände, die dazu geführt hatten, betrauern würde, aber daß ich mit meinem Schmerz würde leben können. Der Wald und die spirituellen Kräfte, die so wirklich darin waren, hatten mir den Frieden gegeben, »der höher ist als alle Vernunft«.

13

Die moralische Evolution

Die wenigen Wochen in Gombe waren von außerordentlicher Bedeutung. Ich kam körperlich und geistig wieder zu Kräften, und damit einher ging ein neues Gefühl für meine Lebensaufgabe. Als ich nach Daressalam zurückkehrte, empfand ich zwar meinen Verlust noch schmerzlich, aber die Erinnerung an das, was Derek und ich in unserer kurzen Ehe gemeinsam erlebt hatten, war jetzt bittersüß und nicht mehr nur bitter, wie vorher. Die meiste Zeit über war ich mit meinen beiden Hunden Seranda und Cinderella, zwei Herumstreunern, die sich an meine Fersen geheftet hatten, allein in dem großen Haus. Hunde können ein großer Trost sein, und sie haben immer schon eine wichtige Rolle in meinem Leben gespielt, seit Rusty meine Einstellung zu Tieren – und zur Wissenschaft – nachhaltig mitprägte. Als ich an die heilsame Zeit in Gombe zurückdachte, formten sich Gedichtzeilen in meinem Sinn, und ich schrieb sie auf:

Die Engelchen der Bäume und der Blumen

Ich weiß nicht mehr, wann ich das erste Mal
sie rufen hörte mit den Silberstimmen,
die Engelchen der Bäume und der Blumen.

Sie boten an, den Geist mir aufzuschließen
und meine Seele mitzunehmen und zu läutern.
Und oh! Ich hieß willkommen sie und lag
lang hingestreckt im Duft der Wiese,
so leicht wie eine leere Hülse.

Dann ölten sie mit lächelndem Erbarmen
die rostigen Scharniere meines Geistes, fegten
hinweg die Spinnenweben und hängten meine Seele
an einen Ast, den allerhöchsten, um zu lüften,
ganz nah der reinigenden Sonne. Glück hatte ich,
denn während ich dort flatterte, scholl lieblich der
Gesang
der Rötel durch die Bäume, bis jede Faser
meiner Seele von Harmonie durchdrungen war.

Als alles sauber war und alles neu, da streiften
die Seele sie mir lächelnd wieder über und tanzten
fort.
Und ich – für einen Tag vielleicht oder auch zwei –,
ich schaute in die Welt mit all der Unschuld
und dem Staunen eines Neugeborenen.

Und jetzt, wenn ich betrübt bin oder plötzlich
von Wut erfüllt, geh' ich an einen stillen Platz
mit Gras und Blätterwerk und Erde und sitze dort,
ganz still, und hoffe, daß sie kommen mögen
und mich mit ihren Silberstimmen rufen
und daß sie mich von neuem läutern,
die Engelchen der Bäume und der Blumen.

Mohammad Yunus, Begründer der »Bank der Armen«,
der den Ärmsten dieser Welt neue Hoffnung gegeben hat

Es war sehr ruhig ohne Derek, mit dem ich immer über alles gesprochen hatte, was in der Welt vorging, und so verwandte ich die Zeit, die ich früher ihm gewidmet hatte, dazu, mich in die wissenschaftliche Auswertung der ersten zwei Jahrzehnte Forschungsarbeit in Gombe zu vertiefen. Nebenbei verfolgte ich die laufenden Ereignisse: Derek und ich hatten stets den *Economist* und die *Newsweek* gelesen, und ich setzte diese Tradition fort. Außerdem diskutierte ich mit meinen Freunden, von denen viele Diplomaten waren, über die Politik Tansanias. Das Land litt unter den Nachwirkungen des Krieges im benachbarten Uganda. Dem Eingreifen der tansanischen Armee, die den Truppen des gestürzten und vertriebenen Präsidenten Milton Obote zu Hilfe eilte, ist es zu verdanken, daß die blutige Diktatur von Idi Amin schließlich beendet wurde. Die Tansanier bezahlten teuer dafür – ihre Wirtschaft trat eine Talfahrt an, die Nahrungsmittelknappheit setzte sich fort, und die Armut der Armen nahm zu.

Nach Kriegsende wurde Tansania von Soldaten überflutet – heimkehrenden Helden ohne Arbeit, die Waffen und Munition besaßen oder leicht daranzukommen wußten. Überall im Land war eine massive Zunahme von bewaffneten Raubüberfällen zu verzeichnen. Ich ging weiterhin mit meinen beiden Hunden am Strand spazieren, aber mit unguten Gefühlen. Einmal wurde ich von einem Dieb, der mir einen bedrohlich aussehenden Schraubenzieher an die Kehle preßte, meiner Uhr beraubt – ich hätte es auch besser wissen und keine tragen sollen.

Trotz der Zunahme der Kriminalität war Tansania im Vergleich zu anderen afrikanischen Ländern friedlich. Aus Burundi, nur wenige Meilen nördlich des Gombe-Nationalparks, und seinem Nachbarland Ruanda war bereits dumpfes Grollen zu vernehmen, das wieder einmal zu schrecklichem Blutvergießen führen sollte, als sich die Hutu gegen die Tutsi-Minderheit erhoben. Immer noch kamen stoßweise Flüchtlinge aus dem unruhigen Ostteil Zaires, das direkt gegenüber von Gombe auf der anderen Seeseite lag. In Ghana gab es einen Putsch. Im Tschad gärte es. In der übrigen Welt schwelte der kalte Krieg vor sich hin. Politische und wirtschaftliche Interessen heizten den weltweiten Export von Waffen und Landminen an die Entwicklungsländer an, den Tummelplatz für die wirtschaftlichen Machtspiele der Supermächte; Machtspiele, durch die Tausende von unschuldigen Menschen ihrer Heimat beraubt, verstümmelt oder getötet wurden. Es war das Jahr, in dem Präsident Sadat ermordet wurde, in dem Mordanschläge auf Papst Johannes Paul II. und den US-Präsidenten Ronald Reagan verübt wurden, in dem in Großbritannien die IRA ihre Gewaltkampagne begann und in dem Sri Lanka, El Salvador, Indien, Afghanistan und Libanon von Unruhen und Gewaltausbrüchen erschüttert wurden. In den darauffolgenden Jahren marschierte Großbritannien auf den Falkland-Inseln ein, wurde Indira Gandhi ermordet, warfen die Vereinigten Staaten Bomben auf Libyen und erfuhren wir – zu unserem größten Entsetzen –, daß der Irak bei seinem Krieg gegen den Iran wie auch gegen die eigene Bevölkerung große Mengen von chemischen Kampfstoffen einsetzte. Überlebende Opfer, meist kurdische Zivilisten, gaben grauenvolle Berichte darüber.

Überall, so schien es, litten die Menschen. Es gab Hungernde, Kranke und Obdachlose, und das nicht nur in den Entwicklungsländern, sondern sogar in den Innenstädten der wohlhabendsten Länder der westlichen Welt. Großbritannien erlebte die ersten schweren Tumulte schwarzer Jugendlicher im Stadtgebiet von Brixton. Und zu alledem kam noch, daß Luft, Erde und Wasser auf unserem kostbaren Planeten vergiftet wurden und die natürliche Umwelt – unsere Lebensgrundlage – allmählich zugrunde ging.

Gab es noch Hoffnung für die Zukunft, fragte ich mich? Offenbar trug unsere selbstsüchtige Habgier – unsere Gier nach Macht, Land und Reichtum – den Sieg davon über unsere Sehnsucht nach Frieden. Das Hochgefühl, das ich nach der Bezwingung Nazi-Deutschlands durch die freie Welt empfunden hatte, war längst verflogen. Ich fragte mich tatsächlich, ob es richtig von Hugo und mir gewesen war, ein Kind in eine so hoffnungslos verdorbene Welt zu setzen.

Etwa zu dieser Zeit gab mir mein alter Freund Hugh Caldwell ein Buch mit dem Titel *Human Destiny*, 1937 von dem französischen Arzt und späteren Philosophen LeCompte DuNuoy geschrieben. Er war der Ansicht, daß der Mensch, nachdem er allen Widrigkeiten zum Trotz auf dem Planeten Erde erschienen ist und überlebt hat, dabei ist, die sittlichen Eigenschaften zu erwerben, durch die er immer weniger aggressiv und kriegerisch wird, dafür aber um so fürsorglicher und mitleidsvoller. Seinem Empfinden nach war das die eigentliche Bestimmung, der einzige Daseinsgrund für die menschliche Spezies. Welch eine faszinierende Vorstellung! Mit unserer körperlichen Evolution war ich ziemlich gut vertraut. Schließlich hatte ich für Louis Leakey gearbeitet, einen Mann, der nahezu sein ganzes Leben lang nach den fossilen Überresten unserer frühesten Vorfahren suchte. Außerdem hatten mich meine Jahre in Gombe dazu gebracht, gründlich über eine kulturelle

Evolution nachzudenken, eine Entwicklung, die nicht allein unserer Spezies vorbehalten ist, wie viele annehmen; die Schimpansen bewiesen deutlich, daß auch sie diesen Weg eingeschlagen hatten. DuNuoy beschrieb also eine moralische Evolution! Das faszinierte mich, und als ich mich eingehender mit seiner Argumentation auseinandersetzte, merkte ich, daß sie vertraute Saiten bei mir anschlug. Ich begann unsere scheinbar hoffnungslose Lage mit neuen Augen zu betrachten.

In dem tropischen Klima, in dem sich die Menschheit vermutlich entwickelt hat, gab es überall Nahrung und Wärme in Hülle und Fülle. Diese Frühwelt war sicherlich kein Paradies – von Beginn an haben die Menschen wahrscheinlich wiederholt Hungersnöte erlebt und schmerzhafte Krankheiten und Verletzungen erduldet. Wie die Schimpansen. Die ersten Hominiden, halb Affe, halb Mensch, dürften auf jeden Fall von furchterregenden räuberischen Lebewesen mit scharfen Klauen und Zähnen umgeben gewesen sein, die zum großen Teil schneller rennen und besser klettern konnten als unsere Vorfahren. Trotzdem haben sich die Hominiden mit ihrem immer größer werdenden Gehirn halten können. Als sie zahlenmäßig immer weiter zunahmen, muß sich die Notwendigkeit ergeben haben, daß einige von ihnen aus der optimalen Umgebung fortzogen in Gebiete, die das Überleben stark erschwerten. Die mit den größten, besten Gehirnen waren nun im Vorteil gegenüber den weniger Intelligenten. Also sind vermutlich die Klugen am Leben geblieben und haben ihre Gene weitervererbt. Sie haben nach und nach immer feinere Werkzeuge entwickelt und sich die Natur immer mehr untertan gemacht. Irgendwann im weiteren Verlauf müssen unsere Ahnen dann eine Sprache entwickelt haben, ein echter Meilenstein auf dem Weg zur Einzigartigkeit des Menschen.

Die Sprache war es, die unsere Vorfahren erstmals in die Lage versetzte, anderen, auch Kindern, etwas über Gegenstände und Ereignisse mitzuteilen, die nicht unmittelbar da waren oder gerade stattfanden. Das können andere intelligente Tiere nicht, soweit wir bisher wissen, auch wenn sie zum Teil über komplexe Gehirne und ausgeklügelte Kommunikationssysteme verfügen. Schimpansen und andere Affen können viele Zeichen der amerikanischen Fingersprache ASL erlernen. Einige kennen inzwischen 300 Zeichen und mehr und können sie in neuen Zusammenhängen gebrauchen, sowohl untereinander als auch gegenüber ihrem Trainer. Aber sie haben im Laufe ihrer evolutionären Entwicklung nicht die einzigartige menschliche Fähigkeit erlangt, über etwas zu sprechen, das nicht gegenwärtig ist, einander Ereignisse aus ferner Vergangenheit zu erzählen, für eine ferne Zukunft vorauszuplanen oder, was das Wichtigste ist, sich über Ideen zu unterhalten und diese gemeinsam hin und her zu wenden, um von der gesammelten Weisheit aller zu profitieren. Die gesprochene Sprache hat unsere Vorfahren dazu befähigt, Gefühle der Ehrfurcht auszudrücken, Empfindungen, die zu religiösen Überzeugungen und schließlich zu organisierter Gottesverehrung führten.

Ich glaube, auch die Schimpansen kennen so etwas wie Ehrfurcht. Im Kakombetal gibt es einen herrlichen Wasserfall. Das Wasser stürzt mit donnerndem Getöse vom etwa 25 Meter höher gelegenen Flußbett durch die grünliche Luft in die Tiefe. In zahllosen Äonen hat das Wasser eine senkrechte Rinne in den nackten Fels gehöhlt. Farne rascheln unablässig in dem

Luftstrom, den das herabstürzende Wasser erzeugt, und zu beiden Seiten hängen Schlingpflanzen herunter. Für mich besitzt dieser Ort etwas Magisches, Spirituelles. Und wenn die Schimpansen sich am Ufer des Flußbettes entlang nähern, verfallen sie manchmal in langsame, rhythmische Bewegungen. Sie heben große Steine und Äste auf und werfen sie hinab. Oder sie springen an die Schlingpflanzen und schwingen sich damit durch die gischterfüllte Luft weit über den Wasserstrom, bis man meint, die dünnen Ranken müßten sich aus ihren hohen Verankerungen lösen oder reißen.

Zehn Minuten und länger widmen sie sich bisweilen diesem herrlichen »Tanz«. Warum? Wäre es nicht möglich, daß die Schimpansen so etwas wie ehrfürchtiges Staunen empfinden? Ein Gefühl, das durch das Geheimnisvolle des Wassers ausgelöst wird, des Wassers, das lebendig zu sein scheint, das immer vorbeirauscht und doch nie aufhört, immer gleich und doch immer anders. War es vielleicht ein ähnliches Gefühl ehrfürchtigen Staunens, das die ersten animistischen Religionen begründete, die Verehrung der Elemente und der Mysterien der Natur, die nicht zu beherrschen waren? Letztendlich konnten unsere Vorfahren erst, als sie eine Sprache entwickelt hatten, über solche tiefgreifenden Gefühle miteinander reden und eine gemeinsame Religion schaffen.

Die Sprache dürfte es unseren Steinzeitahnen auch ermöglicht haben, einen gemeinsamen Verhaltenskodex zu entwickeln. Schimpansen zeigen Verhaltensweisen, die Vorläufer von moralischen Verhaltensweisen des Menschen sein können – wenn etwa ein hochrangiger Schimpanse einen Kampf abbricht, um einen schwächeren Gefährten zu schonen –, aber meistens überwiegt in ihrer Gesellschaft das »Recht des

Stärkeren«, und die Unterlegenen müssen sich unterwerfen, ob sie im Recht oder im Unrecht sind. Menschen hingegen haben hohe moralische, ethische Verhaltensstandards entwickelt, und zwar in allen Kulturen in allen Teilen der Welt, obwohl Gut und Böse durchaus unterschiedlich bewertet werden können.

DuNuoy schlug vor, unsere moralischen Fortschritte einmal in den zeitlichen Rahmen der menschlichen Evolution zu stellen. Unsere Körperform hat sich ganz langsam über Äonen hinweg entwickelt. Vom ersten bißchen Urschleim an dauerte es Milliarden Jahre, bis im Paläolithikum, in der Altsteinzeit, die ersten Säugetiere erschienen. *Homo sapiens*, der moderne Mensch, spaziert erst seit ein paar Millionen Jahren auf der Erde herum. Und obgleich es bei dem, was Menschen allüberall tun, immer vieles gegeben hat und noch gibt, das eindeutig unmoralisch, oft sogar absolut entsetzlich ist, haben immer mehr Menschen rund um den Globus stärker als je zuvor ein Gespür dafür, was falsch ist, was einer Veränderung bedarf.

Als ich über DuNuoys Betrachtungsweise nachsann, sah ich unser sittliches Verhalten – oder dessen Fehlen – in einem neuen Licht. Es ist tatsächlich tragisch, daß unsere selbstsüchtigen Instinkte so oft die Oberhand über die liebevollen, mitmenschlichen Antriebe gewinnen, aber wir sind trotz allem – nach evolutionären Normen – in sehr kurzer Zeit schon einen weiten Weg gegangen. Vor weniger als hundert Jahren beispielsweise lebten in meiner Heimat England (wie auch in anderen westlichen Ländern) die Armen noch in unbeschreiblichen Verhältnissen. Frauen und Kinder – und Pferde – wurden in die Bergwerke hinuntergeschickt und schufteten dort, weitgehend im Dunkeln, unter schrecklichen Bedingungen in unglaublich langen Schichten, hatten zwischendurch kaum Pausen und nur wenig zu essen. Kinder wie Erwachsene froren im Winter, sie liefen mit nackten Füßen und unzureichender Kleidung herum und wohnten in unvorstellbaren Slums. Krankheiten wie Tuberkulose und Rachitis waren an der Tagesordnung. Die Sklaverei war eine akzeptierte Arbeitsform. Einige erst kürzlich erschienene Bücher malen ein so entsetzliches Bild über die Kindheit und Jugend in den Elendsvierteln des katholischen Irland, daß man sich nur wundern kann, wie überhaupt jemand das überleben konnte.

Wie anders ist doch alles im England der achtziger Jahre, dachte ich. Theoretisch wird jeder vom sozialen Netz aufgefangen. In einigen Innenstädten sind die Verhältnisse zwar noch immer schlecht, aber die örtlichen Verwaltungen und Sozialarbeiter bemühen sich wenigstens um Verbesserungen. Der Wohlfahrtsstaat hat seine Schattenseiten, doch er ist aus der moralischen Verpflichtung gegenüber jenen hervorgegangen, die nicht in der Lage sind, für sich und ihre Familien zu sorgen. Viele karitative Organisationen setzen sich für eine Verbesserung der Lebensumstände von Minderheiten ein. Die Sklaverei ist abgeschafft worden, und als bekannt wurde, daß die Industrie sich billiger Sklavenarbeit in den Entwicklungsländern bedient, gab es massive öffentliche Proteste, so daß zumindest in einigen Fällen die Arbeitsbedingungen für die Menschen verbessert wurden.

Ähnliche Reformen sind auch in anderen demokratischen Ländern überall auf der Erde durchgesetzt worden. Darüber hinaus hat ein Umdenken stattgefunden, das unter der Führung von Michail Gorbatschow schließlich das Ende der kommunistischen Unterdrückungsherrschaft in der Sowjetunion einläutete und in der Folge auch den Zusammenbruch der kommunistischen Regime in anderen Teilen der Welt bewirkte. Die Würde des Menschen und die Menschenrechte wurden immer wichtigere Anliegen, und selbst die Tierschutzbewegung fand weltweit mehr Anerkennung und Unterstützung. Gewalt, Grausamkeit, Tyrannei und Unterdrückung, von denen unsere Welt noch immer heimgesucht wird, gaben den Anstoß für die Gründung solcher internationalen Organisationen wie der Vereinten Nationen. Obwohl diese Einrichtung hinsichtlich der Erhaltung des Weltfriedens und der Verhinderung von Völkermord nicht die Erwartungen ihrer Gründer erfüllte, ist allein schon die Tatsache, daß sie überhaupt zustande kam, ein großer Schritt in die richtige Richtung. Die Menschen strecken doch allmählich die Hand aus, dachte ich, und helfen einander über ihre nationalen Grenzen hinweg. Ein langer, langer Weg liegt noch vor uns, aber wir haben ihn wenigstens eingeschlagen.

Während ich mir über all diese Dinge Gedanken machte, grübelte Mohammad Yunus, ein Wirtschaftsprofessor aus Bangladesh, nicht bloß über das ungerechte Los der Bettler in den Straßen seiner Umgebung, sondern setzte sich tatkräftig dafür ein, ihre Not zu lindern. Auslöser war für ihn das Jahr 1974, in dem Bangladesh von einer furchtbaren Hungersnot heimgesucht wurde. Die Straßen von Dacca füllten sich zusehends mit Elendsgestalten, die sich mit letzter Kraft auf der Suche nach Nahrung in die Hauptstadt geschleppt hatten. Sie saßen oder lagen in den Straßen, »in Lumpen gehüllte Skelette«. Unzählige starben. Für Mohammad Yunus, der damals Wirtschaftswissenschaften an der dortigen Universität lehrte, war das eine Erfahrung, die sein Leben verändern sollte. Plötzlich, so sagte er, wollte er nur noch weg vom akademischen Betrieb, von der Wirtschaftstheorie, und herausfinden, was in den Straßen geschah, warum die Menschen langsam und elendiglich des Hungers starben. Er besuchte ein Dorf in der Nähe und sprach mit Sufia Degum, einer 21 Jahre alten Frau, die Bambushocker herstellte. Ihre Geschichte war beispielhaft für die Geschichte Tausender anderer Frauen. Sie kaufte den Bambus für umgerechnet 22 US-Cent, die sie sich von einem *Paikarw*, einem Zwischenhändler, lieh. Um den Kredit zurückzuzahlen, mußte sie ihm allabendlich die fertigen Hocker verkaufen. Sie verdiente dabei umgerechnet 2 Cent – an einem guten Tag. Einen Kredit konnte sie bei einem Geldverleiher nicht aufnehmen, weil die Zinsen für sie unerschwinglich waren. Sie hatte nicht die geringste Möglichkeit, den Teufelskreis von Hunger und Armut, unter dem sie und ihre Kinder litten, zu durchbrechen, denn sie konnte absolut keine 22 Cent aufbringen, mit denen sie sich hätte unabhängig machen können.

42 Menschen in dem Dorf befanden sich in der gleichen Lage wie Sufia. Die Gesamtsumme, die sie sich borgen mußten, um selbst ins Geschäft zu kommen, belief sich auf weniger als 27 Dollar. Mohammad Yunus gab ihnen dieses Darlehen aus seiner eigenen Tasche. Dann versuchte er die Banken dazu zu überreden, ein Programm aufzustellen, innerhalb dessen in Armut lebende Menschen einen Kredit aufnehmen konnten. Aber er bekam immer wieder die gleiche Antwort zu hören: »Die Armen sind nicht kreditwürdig«, selbst dann noch, als erwiesen war, daß sie tatsächlich ihre Pfennigbeträge ordentlich zurückbezahlten.

Also gründete Mohammad Yunus selbst eine Bank, die Hoffnungsträger und Lebenshilfe für Millionen unter den Ärmsten der Armen werden sollte. Die Grameen-Bank, die 1983 offiziell eröffnet wurde, machte später auch in anderen Ländern Filialen auf und gab in den nächsten 15 Jahren Kleinstkredite in einer Gesamthöhe von über 2 Milliarden Dollar aus. Jahre später lernte ich Mohammad Yunus persönlich kennen und hörte ihn auf einem Forum führender Persönlichkeiten sprechen. Ein ruhiger, zurückhaltender Mann mit Größe, die ihn wie eine Aura umgab, und mit einem messerscharfen Verstand. Ein wahres Genie in unserer Mitte! Und, wie ich glaube, ein Heiliger.

Geschichten wie diese illustrieren die guten Anlagen des Menschen, und DuNuoys Buch bietet eine gute Erklärung dafür, warum wir auf unserem mühsamen Weg in eine moralische Zukunft noch nicht schneller und weiter vorangekommen sind. Aber würde überhaupt noch Zeit sein, fragte ich mich, um unseren Weg zu vollenden? Ein denkender, vernünftiger Mensch konnte nur zutiefst bestürzt sein über das Tempo, in dem die Menschheit die Natur zerstörte – das zerstörte, was uns als Spezies in Jahrmillionen hervorgebracht und unsere Entwicklung ermöglicht hat. In der heutigen Zeit, wo moderne Betrachtungsweisen und eine moderne Technologie die alten Überzeugungen und Traditionen hinweggefegt haben, wo die Bevölkerungszahl der Erdbewohner und damit der Landverbrauch drastisch angestiegen sind, haben viele Menschen, besonders in der westlichen Welt, jeden Sinn für unseren angestammten Platz im großen Gefüge der Dinge verloren oder sind dabei, ihn zu verlieren. Ich selbst hatte immer geistig und seelisch Kraft und Mut aus der Natur geschöpft und ein sehr klares Verständnis, ja Hochachtung für die faszinierende Vielfalt der Lebensformen auf der Erde in ihrer wechselseitigen Abhängigkeit entwickelt. Und jetzt verschwanden Wälder, Steppen, Savannen und Feuchtgebiete – alle natürlichen Wildnisse – mit furchterregender Geschwindigkeit. Auch viele Tier- und Pflanzenarten waren betroffen – jede davon einzigartig, jede in Jahrmillionen enstanden. Selbst in den letzten, noch weitgehend unberührten Naturgebieten am Nord- und Südpol fanden sich schon Spuren der giftigen Hinterlassenschaften des Menschen.

Den Hauptanteil an dieser Zerstörung, das war mir klar, trugen die Gesellschaften der reichen Länder mit ihrer Habgier und ihrer Verschwendungssucht, weil sie, um ihren absurden materialistischen, luxuriösen Lebensstandard aufrechtzuerhalten, den Armen in den Entwicklungsländern der Welt die Nahrung praktisch vom Munde wegstahlen. Die Armen wurden immer ärmer, und sowohl die Kindersterblichkeit als auch die Geburten nahmen zu. Die Entwicklungsländer mühten sich ab, die erodierte Erde sich ausbreitender Wüsten zu kultivieren und trotz sinkender Grundwasserspiegel an Wasser zu gelangen, während die westlichen Nationen Tausende von Quadratkilometern fruchtbaren, fetten Ackerbodens mit Beton zupflasterten, Tausende von Quadratkilometern Regenwald abholzten, um Weideland oder Flächen für den Anbau von Viehfutter zu schaffen, um ihre übergewichtigen Bürger mit Fleisch zu versorgen, und sie bezahlten Dritte-Welt-Bauern (miserabel!) dafür, Genußmittel wie Kaffee und Tee anzubauen, so daß noch weniger Land für eine nachhaltige Eigenversorgung mit Nahrung da war.

Aber es gab auch, das wußte ich, Anzeichen für eine Änderung des Verhaltens. Regierungen begannen, Umweltschützern Beachtung zu schenken, die auf die dringende Notwendigkeit hinwiesen, daß der Verschmutzung und Zerstörung der natürlichen Umwelt ein Ende bereitet werde, ehe es zu spät war. In den achtziger Jahren standen Umweltthemen in vielen Ländern tatsächlich ganz oben auf der politischen Tagesordnung; Anlaß dazu gaben verschiedenste Gründe: die erschütternde nukleare Katastrophe von Tschernobyl, die Nachricht von den schrecklichen Folgen des DDT-Einsatzes, mit denen keiner gerechnet hatte und die bereits Ökosysteme in aller Welt verseucht hatten, die ersten Warnungen vor den langfristigen Auswirkungen der sogenannten Treibhausgase und das Dünnerwerden der Ozonschicht.

Aber es hatte lange gedauert, bis diese Informationen zur Öffentlichkeit durchdrangen. Und während die demokratischen Regierungen des Westens noch um Einhaltung der Menschenrechte und Wahrung der Freiheit des einzelnen kämpften, waren ihre Bürger unwissentlich allen möglichen schrecklichen Giftstoffen ausgesetzt, deren Zahl ständig zunahm – von Pestiziden und anderen agrochemischen Produkten über giftige Stoffe auf Müllhalden und synthetische Chemikalien aus der Pharmaindustrie bis hin zu dem unverantwortlichen Mißbrauch von Antibiotika etwa in der industriellen Tiermast. (Die ernste Gefahr genetisch veränderter Nahrungsmittel war noch nicht über die ahnungslosen Bürger hereingebrochen, ebensowenig wie das Risiko bekannt war, daß Viren und Retroviren die Artbarriere überspringen und von anderen Tieren, speziell von Affen und Menschenaffen, infolge des Verzehrs solcher Tiere oder der medizinischen Versuche an ihnen im Labor auf den Menschen übergehen können.) Keine dieser schädlichen Auswirkungen von Produkten aus Wissenschaft und Technik war geplant, vielmehr schlichen sie sich unbemerkt ein, und noch länger sollte es dauern, bis Regierungen und Industrie diese alarmierenden Fakten der Allgemeinheit eröffneten; Veränderungen kosten Geld. Die Wahrheit war trotzdem allmählich an die Öffentlichkeit gesickert, und immer mehr Leute machten sich Sorgen über die Umweltgefahren. In den einsamen Aufschrei Rachel Carsons mit ihrem Buch *Der stumme Frühling* mischte sich mit der Zeit ein wachsender Chor alarmierter, aufgebrachter Stimmen, die ihre Thesen stützten.

Aber die Hauptsorge der Welt – die schreckenerregende Zunahme der Erdbevölkerung – fand in den achtziger Jahren noch kaum Erwähnung. Paul Ehrlichs Buch *Die Bevölkerungsbombe* wurde weitgehend ignoriert. Das Thema galt als »politisch brisant«, weil jede Kritik an der Familiengröße als Eingriff in das Recht des einzelnen auf Selbstbestimmung betrachtet werden konnte. Es hatte eine bedeutende Versammlung religiöser Oberhäupter stattgefunden, auf der all das Schreckliche zur Sprache kam, das unserer Umwelt angetan wurde, und alle hatten sich darauf geeinigt, entsprechende Warnungen an ihre Anhänger weiterzugeben. Die Bevölkerungsfrage war nicht angerührt worden, um keinen der Teilnehmer zu verärgern. Das Problem, das – abgesehen vom Überkonsum des Westens – mir als das größte erschien, wurde also absichtlich übergangen. Welch eine Torheit! Die natürlichen Ressourcen der Welt waren beileibe nicht unerschöpflich; die Weltbevölkerung wuchs unerbittlich weiter; es war folglich abzusehen, daß es irgendwann mehr Menschen geben würde, als der Planet fassen und ernähren konnte, daß die letzten urtümlichen Naturlandschaften und die meisten Arten außer uns ausgerottet sein würden, daß das komplexe Netzwerk des Lebens, die biologische Vielfalt der Ökosysteme dieser Welt, bald zerstört sein würde. Die unvermeidliche Folge davon würde das Aussterben des Menschen sein.

Der einzige Hoffnungsstrahl bestand meines Erachtens darin, daß immer mehr von diesen Themen an die Öffentlichkeit dringen und immer mehr Leute einsehen würden, welch furchtbare Fehler wir gemacht hatten und noch machten; diese neue Einsicht war ein erster Schritt auf einem Weg, der nach und nach drastische Veränderungen einleiten würde. Die Schwierigkeit lag vor allem darin, daß die Menschen in den Industrieländern zu der Überzeugung gelangt waren, ein hoher Lebensstandard sei ihr gutes Recht. Wie so oft mußte ich daran denken, welches Glück ich mit meiner Kindheit gehabt habe. Ich bin während des Zweiten Weltkriegs aufgewachsen, als die Luxusgüter, die inzwischen jeder westliche Wohlstandsbürger für normal hält, schlicht und einfach nicht zu haben waren – außer zu schwindelerregenden Preisen auf dem Schwarzmarkt. Damals habe ich Nahrung, Kleidung und Obdach – und das nackte Leben – richtig zu würdigen gelernt. Zusammen mit meiner Generation hatte ich die Nachkriegszeit erlebt, in der man sich auf sich selbst verlassen mußte. Wir hatten nicht das Gefühl, daß es unser gutes Recht sei, ein Fahrrad, einen Fernsehapparat, eine Geschirrspülmaschine usw. zu besitzen; das waren Dinge, für die man lange sparte und auf die man stolz war, wenn man sie sich im Schweiße seines Angesichts verdient hatte.

Andererseits konnte ich natürlich verstehen, daß diejenigen, die einen Krieg durchgemacht oder Wirtschaftskatastrophen erlebt und sich danach ihr Leben neu aufgebaut und einen hohen Lebensstandard erworben hatten, zu Recht stolz darauf waren, ihren Kindern all das ermöglichen zu können, was sie selbst entbehrt hatten. Und daß die Kinder all diese Dinge unweigerlich als selbstverständlich betrachteten. Mit dem neuen Lebensstandard hielten unversehens auch neue Werte und Erwartungen in unsere Gesellschaft Einzug. Daher rührt der konsumorientierte, oftmals habgierige, egoistische Lebensstil vieler junger Menschen in der westlichen Welt und besonders in den Vereinigten Staaten.

Aber, so fragte ich mich, waren sie überhaupt zufrieden mit einem solchen Lebensstil? Ihr Verhalten ließ oft vermuten, daß sie eher das Gefühl hatten, es fehle ihnen etwas in ihrer Welt. War es vielleicht die Suche nach einem Sinn in ihrem Leben, die Ende der sechziger, Anfang der siebziger Jahre die Hippies und Blumenkinder hervorbrachte? Lag es daran, daß so viele Kinder von wohlhabenden Eltern ihre Familien verließen, um neue Erfahrungen zu machen? Sie hatten es mit einem Leben in Kommunen und Wohngemeinschaften probiert, sich von neu aufkommenden Kulten anlocken lassen, mit Drogen experimentiert und waren zur Gurusuche nach Indien aufgebrochen. Verzweifelt hatten sie versucht, wie mir schien, dem seelenlosen, materialistischen Hedonismus ihrer Zeit zu entfliehen. Und die institutionalisierten Religionen lehnten sie natürlich ebenso ab wie auch alles übrige, das in ihren Augen zum »Establishment« und damit zu den altmodischen, überholten Wertvorstellungen ihrer konservativen, bürgerlichen Eltern gehörte.

Das neuerwachte Interesse an der Lebensweise und den spirituellen Werten der eingeborenen Völker dieser Erde, besonders der nordamerikanischen Indianer, fiel mir ein. Was wäre es doch für ein wunderbarer Ausweg aus der ökologischen Krise, wenn wir zur Lebensweise der amerikanischen Indianer zurückkehren würden, die jahrhundertelang im Einklang mit der Natur gelebt, ihr nur das entnommen hatten, was sie zum Leben brauchten, und die dafür gedankt und ihrerseits etwas zurückgegeben hatten. Ich wußte, daß es Älteste gab, die noch in der alten Tradition lebten, in der altüberlieferten Ehrfurcht vor dem Großen Geist, dem Schöpfer. Doch obwohl es seinen Reiz hatte, konnten sich meines Erachtens die wenigsten Westler mit einer solchen Lebensweise anfreunden, denn das hieß, auf den Luxus verzichten zu müssen, der uns so unentbehrlich geworden ist. Es war hart, die Grillen von Mutter Natur zu ertragen ohne den schützenden Kokon, in den wir – zumindest die Privilegierteren unter uns – von Geburt an gehüllt werden. Mit einem lachenden und einem weinenden Auge dachte ich an die Archäologen, die dereinst vielleicht einmal die Beschaffenheit eines solchen Kokons untersuchen werden: Viele Autos fänden sich da, weil es Usus ist, alle paar Jahre ein neues zu erstehen; mehrere Wohnungen oder Häuser, je nachdem, wie die Familie wächst oder wie oft sie umzieht; Waschmaschinen, Haushaltsgeräte, Geschirrspülmaschinen, Hi-fi-Geräte, CD-Spieler, unzählige Fernsehapparate, Computer und Handys, zig Gegenstände, die der Bewohner des Kokons für Beruf oder Hobby braucht, genügend Kleidung und Schuhwerk, um ein afrikanisches Dorf auf Jahre hinaus damit zu versorgen, unendlich viele Fast-food-Verpackungen. Die Liste ließe sich beliebig fortsetzen. Und vergessen wir auch nicht die kleinen Plastikkärtchen, mit denen das alles bezahlt wurde. Berge von gebrauchtem, ausrangiertem Zeug, das sich ein Leben lang angesammelt hat. Das Maß für den *äußeren* Erfolg. Wenn nun ein Priester oder Mönch das *Innen*leben ebendieser Leute durchleuchten und ihre sprituellen Errungenschaften vor sich ausbreiten würde, das Maß für den Erfolg der Seele, fragte ich mich, wären dann die Güter auf beiden Seiten wohl miteinander zu vergleichen, die materiellen und die spirituellen?

Etwas beschämt ging ich meine eigene Liste durch. Vieles von dem, was ich da fand, gefiel mir nicht. Der Bibelspruch »Du sollst deinen Nächsten lieben wie dich selbst« hat mich immer irritiert. Wie konnte ich mich selbst lieben, wenn ich so häufig den Ansprüchen, die ich an mich stellte, gar nicht genügte? Doch dann sah ich auf einmal klarer, und ich glaube, ich verstand ihn. Mit dem »Selbst«, das wir lieben sollen, ist nicht unser Ego, nicht die Alltagsperson gemeint, die gedankenlos, selbstsüchtig und manchmal unfreundlich ist, sondern die Flamme des reinen Geistes, der in allem und jedem brennt, die Teil des Schöpfers ist. Ich erkannte, daß das, was geliebt wird, wachsen kann. Wir mußten lernen, diesen Geist in unserem Innern zu begreifen und zu lieben, um inneren Frieden zu finden. Nur dann konnten wir über das enge Gefängnis unseres Lebens hinauswachsen und uns mit der spirituellen Macht vereinigen, die wir Gott, Allah, Tao, Brahma, den Schöpfer oder sonstwie nennen, je nach persönlicher Überzeugung. Sobald wir dieses Ziel erreicht hatten, würde unsere Kraft, uns mit anderen zu verbinden, um gemeinsam eine bessere Welt zu schaffen, unermeßlich zunehmen.

Mir wurde klar, daß sich die großen spirituellen Führer und Heiligen immer durch die Fähigkeit auszeichneten, über ihre familiäre Herkunft, ihre Kultur und ihre unmittelbare Umgebung hinauszugehen. Wenn wir also unsere moralische Entwicklung antreiben und unserer Bestimmung als Menschen etwas schneller näher kommen wollen, liegt unsere Aufgabe auf der Hand – sie ist gewaltig, aber auf lange Sicht durchaus zu bewältigen. Aus uns gewöhnlichen, normalen Sterblichen müssen einfach – Heilige werden! Normale Menschen wie du und ich müssen sich in Heilige oder zumindest Miniheilige verwandeln. Die großen Heiligen und Meister waren keine übernatürlichen Wesen; sie waren Sterbliche aus Fleisch und Blut, genau wie wir. Und genau wie wir brauchten sie Luft zum Atmen, Essen und Trinken (allerdings nicht im Überfluß). Alle glaubten sie an eine spirituelle Macht, an Gott. Durch diesen Glauben konnten sie den starken geistigen Kraftquell anzapfen, in dem wir »leben, weben und sind«. Davon lebten sie, diese Energie atmeten sie mit ihren Lungen ein, so daß sie in ihr Blut überging und ihnen Kraft gab. Wir müssen danach trachten, es ihnen gleichzutun.

Ich stelle mir immer vor, daß sie auf einer Brücke zwischen Gott und der Erde stehen, und dieses Bild hat mich zu dem folgenden Gedicht inspiriert:

Nur sie können uns Lieder der Hoffnung zuflüstern

Die Welt braucht sie, die auf der Brücke stehen,
die den Schmerz im Lied eines Vogels kennen
und die Schönheit jenseits einer sterbenden Blume:
die den kristallenen Einklang hörten
in der Stille eines schneebedeckten Gipfels –
denn wer sonst könnte den Sinn des Lebens
den lebendig Toten bringen?

Oh, die Welt braucht die, die auf der Brücke stehen
und wissen, wie sich die Ewigkeit zur Erde breitet
im Wind, der die Blätter des Waldes
zum Klingen bringt; in den Regentropfen,
die das schlummernde Leben der Wüste liebkosen;
in den Sonnenstrahlen am ersten Frühlingstag auf einer
  Alpenwiese.
Nur sie können den Staub wegblasen
von den sehenden Augen derer, die blind sind.

Doch habt Mitleid mit denen auf der Brücke!
Denn sie, die höchsten Frieden kennenlernten,
bewegt uraltes Mitgefühl,
denen die Hand zu reichen, die aufschreien
in einer Welt, die keinen Sinn mehr hat:
in einer Welt, in der Atome – der Lehm des Schöpfers –
zertrümmert werden für die Wissenschaft,
um Liebe zu zerstören.

So stehen sie dort auf der Brücke,
zerrissen von der Qual des freien Willens:
mit ungeweinten Sehnsuchtstränen,
zurückzugehen – heimzukehren
ins Sternenlicht des ersten Anbeginns,
in den vollkommenen Frieden
der körperlosen Seele.
Doch nur sie können denen,
die hilflos sich zum Lichte mühen,
Lieder der Hoffnung zuflüstern.

O daß die auf der Brücke sich nicht von uns wenden,
die in der Weite des Nachthimmels
die Liebe spürten, den Sinn
im Dasein des Mondes jenseits
des Menschen ungeschickter Schritte in den Raum.
Sie wissen um die ewige Macht,
die alle Anfänge des Lebens einbegreift
und alle Enden in sich aufnimmt
und sie, wie Josephs Kleid,
auf die bewegte Leinwand legt, die, ewig unverändert,
sich übers All hinaus erstreckt
und die enthalten ist
im Auge eines kleinen Froschs.

Wie aber steht es mit den vielen, die nicht an Gott glauben – den Atheisten? Das ändert nichts daran, dachte ich. Ein Leben, das dem Dienst an der Menschheit gewidmet ist, der Liebe und Achtung für alles Lebendige – das weist alle Merkmale heiligen Verhaltens auf.

Die Macht des Guten, die Macht des Bösen kam mir in den Sinn, die in jedem von uns schlummert. Was doch ein einziger Mensch für unsere fortschreitende Entwicklung hin zu einer besseren Welt bewirken konnte! Jeder von uns spielte wahrhaftig eine Rolle. Jeder trug das seine bei. Die einen planschten mächtig auf ihrer Bahn durch das Wasser des Lebens und lösten Wellenkreise aus, die sich weit fortpflanzten. Andere schienen zu versinken, ohne auch nur das leiseste Kräuseln zu verursachen – aber sicher war es anders, vermutlich waren ihre Bewegungen nur in großer Tiefe zu spüren und setzten Veränderungen in Gang, die außer Sichtweite waren. Und wieder andere, die still im gegenwärtigen Schlamm begraben lagen, waren hinterher mit großem Wirbel wieder ausgegraben worden. Auf den verschiedensten Ebenen kreuzten sich die Kräusel und Wellen, glätteten sich wieder oder verschmolzen unauflösbar miteinander. Bei jeder Verschmelzung entstand eine neue Kraft, selbst ebenso einzigartig wie die beiden Kräfte, die sie hervorgebracht hatten. Welche Freuden wären der Welt vorenthalten geblieben, wenn einige dieser Kräfte nicht zustande gekommen wären, oder welche Leiden wären ihr mitunter erspart geblieben! Kräfte, die nicht nur durch eine Begegnung von Geist zu Geist entstanden, sondern auch von Leib zu Leib.

Milliarden von Paarungen haben zum leiblichen und geistigen Werden eines Beethoven, eines heiligen Franziskus, eines Hitler geführt. Die Verknüpfung und Verschmelzung von Milliarden einzelner Lebensfäden können eine Person von solcher Kraft erzeugen, sei es zum Guten oder zum Bösen, daß das Leben Milliarden anderer davon beeinflußt und der Lauf der Geschichte verändert wird. Ganz offensichtlich wirkt jeder Mensch, jedes einzelne Lebewesen irgendwie mit an der Gestaltung des Fortschritts, auch wenn nur wenige Aufnahme in die Geschichtsbücher finden. Jede Sekunde vollziehen sich Veränderungen in der Welt, Veränderungen durch geistige Einflußnahme wie die zwischen Lehrer und Schüler, Eltern und Kind, Regierenden und Bürgern, Schriftstellern oder Schauspielern und dem Publikum. Ja, jeder von uns trägt den Keim zur Veränderung in sich, einen Keim, der Pflege braucht, damit die darin angelegten Möglichkeiten ausgeschöpft werden können.

Für mich bestand kein Zweifel daran, daß wir Menschen die Fähigkeit besaßen, im Laufe der Zeit eine bessere Gesellschaft zu schaffen. Das Übel war nur, das wußte ich allzugut, daß uns die Zeit davonlief. Ich hatte die Schimpansen beobachtet, ich hatte die Knochen unserer steinzeitlichen Vorfahren in Händen gehalten. Ich wußte, woher wir in Millionen mühevollen Jahren gekommen waren. Und ich wußte, in welche Richtung wir steuern mußten. Aber uns bleibt nicht mehr der Luxus von Millionen Jahren, damit sich alle Menschen in Heilige verwandeln. Jedenfalls nicht, wenn wir weiterhin unsere Umwelt so zerstören wie gegenwärtig. Wir müßten uns also einfach bemühen, dachte ich, jeder einzelne von uns, ein wenig mehr wie ein Heiliger zu werden. Das sollte uns doch gelingen.

14

Auf der Straße nach Damaskus

Im Oktober 1983 änderte sich mein Leben für immer. Es war eine indirekte Folge der Veröffentlichung von *The Chimpanzees of Gombe* bei der Harvard University Press. Um das Buch schreiben zu können, hatte ich mir Unmengen von Wissen aneignen müssen, das Biologen im allgemeinen schon in ihrer Studienzeit erwerben – Wissen über den Einfluß von Hormonen auf die Aggressivität, soziobiologische Theorien usw. Es war harte Arbeit, aber die Mühe wert. Bevor ich diesen Wissensstand erreicht hatte, war mir immer unbehaglich zumute gewesen, wenn ich mit »richtigen« Wissenschaftlern gesprochen hatte. Abfällige Bemerkungen, die in den sechziger und siebziger Jahren über mich als »Cover-Girl« des *National-Geographic*-Magazins gemacht wurden, hatten offenbar mehr an mir genagt, als ich mir selbst eingestehen wollte. Aber das Buch wurde gut aufgenommen, als es schließlich erschien, und damit erfuhr mein Selbstbewußtsein eine ungeheure Stärkung.

Dr. Paul Heltne, Direktor der Akademie der Wissenschaften in Chicago, machte den Vorschlag, zur Feier der Veröffentlichung des Buches eine Konferenz zum besseren Verständnis von Schimpansen abzuhalten: *Understanding Chimpanzees*. Alle Feldbiologen, die in Afrika Schimpansenforschung betrieben, wurden eingeladen, aber auch einige, die in Gefangenschaft lebende beobachteten. Es war ein erstaunliches Treffen: Fast alle großen Namen aus der Schimpansenforschung waren da. Die Konferenz dauerte vier Tage, aber ihre Nachwirkungen waren erheblich länger zu spüren. Für mich brachte sie eine radikale Wende mit sich, ähnlich der, die dem Saul von Tarsus auf seinem Weg nach Damaskus widerfuhr, ein Erlebnis, das aus dem Saulus einen Paulus und einen der eifrigsten, unermüdlichsten Jünger Jesu machte. Als ich in Chicago ankam, war ich noch Forscherin und hatte vor, einen zweiten Band über die Schimpansen von Gombe zu schreiben. Beim Abschied hatte ich mich in meinem Herzen bereits dem Natur- und Artenschutz und der Öffentlichkeitsarbeit verpflichtet. Irgendwie ahnte ich, daß ich Band 2 womöglich nie mehr schreiben würde – zumindest solange nicht, wie ich noch voller Energie und Tatendrang war.

Auf dem Kongreß wurden überwiegend wissenschaftliche Themen behandelt, aber eine Sitzung befaßte sich mit dem Natur- und Artenschutz. Ich glaube, wir waren alle schockiert, als uns das Ausmaß bewußt wurde, in dem die Schimpansen in ganz Afrika von der Bildfläche verschwinden. Zur vorigen Jahrhundertwende gab es noch etwa zwei Millionen Schimpansen in 25 afrikanischen Staaten, aber in der letzten Hälfte des 20. Jahrhunderts hatte sich ihre Zahl auf weniger als 150 000 verringert, und nur in fünf Ländern gab es noch bedeutende Populationen von 5000 und mehr. Und selbst aus diesen letzten Hochburgen wurden die Schimpansen langsam und gnadenlos von der stetig wachsenden menschlichen Bevölkerung verdrängt. Bäume wurden gerodet, um daraus Hütten zu bauen, Feuerholz zu schlagen, Holzkohle herzustellen und um den Boden zu kultivieren; Holzindustrie und Bergbau

Foto: © Linda Koebner

waren immer weiter in die Urwälder vorgedrungen und hatten ansteckende Krankheiten im Gefolge, mit denen sich die Schimpansen infizierten. Menschen hatten sich entlang der Straßen niedergelassen und ihrerseits wieder Waldstücke gerodet, auf denen sie Ackerbau betrieben, und sie stellten Fallen aus und gingen auf die Jagd. Die geschrumpften Schimpansenpopulationen wurden zunehmend auseinandergerissen, und viele Gruppen waren inzwischen so klein, daß Inzucht die unvermeidliche Folge war: Langfristig bestand keine Hoffnung für ihr Überleben. In manchen west- und zentralafrikanischen Ländern wurden (und werden) Schimpansen zur Nahrung gejagt. Das war immer so, aber während die Jäger früher nur soviel Fleisch schossen, wie ihr Dorf brauchte, war die Jagd jetzt kommerzialisiert. Jäger aus der Stadt fuhren auf den Pisten der Holzfäller tief ins Herz der noch verbliebenen Wälder hinein und streckten alles nieder, was ihnen vor die Flinte kam. Dann räucherten sie das Fleisch oder trockneten es an der Sonne, luden es auf die Lastwagen und nahmen es mit in die Stadt, wo der Handel damit aufblühte: der Handel mit Fleisch aus dem Busch. Kulturell bedingt, gaben viele Leute dem Fleisch von Wildtieren den Vorzug. (Jahre später entdeckte man, daß die Schimpansen eine Variante des menschlichen Aidsvirus in sich tragen. Es ist nicht ausgeschlossen, daß dieser als Folge des Schimpansenschlachtens durch die Jäger auf die Menschen übersprang.)

Darüber hinaus blühte auch der Handel mit lebendigen Tieren. Selbst dort, wo kein Schimpansenfleisch auf dem Speisezettel stand, wurden oft Weibchen getötet, damit ihre Jungen gefangen und verkauft werden konnten, vor Ort als Haustiere, international zu medizinischen Versuchszwecken.

Eine weitere ernüchternde Sitzung beleuchtete die Bedingungen, unter denen Schimpansen in einigen medizinischen Forschungslabors der Vereinigten Staaten und anderer Teile der Welt gehalten wurden. Was ich da hörte, entsetzte mich im Innersten und weckte den brennenden Wunsch in mir, etwas dagegen zu tun.

25 Jahre lang hatte ich meinen Traum ausgelebt. Ich hatte in vollen Zügen die Waldeseinsamkeit genießen und bei einigen der faszinierendsten Lebewesen unserer Zeit in die Schule gehen dürfen. Jetzt, mit meinem neugewonnenen professionellen Selbstbewußtsein, konnte ich die Kenntnisse, die ich erworben hatte, anwenden, um den Schimpansen in ihrer bedrohlichen Lage zu helfen. Bisher war ich der Auffassung gewesen, letztendlich nichts Wirksames tun zu können. Ich besaß nicht die nötige akademische Ausbildung, wie ich meinte, um gegen die Wissenschaftler anzutreten, die in der medizinischen Forschung tätig waren. Und warum, um alles in der Welt, sollten Politiker auf mich hören? Aber jetzt, nach all der Arbeit, die ich in *The Chimpanzees of Gombe* gesteckt hatte, besaß ich genügend Selbstvertrauen, um Forschungslaboratorien zu besuchen und Gespräche mit den dort tätigen Wissenschaftlern und ihren Mitarbeitern zu führen. Ich begann, den Regierungen verschiedener afrikanischer Länder offizielle Besuche abzustatten, Kampagnen durchzuführen und eine Nonstopserie von Vorträgen zu halten, um den Schimpansen, die in Labors, im Zirkus und in anderen entwürdigenden Gefängnissen dahinvegetierten, eine Lobby zu gewinnen.

Ob ich es gewagt hätte, wenn ich damals gewußt hätte, daß ich damit fast nur noch unterwegs sein würde? Daß ich über Jahre an keinem Ort länger als drei Wochen bleiben würde und daß solche »Ruheperioden« höchstens zwei- bis dreimal im Jahr vorkommen und die einzige Gelegenheit für mich sein würden, zu schreiben? Daß meine kostbaren Aufenthalte in Gombe immer kürzer ausfallen würden, bis ich schließlich nur noch wenige Male im Jahr für knapp ein oder zwei Wochen dorthin kam? Wäre ich engagiert genug gewesen, und hätte ich genügend Kraft aufgebracht, um diesen schweren Weg zu beginnen? Ich war so im Innersten aufgewühlt und bestürzt von dem, was ich auf der Konferenz erfahren hatte, daß ich glaube, auch dann wäre die Antwort ja gewesen. Ich brauchte jedoch keine solche Entscheidung zu treffen, denn ich wurde, so scheint es, von einer Kraft mitgerissen, die viel zu stark war, um gegen sie anzukämpfen, und so erging es mir wie dem Apostel Paulus: Ich konnte nicht »wider den Stachel löcken«.

Meine Hilfskampagne für die Schimpansen in Afrika führte mich mit einer Ausstellung unter dem Titel »Die Schimpansen verstehen« als Kernpunkt einer Naturschutzwoche durch verschiedene Länder mit Schimpansengebieten. Ich traf, wo immer möglich, Staatsoberhäupter, Umweltminister und andere Regierungsbeamte und knüpfte Kontakte zu Umweltorganisationen und allen, die in der Schimpansenforschung und/oder zu deren Erhaltung tätig sind. Ich brachte engagierte Menschen in den jeweiligen Ländern dazu, selbst solche Naturschutzwochen zu veranstalten. Zu jedem Aufenthalt gehörten Vorträge in Schulen und in der Öffentlichkeit, Veranstaltungen zum Spendensammeln und möglichst viele Auftritte in den Medien. Unsere Veranstaltungen in Uganda, Burundi, Kongo-Brazzaville, Angola, Sierra Leone und Sambia waren sehr erfolgreich. Auch in Tansania, sowohl in Kigoma als auch in Daressalam, waren wir natürlich aktiv. Außerdem wurden Naturschutzprojekte in Zaire, Südafrika und Kenia gestartet.

Auf diesen Reisen lernte ich die entsetzliche Lage Hunderter von verwaisten Schimpansenkindern unmittelbar kennen. Sie waren in einer Welt wie Gombe geboren, doch dann wurden ihre Mütter abgeschossen – wegen des Fleisches oder um ihnen die Kinder zu entreißen und Handel damit zu treiben. Durch mein Engagement wurden schließlich Heime für Schimpansen eingerichtet, die von Regierungsbeamten auf Märkten oder irgendwo am Straßenrand beschlagnahmt worden waren. Und für solche Tiere, die uns von Leuten übergeben wurden, die diese als Haustiere erstanden hatten. Männliche und weibliche Schimpansen sind schon im Alter von sechs Jahren stark wie ein Mann und können selbst dann, wenn sie vollkommen in eine Menschenfamilie integriert waren und mit am Tisch gegessen, mit den Kindern gespielt und Besuche mitgemacht haben, nicht mehr risikolos im Haus gehalten werden. Sie wollen Schimpansen sein und sich wie Schimpansen benehmen, und so widersetzen sie sich Disziplinierungsmaßnahmen, fügen den Menschen mitunter schwere Bißverletzungen zu und sind schließlich eine potentielle Gefahr.

Viele haben versucht, mich von meinem Einsatz für Schimpansenwaisen abzubringen. Das würde zuviel kosten, und wir müßten letztlich ein Leben lang für sie sorgen (bis zu sechzig Jahre), weil sie nie wieder in die Wildnis entlassen werden könnten. Besser sei es, so wurde argumentiert, die kostbaren Gelder zum Schutz wildlebender Schimpansen und ihrer Heimatgebiete zu verwenden. Andere waren der Meinung, ich sollte lieber den afrikanischen Menschen statt »bloß« Tieren helfen. Für mich gab es jedoch keinen Zweifel: Ich konnte den ausgestreckten Händen, den flehenden Blicken der erbärmlich unterernährten Schimpansenwaisen nicht einfach den Rükken kehren. Und so begannen unsere Schutzprogramme. Sie bildeten jeweils den Mittelpunkt unserer Naturschutzprogramme insbesondere für Kinder. Darüber hinaus versuchten wir wie in Gombe, Einheimische einzubeziehen, indem wir möglichst viele von ihnen beschäftigten, Obst und Gemüse bei ihnen kauften und die örtliche Wirtschaft ankurbelten. Die Dorfbewohner bekamen Gelegenheit – oft war es das erste Mal für sie –, das faszinierende Sozialverhalten von Schimpansen mit eigenen Augen zu beobachten. Auch die Touristen waren davon begeistert, und in Kenia und Uganda waren die Schutzstationen bald finanziell unabhängig.

Wo immer Schimpansen in kleinen örtlichen Zoos lebten, überzeugte ich mich durch einen Besuch davon, wie sie untergebracht waren. Diese Besuche waren bedrückend; die Tiere waren meist ausgehungert, was nicht verwunderlich ist, da ihre Besitzer und deren Familien oft selbst nicht genug zu essen hatten. Wir konnten durch kleine Geldsummen und mit Hilfe am Ort lebender Ausländer einige Verbesserungen in den Zoos von Kongo-Brazzaville, Uganda und Angola bewirken.

Noch schlimmer waren meine Besuche in einigen der medizinischen Labors der Vereinigten Staaten und Europas. Dort wurden die Schimpansen zwar gut ernährt, aber ansonsten fristeten sie in ihren kahlen, sterilen Unterkünften ein unendlich langweiliges Dasein. Dafür gab es keinerlei Entschuldigung, denn Regierungen und Industrie steckten Milliarden in die Tierversuche, und die Verantwortlichen hätten wahrhaftig für eine bessere Unterbringung sorgen können. Ich werde nie vergessen, wie ich einmal einen Videofilm sah, den Tierrecht-Aktivisten heimlich im staatlich finanzierten SEMA-Laboratorium gedreht hatten. Er kam, wie versprochen, kurz nach der Chicagoer Konferenz an. Ich war gerade in Bournemouth, wo ich die Weihnachtsfeiertage mit meiner Familie verbrachte. Nachdem wir den Film gesehen hatten, waren wir alle in Tränen aufgelöst und so schockiert, daß wir kaum noch sprechen konnten. Wir sahen junge Schimpansen in winzigen Käfigen, die niedergeschlagen und voller Verzweiflung vor sich hin vegetierten. Ich hatte zwar gewußt, daß Schimpansen für die medizinische Forschung gebraucht wurden, aber nicht im Traum hätte ich gedacht, daß sie unter so trostlosen Bedingungen wie im SEMA-Labor leben müßten, in vollkommen unakzeptablen Verhältnissen, unter denen die Schimpansen eindeutig psychisch litten. Ich wollte gegen diese Grausamkeit zu Felde ziehen, wußte jedoch, daß das Video als Beweis nicht genügte – ich mußte mich mit eigenen Augen von den Zuständen überzeugen. Waren sie wirklich so trostlos? Ich bat um die Erlaubnis, das Labor besuchen zu dürfen; zu meiner Überraschung wurde mir ein Besuch im März 1987 gestattet.

Ich fürchtete mich aus tiefster Seele vor dem Besuch, und als der Zeitpunkt näher rückte, war ich richtig krank. Es war meine erste Konfrontation mit den Wissenschaftlern in weißen Kitteln, die ich zu Recht oder Unrecht als Feinde betrachtete. Ich war froh, daß mir Vanne, die um meine Angst wußte, noch eine kleines Kärtchen in die Tasche geschoben hatte mit zwei berühmten rückenstärkenden Parolen Churchills aus der Kriegszeit: »Dies ist nicht die Zeit für Zweifel oder Schwäche – dies ist die hohe Zeit unserer Berufung« und: »Wappnet euch, seid tapfer und kampfbereit.« Das SEMA-Labor war in Rockville im amerikanischen Bundesstaat Maryland; mein Weg führte mich aus der Innenstadt von Washington an der britischen Botschaft vorbei, und was stand da? Eine prächtige Bronzeskulptur Churchills, die Hand zum berühmt gewordenen V, dem Siegeszeichen, erhoben. Ein gutes Omen!

Ich mußte meinen ganzen Mut zusammennehmen, um diesen Besuch durchzustehen. Selbst mehrmaliges Anschauen des Videofilms hatte mich nicht ausreichend auf die harte Wirklichkeit vorbereitet. Aus der sonnigen Welt draußen wurde ich durch Flure im Tiefgeschoß in die dämmerige Kellerwelt von Versuchstieren geleitet. Wir betraten einen Raum, in den kleine Schimpansen von zwei oder drei Jahren jeweils zu zweit in winzigen Käfigen zusammengepfercht waren, die, wie ich später erfuhr, nur etwa 50 mal 55 cm Grundfläche hatten und 60 cm Höhe. Jeder Käfig steckte noch einmal in einer Art Isoliergehäuse, das ein bißchen wie ein Mikrowellenofen aussah und dafür sorgte, daß nur gefilterte, keimfreie Luft in das Schimpansengefängnis eindrang. Aus dem Fensterchen jedes Gehäuses schauten uns zwei kleine Schimpansen an. Zwar waren an ihnen noch keine Versuche vorgenommen worden, aber sie hatten bereits eine monatelange Quarantänezeit in den engen Zellen hinter sich. Immerhin waren sie zu zweit, aber nicht für lange. Sobald die Quarantänezeit vorüber sei, würden sie getrennt, sagte man mir, und kämen in einzelne Isolierkäfige, um dann mit Hepatitis B, Aids oder anderen Viruskrankheiten geimpft zu werden.

Ein heranwachsendes Weibchen wiegte sich immer hin und her in ihrem von der Außenwelt abgeschirmten Gefängnis. Wir benutzten eine Taschenlampe, um sie besser sehen zu können. Ein Techniker wurde angewiesen, ihren Käfig aufzuschließen und sie herauszuheben. Sie hing wie ein Stofftier auf seinem Arm, schlaff und apathisch. Er sprach nicht mit ihr. Sie sah ihn weder an, noch versuchte sie sonstwie, mit ihm in Kontakt zu treten. Entweder stand sie unter Drogeneinfluß, oder sie war in tiefste Verzweiflung versunken. Ihr Name sei Barbie, hieß es.

Die Erinnerung an Barbies Augen und die Augen der anderen Schimpansen, die ich dort sah, verfolgt mich noch heute. Die Augen blickten stumpf und leer wie die Augen von Menschen, die alle Hoffnung verloren haben, wie die Augen von Kindern, die ich in Afrika gesehen habe, Flüchtlingskinder, die ihre Eltern und ihre Heimat verloren hatten. Schimpansenkinder sind in so vieler Hinsicht Menschenkindern ähnlich. Sie drücken ihre Gefühle mit ähnlichen Gesten aus. Und sie haben die gleichen emotionalen Bedürfnisse – beide brauchen freundliche Berührung, Bestätigung und Spaß und die Gelegenheit zu wilden Spielen. Und sie brauchen Liebe.

Als ich aus dem Tiefgeschoßlabor wieder ans Licht kam, schockiert und traurig, nahm man mich zu einer Gesprächsrunde mit Angestellten des SEMA-Labors und Beamten der Gesundheitsbehörden mit. Als wir am Tisch saßen, merkte ich, daß mich alle erwartungsvoll ansahen. Was um alles in der Welt sollte ich nur sagen? Und dann kamen mir, wie es mir oft ergeht, wenn mein Kopf auf einmal leer ist, die richtigen Worte.

»Ich glaube, Sie alle wissen, was ich da unten empfunden habe«, sagte ich. »Und da Sie alle anständige, mitfühlende Menschen sind, nehme ich an, daß Sie ähnlich empfinden.« Dem konnten sie kaum widersprechen. Danach erzählte ich vom Leben der Schimpansen in der Wildnis, von ihren engen

Familienbanden, ihrer langen, sorglosen Kindheit. Ich beschrieb, wie sie sich Werkzeuge herstellen, wie sie die Behaglichkeit lieben, wie vielseitig ihre Ernährung ist und welche Einblicke wir seit kurzem in die Geistestätigkeit von Schimpansen haben. Dann schlug ich einen Workshop vor, ein Treffen, bei dem Biomediziner, Tiermediziner und Techniker aus Laboratorien mit Feldforschern, Verhaltensforschern und Vertretern des Tierschutzes diskutieren sollten, wie die Lebensbedingungen für Laborschimpansen verbessert werden könnten.

Der Workshop fand tatsächlich statt, aber die Gesundheitsbehörden spielten nicht mit, und das Abschlußdokument, das festlegte, welche Mindestanforderungen wir bezüglich der Käfiggröße, des Soziallebens und der geistigen Anregungen für Laborschimpansen stellten, wurde von der übergeordneten Behörde, dem amerikanischen Landwirtschaftsministerium, weitgehend ignoriert. Trotzdem ist das Schriftstück, das während dreier Workshops – einer fand in den Niederlanden statt – noch ausgefeilt wurde, in vieler Hinsicht von Nutzen gewesen bei unserem Kampf um eine Verbesserung der Lebensbedingungen von Versuchstieren. Von Nutzen, weil darin auch Wissenschaftler und Labormitarbeiter zu Wort kamen und nicht nur Tierschützer.

Ich bin zu der Überzeugung gelangt, daß es allen Wissenschaftlern, die Versuche an lebendigen Tieren vornehmen, zur Pflicht gemacht werden müßte, sich vorher mit dem natürlichen Verhalten dieser Tiere vertraut zu machen, um einschätzen zu können, wie ihre Forschung auf die betroffenen Tiere wirkt. Nur dann können sie den erwarteten Nutzen für die Menschheit gegen den Preis, den die Tiere mit ihrem Leiden bezahlen, abwägen.

Schimpansen, deren DNS-Struktur nur etwas über ein Prozent von der unsrigen abweicht, haben auch eine ähnliche Blutzusammensetzung und Immunabwehr wie wir. Sie können sich selbst mit allen menschlichen Krankheiten infizieren oder von uns damit infiziert werden. Hauptsächlich darum mußten sie als »Versuchskaninchen« herhalten, damit menschliche Erkrankungen wie Hepatitis und Aids weiter erforscht werden konnten und vielleicht Impfstoffe und Heilmittel gefunden wurden. Man sollte aber nicht vergessen, daß die Anatomie des Gehirns und des zentralen Nervensystems bei den Menschenaffen ebenfalls eine bemerkenswerte Ähnlichkeit mit der des Menschen aufweist – mehr als bei jedem anderen Geschöpf. Wenn physiologische Ähnlichkeiten zwischen Schimpansen und Menschen bedeuten, daß eine bestimmte Krankheit bei beiden wahrscheinlich einen ähnlichen Verlauf nimmt und durch die gleichen Vorbeugungsmaßnahmen oder Heilmittel beeinflußt werden kann, folgt daraus dann nicht logischerweise, daß Ähnlichkeiten des zentralen Nervensystems von Schimpansen und Menschen auch zu entsprechenden Übereinstimmungen in den mentalen Fähigkeiten geführt haben könnten? Und daß Schimpansen vielleicht ähnlich empfinden wie die menschgewordenen Primaten, denen sie auch äußerlich so ähnlich sind? Und daß sie eine vergleichbare Leidensfähigkeit haben?

Wir können natürlich nicht einfach kategorisch behaupten, Schimpansen würden ähnliche Geisteszustände erleben wie das, was bei uns Freude, Trauer, Angst, Verzweiflung usw. heißt, aber es erscheint möglich. Gewiß hat ein Schimpansenkind das gleiche Bedürfnis nach Trost und Zuwendung wie ein Menschenkind. Schimpansen vergießen keine Tränen, aber wer sich im Verhalten von Menschenkindern auskennt, dürfte kaum Schwierigkeiten haben, den Gefühlszustand eines kleinen Schimpansen korrekt zu beurteilen. Ich bin absolut davon überzeugt, daß Schimpansen geistig und körperlich genauso leiden können wie wir und traurig, deprimiert oder gelangweilt sein können, und deshalb schaudert es mich so bei Besuchen in Versuchslabors.

JoJo, einem ausgewachsenen Schimpansenmann, begegnete ich 1988 zum ersten Mal. Er war seit mindestens zehn Jahren in einem Standardlaborkäfig von etwa 1,50 mal 1,50 m Grundfläche und 2,10 m Höhe untergebracht. Das Institut hieß »Laboratorium für experimentelle Medizin und Chirurgie an Primaten (LEMSIP)« und gehörte zur Universität von New York. Wie viele andere der dreihundert Schimpansen dort verdiente er sich seinen Unterhalt: Die Tiere wurden für Medikamenten- und Impftests an pharmazeutische Betriebe vermietet. Damals hielt man insbesondere Schimpansen für gute Modelle, an denen man Erkenntnisse über Aids sammeln konnte. Sie zeigen zwar keine ausgeprägten Aidssymptome, aber das Retrovirus bleibt in ihrem Blut erhalten. An JoJo sollte ein neuer Impfstoff gegen das HIV-Virus ausprobiert und durch Injektion des Retrovirus »herausgefordert« werden.

Es war das erste Mal, daß ich einen *erwachsenen* Schimpansen in einem Labor besuchte. Der Veterinär Dr. Jim Mahoney informierte mich: »JoJo ist sehr sanftmütig«, sagte er, als wir zwischen den Käfigen entlanggingen, fünf auf jeder Seite des nur schwach beleuchteten, kahlen Raums im Tiefgeschoß. Ich kniete vor JoJo nieder, und er streckte seine Hände, so weit er konnte, zwischen den dicken Gitterstäben hindurch, die uns voneinander trennten. Überall um ihn herum, auf allen vier

Seiten, oben und unten, waren Gitterstäbe. In diesem furchtbar engen Gefängnis saß er schon seit mindestens zehn Jahren; zehn Jahre tödlicher Langeweile, unterbrochen nur von Perioden voller Angst und Qual. Außer einem alten Autoreifen war nichts, gar nichts in diesem Käfig. Und JoJo hatte keine Möglichkeit, mit Artgenossen Kontakt aufzunehmen. Ich sah ihm in die Augen. Da war kein Haß, nur so etwas wie Dankbarkeit, daß ich stehengeblieben war, um mit ihm zu reden, ihm eine kleine Ablenkung in der schrecklichen Monotonie des Tages zu verschaffen. Er groomte sacht die Kanten, wo sich meine Fingernägel gegen das Gummi der Schutzhandschuhe drückten, die ich zusätzlich zu einer Gesichtsmaske und einer Papiermütze tragen mußte. Ich streckte die Hand zwischen den Gitterstäben durch, und da rollte er den Handschuh zurück und groomte schmatzend die Haare auf meinem Handrücken.

JoJos Mutter war in Afrika erschossen worden. Ob er sich an sein früheres Leben erinnerte? Ob er manchmal noch von den hohen Bäumen träumte, durch deren Blätterdach der Wind strich, an den Vogelgesang, das Behagen in den Armen seiner Mutter? Ich mußte an David Greybeard und die anderen Schimpansen in Gombe denken. Wieder schaute ich JoJo an, der mich groomte, und meine Augen schwammen in Tränen. Ihm war nicht die Freiheit beschieden, jeden Tag so zu verbringen, wie es ihm gefiel, wo und mit wem. Er durfte nicht die Behaglichkeit des weichen Waldbodens oder eines Schlafnestes in luftiger Höhe in einem Baumwipfel genießen. Ebensowenig die Geräusche der Natur, das Plätschern der Bäche, das Tosen des Wasserfalls im dämmerigen Grün und Braun des Waldesdoms, das Rauschen und Seufzen des Windes in den Zweigen, das Rascheln kleiner Tiere in den Blättern, die Schimpansenrufe, die klar von den fernen Bergen herüberschallten.

Diese Welt war JoJo vor langer, langer Zeit genommen worden. Jetzt mußte er sich mit einer Welt unserer Wahl abfinden, einer Welt, die hart, kalt und steril war, einer Welt aus Beton und Stahl, wo Türen schlugen und das ohrenbetäubende Rufen der Schimpansen in unterirdischen Räumen verhallte. Furchtbare Geräusche. Eine Welt ohne Fenster, ohne etwas, das man anschauen, mit dem man spielen konnte. Keine wohltuenden Finger, die einem das Fell pflegten, kein Freund, den man am Morgen in freudiger Begrüßung umarmte und küßte, keine Möglichkeit, mit einer herrlichen Imponiervorstellung seine Männlichkeit zu zeigen. JoJo hatte kein Verbrechen begangen, und dennoch war er zu lebenslänglicher Haft verurteilt worden. Ich schämte mich, ein Mensch zu sein. JoJo streckte den Arm durch die Gitterstäbe und berührte ganz zart meine Wangen, über die mir die Tränen in die Maske liefen. Er schnupperte an seinem Finger, schaute mir kurz in die Augen und widmete sich wieder meinem Handrücken. Ich glaube, der heilige Franziskus stand bei uns und weinte auch.

Jeder, der die Lebensumstände von Tieren verbessern will, setzt sich unweigerlich der Kritik derer aus, die solche Bemühungen in einer Welt, in der die Menschheit leidet, für völlig verfehlt halten. Das jedenfalls war wohl die Meinung einer Frau, der ich auf einer Tour in Amerika begegnete. Ich hatte gerade Geburtstag, und es gab eine kleine Überraschungsparty für mich. Die Sonne lachte, und die Frühlingsblumen wärmten einem das Herz. Plötzlich kam meine Gastgeberin zu mir und machte mich besorgt auf eine Frau mit verkniffenem

Gesicht aufmerksam, die eben eingetroffen war. »Sie hat eine herzkranke Tochter«, erläuterte sie mir. »Man hat ihr gesagt, ihre Tochter sei nur noch am Leben wegen der Versuche an Hunden. Sie gehört zu den organisierten Befürwortern von Tierversuchen.«

Ich kannte diese Gruppe und war froh, daß die Gastgeberin mich gewarnt hatte. Es gab sicher Ärger. Und tatsächlich näherte sich mir die betreffende Frau bald darauf, um mich in der Luft zu zerreißen. Wenn es nach mir ginge, wäre ihre Tochter längst gestorben. Leute wie mich fände sie furchtbar. Sie spuckte Gift und Galle, und die Leute um uns herum zogen sich peinlich berührt zurück. Als ich schließlich auch einmal etwas sagen konnte, erzählte ich ihr, meine Mutter hätte eine Schweineherzklappe eingesetzt bekommen. Die Klappe stamme von einem handelsüblichen Schlachtschwein, die Sache sei jedoch zuvor an Laborschweinen getestet worden. »Zufällig mag ich Schweine sehr gern«, sagte ich. »Sie sind ebenso intelligent wie Hunde – oft noch klüger. Ich bin dem Schwein, das meiner Mutter das Leben gerettet hat, unendlich dankbar, auch den Schweinen, die vielleicht gelitten haben, um diese Operation zu ermöglichen. Deshalb möchte ich alles in meiner Möglichkeit Stehende tun, um die Bedingungen der Schweine in den Labors und Farmen zu verbessern. Sind Sie den Hunden nicht dankbar, die Ihrer Tochter das Leben gerettet haben? Würden Sie nicht nach Kräften alle Bemühungen unterstützen, Alternativen zu finden, damit in Zukunft keine Hunde – und Schweine – mehr benötigt werden?«

Die Frau starrte mich an – sie war einen Augenblick sprachlos. Dann sagte sie: »So hat es noch niemand dargestellt.« Der bittere, wütende Ausdruck auf ihrem Gesicht war verschwunden. »Ich werde das, was Sie gesagt haben, in meiner Gruppe zur Sprache bringen«, sagte sie, als sie ging.

Die Verwendung von Tieren zu Versuchszwecken ist ein höchst kontroverses Thema. Vom Standpunkt jener, denen Tiere am Herzen liegen, ist das kaum verwunderlich. Im Namen der Wissenschaft und mit Blick auf die verschiedensten Zielsetzungen – die Gesundheit der Menschen zu verbessern, Sterbende am Leben zu erhalten, Sicherheit zu gewährleisten, Forschungshypothesen zu überprüfen und Studenten zu lehren – werden Tiere unendlich vielen invasiven, furchterregenden und manchmal schmerzhaften Prozeduren unterworfen. Um Produktsicherheit und -wirkung zu testen, werden Tiere wie Ratten und Mäuse, Meerschweinchen, Katzen, Hunde und Affen mit einer Vielzahl von Substanzen geimpft bzw. zwangsweise mit Pillen oder Tropfen traktiert oder bekommen etwas in die Augen geträufelt. Chirurgische Eingriffe werden von Studenten an Versuchstieren geübt, ebenso wie neue Techniken an Tieren ausprobiert werden. Um Verfahren zur Behandlung von Brandwunden experimentell zu testen, werden Tieren großflächige Verbrennungen ersten Grades beigebracht. Um die Auswirkungen des Rauchens, des Drogenkonsums, des fettreichen Essens usw. auf das Herrentier »Mensch« zu untersuchen, werden wieder andere Arten von Tieren gezwungen, Unmengen Rauch einzuatmen, werden ihnen zwangsweise Drogen verabreicht und müssen sie sich völlig überfressen. Um etwas über biologische Systeme in Erfahrung zu bringen, stechen Wissenschaftler Elektroden in Tiergehirne und blenden, töten und sezieren Tiere. Um deren geistige Funktionen zu erkunden, unterwerfen Forscher Tiere einer Vielzahl von Tests; Fehler werden mit Elektroschocks, Nahrungs- und Wasserentzug und anderen Grausamkeiten bestraft. Kurz: Was Tieren im Namen der Wissenschaft angetan wird, ist oft, vom Standpunkt des Tieres aus, die reine Folter – und würde auch als solche betrachtet, wenn es keine Wissenschaftler wären, die dieses Verbrechen begehen.

Ich habe lange und gründlich über die ethischen Folgerungen aus der Tierversuchsforschung nachgedacht. Dürfen wir, einmal abgesehen vom Nutzen dieser Experimente für die Gesundheit des Menschen, Tiere überhaupt auf solche Weise ausbeuten? Menschen sind Tiere. In der Nazizeit wurden in Europa Versuche an Menschen durchgeführt. Auch in anderen Ländern sind zu allen Zeiten Menschen mit oder ohne ihr Wissen zu potentiell gefährlichen Experimenten mißbraucht worden. Der Gedanke, daß an Menschen ohne deren Einwilligung vorsätzlich Experimente vorgenommen werden könnten, entsetzt uns zutiefst. Und das mit Recht.

Wenn mit einem anderen Lebewesen als dem Menschen ein schmerzhaftes Experiment durchgeführt wird, sind wir bestürzt, das eine Mal mehr, das andere Mal weniger, je nachdem, wieviel Leid dem betreffenden Tier unserer Meinung nach angetan wird. Folglich wäre es gut zu *wissen,* wie stark verschiedene Tierarten leiden. Leider wird uns dieses Wissen versagt bleiben – selbst bei Menschen bestehen unendlich große Unterschiede in der Schmerzwahrnehmung: Ein und derselbe Vorgang mag für den einen eine furchtbare Qual sein, während er den anderen nur wenig schmerzt. Gewisse Dinge schmerzen jedoch, wie wir wissen, Menschen ebenso wie Tiere, zum Beispiel die Einnahme von Gift, das unter furchtbaren Eingeweidequalen den Tod herbeiführt. Haben wir das Recht, bei einem gesunden Tier Qualen dieser Art auszulösen, nur damit den Menschen irgendwann in Zukunft solche Qualen erspart bleiben? Das ist eine Frage, die sich jeder selbst beantworten muß. Unsere Antworten werden unterschiedlich ausfallen, je nachdem, welcher Art das betreffende Tier angehört, was wir über das Wesen des betreffenden Tieres wissen und welche Erfahrungen wir mit schmerzhaften Erkrankungen gleicher Art gemacht oder bei lieben Verwandten erlebt haben.

Zum Glück haben die zunehmenden Tierschutz- und Tierrechtsbewegungen der Suche nach Alternativen zu pharmazeutisch oder medizinisch begründeten Tierversuchen neuen Auftrieb gegeben. Allerdings wird der weitere Mißbrauch von Tieren bedauerlicherweise noch immer nicht sofort gesetzlich untersagt, sobald eine Alternative gefunden und deren Wirksamkeit von den entsprechenden Behörden (in den USA der Food and Drug Administration) bestätigt ist. Bedauerlich ist auch, daß die Hürden, die zu überwinden sind, um die Genehmigung für ein Verfahren *ohne Tierversuch* zu erhalten, viel zahlreicher und erheblich höher sind als bei Antrag auf einen neuen Tierversuch. Um festzustellen, welchen Nutzen Tierexperimente letztendlich gebracht haben, ist die Geschichte der Medizin gründlich erforscht worden. Dabei hat sich klar gezeigt, daß Tierversuche nicht so ausschlaggebend für medizinische Fortschritte gewesen sind, wie die Befürworter der Tierexperimente immer behaupten. Außerdem haben viele Tierversuche in die Irre geführt und zum einen bewirkt, daß bestimmte Medikamente manchmal auf Jahre vom Markt ferngehalten wurden, deren hervorragende Eigenschaften für den Menschen später nachgewiesen wurden, oder daß Medikamente freigegeben und eingesetzt wurden, die zwar bei Tieren keine nachteiligen Wirkungen gezeigt hatten, bei Menschen jedoch schwere Leiden und sogar den Tod verursachten.

Ich glaube, eine der großen Herausforderungen der Zukunft – insbesondere für junge Forscher auf dem Gebiet der Human- und Veterinärmedizin – wird die sein, Alternativen zum Versuch an Tieren aller Arten zu entwickeln mit dem Ziel, diese Experimente *sämtlichst abzuschaffen*. Wir brauchen einen neuen Denkansatz, der ohne die alte Entschuldigung auskommt, es sei zwar traurig, aber ein *paar* Tiere würden wohl immer gebraucht; vielmehr sollten wir endlich zugeben, daß diese Praxis unmoralisch ist und es um so besser ist, je schneller wir damit aufhören. Möge die Wissenschaft ihre vereinten überragenden Geisteskräfte dazu benutzen, alle Tierversuche allmählich einzustellen! Die Geschichte ist voll von beispielhaften Berichten über Menschen, die das Unmögliche erreicht haben.

Nun ist die Wissenschaft zwar für einen Großteil des Leids und vieler unnötiger Qualen verantwortlich, aber sie ist nicht allein am Tiermißbrauch schuld. Milliarden von Tieren sind unsäglichem Schmerz und Elend und unsäglicher Angst ausgesetzt durch die Intensivhaltung in der Landwirtschaft zum Zwecke der Fleischproduktion. Von ihrer Geburt bis zu ihrem Tod leiden sie in ihren Gehegen und Batterien, auf den manchmal endlosen Fahrten zum Schlachthaus und am schlimmsten in den Schlachthöfen selbst. Wildtiere werden gejagt, in Fallen gefangen und vergiftet. Mit einer Vielzahl von Tierarten wird ein abscheulicher Mißbrauch getrieben beim Tierhandel, bei der Dressur von Tieren zu Unterhaltungszwecken und in der Haustierbranche. Ferner gibt es noch zahllose Lasttiere, deren Behandlung geradezu an Barbarei grenzt.

In den vergangenen vierzig Jahren sind immer mehr Tiere Opfer der landwirtschaftlichen Intensivhaltung geworden. Diese Art der Landwirtschaft, die zur Produktivitätsmaximierung bei lebenden Tieren Fließbandmethoden anwendet, hat sich immer mehr durchgesetzt, so daß kleine bäuerliche Betriebe allmählich von großen Konzernen verdrängt wurden – die Agroindustrie hielt Einzug. Das wurde mir erst richtig bewußt, als ich Peter Singers Buch *Befreiung der Tiere* las, in dem er in allen Einzelheiten beschreibt, was das alles beinhaltet. Legehennen, die in sogenannten »Batterien« in Käfige von 40 mal 50 cm Größe gepfercht wurden, manchmal fünf Tiere auf einmal, begannen sich kannibalistisch anzupicken. Also wurden ihnen die Schnäbel »gestutzt« – man hängte sie kopfunter in langen Reihen an den Beinen auf und ließ sie an einer Maschine vorbeilaufen, die ihnen die Schnäbel abschnitt, eine schmerzhafte Prozedur, die den Hennen noch dazu lebenslange Schmerzen an den Schnabelstümpfen bescherte. Schweine, so las ich, wurden in kleinen Koben gehalten, in denen sie sich kaum bewegen konnten. Da sie auf Gitterrosten standen, durch die der Kot hindurchfallen und weggespült werden konnte, wurden ihre Füße wund und deformiert; auf dem Weg zur Schlachtbank brachen den übermästeten Schweinen oft die durch Bewegungsmangel schwach gewordenen Beine. Sauen, die Ferkel geworfen hatten, wurden in Eisenreifen geklemmt, so daß sie sich buchstäblich nicht rühren konnten – damit sie nicht aus Versehen eins ihrer Ferkel erdrückten. Zudem war es ein absoluter Alptraum für die Schweine mit ihren unglaublich empfindlichen Nasen (ich erinnere nur an die berühmten Trüffelschweine in Frankreich!), dem Gestank ihrer Exkremente, dem Ammoniakgeruch ihres Urins nicht entfliehen zu können – der selbst für uns mit unserem schlechten Geruchssinn unerträglich ist. Fleischkälber, so erfuhr ich, wurden in Verschlägen gehalten, die so eng waren, daß sie sich darin nicht umdrehen konnten. Außerdem mußten sie ohne Licht im Dunkeln leben und bekamen Eisen entzogen, damit ihr Fleisch möglichst weiß wurde. Sie litten unter solchem Eisenmangel, daß sie sogar den eigenen Urin tranken.

Meine Einstellung zum Fleischverzehr änderte sich schlagartig. Wenn ich mir ein Stück Fleisch auf meinem Teller anschaute, hatte ich gleich das lebende Tier vor Augen, das für mich getötet worden war, und es schien Angst, Qual und Tod zu symbolisieren – nicht gerade appetitanregend. Daraufhin hörte ich auf, Fleisch zu essen. Eine der wunderbaren Nebenwirkungen meiner Wandlung zur Vegetarierin war die Hebung meines Gesundheitszustandes. Ich fühlte mich leichter, von einer reineren Energie erfüllt. Mein Körper brauchte keine Zeit mehr damit zu verschwenden, gutes Protein aus all den Abfallprodukten herauszuziehen, von denen sich auch das vormals lebendige Tier hatte befreien wollen.

Die Zucht von Fleischtieren wirft noch andere Probleme auf. Tausende von Hektar Regenwald werden abgeholzt, um Rinderweiden zu schaffen oder Futterpflanzen anzubauen. Nicht allein, daß dadurch die Indianerstämme im Amazonasgebiet ihre Waldheimat verlieren, die ganze Sache ist auch noch eine extreme Verschwendung. Auf etwa einem Hektar fruchtbaren Ackerbodens können 600 bis 700 kg Eiweiß aus Feldfrüchten wie Erbsen und Bohnen gewonnen werden. Wird der Acker statt dessen zum Anbau von Futtermitteln verwendet, mit denen Tiere gefüttert werden, die wir dann töten und verzehren, bringt er nur etwa 50 bis 60 kg tierisches Eiweiß.

Um es klar zu sagen: Ich verdamme keineswegs den Fleischgenuß an sich – nur die landwirtschaftliche Intensivhaltung. Die Fleischesser unter uns – und dazu gehören die meisten meiner Freunde – sollten das Fleisch von Tieren vorziehen, die sich ihres Lebens freuen durften und schließlich möglichst schmerzlos geschlachtet wurden. Könnten wir nicht auch für den Geist oder die Seele des einst lebendigen Geschöpfes, das für uns gestorben ist, beten? Früher einmal taten die Leute das. Indianische Völker tun es immer noch. Jede Kleinigkeit, die uns wieder mit unserer natürlichen Umwelt und der spirituellen Kraft in Berührung bringt, von der alles durchdrungen ist, bedeutet einen Schritt mehr auf dem Weg der moralischen und geistigen Evolution des Menschen.

Wir müssen erkennen, daß Menschen nicht die einzigen Tiere mit einer Persönlichkeit sind, nicht die einzigen Tiere, die zu vernünftigem Denken und zu Problemlösungen fähig sind, nicht die einzigen Tiere, die Freude, Trauer und Verzweiflung empfinden können, und vor allem nicht die einzigen Tiere, die sowohl seelisch als auch körperlich leiden können. Wenn wir das einsehen, verlieren wir, wie ich hoffe, etwas von der Überheblichkeit und Sicherheit, mit der wir glauben, das unveräußerliche Recht zu haben, mit anderen Lebewesen zu tun, was uns gefällt, solange das Tier »Mensch« davon profitiert. Wir sind einzigartig, ja, aber wir unterscheiden uns nicht so stark von den Geschöpfen des Tierreichs, wie wir immer angenommen haben. Diese Erkenntnis sollte uns bescheiden machen, uns neue Achtung für andere erstaunliche Tiere einflößen, mit denen wir uns diesen Planeten teilen, besonders für die Tiere mit komplexem Gehirn und Sozialverhalten, über die wir am meisten wissen, wie Hunde, Katzen und

Schweine. Selbst wenn wir nur *vermuten*, daß andere Lebewesen Gefühle haben, die den unseren gleichen oder zumindest nicht allzu abweichend davon sein könnten, sollten wir uns Gedanken darüber machen, ob wir sie einfach bloß wie unseren Zwecken dienliche »Sachen« oder »Geräte« behandeln dürfen. Sind denn Tiere, auch wenn sie nur für uns gezüchtet werden – für Laborversuche, als Nahrung oder zu unserer Unterhaltung –, dadurch weniger Schwein? Weniger Affe? Weniger Hund? Sind sie dadurch ihrer Gefühle und ihrer Leidensfähigkeit beraubt? Wären Menschen, die wir nur für medizinische Experimente aufzögen, weniger Mensch? Würden sie weniger leiden und weniger wert sein als andere Menschen? Haben die menschlichen Sklaven weniger Schmerz, Kummer und Verzweiflung empfunden, nur weil sie schon als Sklaven geboren wurden?

Wir brauchen nur einmal alle die aufzulisten, die für Güte und Mitgefühl gegenüber den Tieren eingetreten sind, und gleich sehen wir, wie viele große Geister in ihren Reihen zu finden sind. Albert Einstein appellierte an uns, den »Kreis des Mitgefühls auf alle lebendigen Geschöpfe und die gesamte Natur in ihrer Schönheit auszuweiten«. Albert Schweitzer betonte, wir brauchten »eine grenzenlose Ethik, die auch Tiere miteinschließt«. Nach Mahatma Gandhis Auffassung »kann man die Menschen eines Landes danach beurteilen, wie sie mit ihren Tieren umgehen«.

Zu allen Zeiten haben sich auch immer bedeutende Menschen unmißverständlich zum Thema des Fleischgenusses geäußert. Pythagoras schrieb: »Die Erde hat einen Überfluß an Reichtümern zu bieten, an unschuldiger Nahrung, und kann mit Festessen aufwarten, die kein Blutvergießen und kein

Schlachten erfordern; nur Raubtiere stillen ihren Hunger mit Fleisch.« George Bernard Shaw, der große britische Dramatiker, sagte: »Wir wollen nicht kämpfen. Und dennoch verschlingen wir gierig die Toten.« Benjamin Franklin erklärte, Fleischgenuß sei »vorsätzlicher Mord«. Am vehementesten erhob Leonardo da Vinci, wohl einer der größten Geister aller Zeiten, seine Stimme: Er betrachtete die Leiber von Fleischessern als »Begräbnisstätten, als Friedhöfe für die Tiere, die sie verzehren«.

In meinen Augen ist Grausamkeit die schlimmste aller menschlichen Sünden. Sobald wir akzeptieren, daß ein Lebewesen Empfindungen hat und Schmerzen leidet, machen wir uns der Grausamkeit schuldig, wenn wir diesem Lebewesen wissentlich und vorsätzlich Leid zufügen. Sei es Mensch oder Tier, immer verrohen *wir selbst* dabei.

Es ist nicht immer leicht, dies anderen zu vermitteln.

Eine Geschichte, die ich besonders gern erzähle, dreht sich um einen Londoner Taxifahrer, der mich einmal frühmorgens zum Flughafen Heathrow brachte. Ich war müde, hatte zwei Vortragswochen vor mir und wollte auf der Fahrt noch ein wenig dösen. Aber irgendwoher wußte der Fahrer, daß ich mich mit Schimpansen beschäftigte, und ließ eine boshafte Tirade gegen alle diejenigen vom Stapel, die Geld an Tiere »verschwendeten«. Besonders gegen seine Schwester. Fortwährend hackte er auf seiner Schwester herum. Sie war in einer örtlichen Tierschutzvereinigung tätig. Es mache ihn krank, eine Schwester zu haben, die sich um Tiere kümmerte. Es gäbe viel zu viele Fernsehprogramme über Tiere. Er schalte dann immer ab.

Ich war überhaupt nicht in Stimmung für das ganze Gerede. Eben wollte ich mich einfach zurücklehnen und die Augen schließen, als mir bewußt wurde, daß er mit seiner Gereiztheit und seinen Scheuklappen genau zu denen gehörte, denen dringend die Augen geöffnet werden mußten. Er stand stellvertretend für Tausende, die so dachten wie er. Er argumentierte am Thema vorbei, war unfähig zur Diskussion und nur dazu in der Lage, die immer gleichen alten dogmatischen Behauptungen wiederzukäuen, die er schon hundertmal gehört und wiederholt hatte. Es war offenbar kein Zufall, daß ich in seinem Taxi saß.

Also nahm ich auf dem unbequemen seitlichen Notsitz Platz und redete während der ganzen Fahrt nach Heathrow durch die kleine Öffnung in der Trennscheibe mit ihm. Zuerst erzählte ich ihm von den Schimpansen. Er hörte zwar zu, blieb jedoch unbeeindruckt. Ich erzählte ihm, daß Schimpansen Zeichensprache erlernen können. Ich erzählte ihm, manche Schimpansen würden gern malen. Und daß sie Empfindungen hätten, füreinander sorgten und einander aus Notlagen retteten. Ich erzählte Geschichten von Hunden und anderen Tieren, die ihrem Besitzer das Leben gerettet hatten. Ich erklärte, daß wir meines Erachtens eine Verantwortung hätten gegenüber Tieren in Gefangenschaft, weil wir sie all ihrer Möglichkeiten beraubt hätten, selbst für sich zu sorgen. Und es gäbe bereits so viele Menschen, die sich um die Probleme ihrer Mitmenschen kümmerten, daß es sicher in Ordnung sei, wenn einige sich auch der Tiere annähmen.

Aber nichts schien Eindruck auf ihn zu machen. Sich um Tiere zu kümmern, dabei blieb er eigensinnig, sei reine Zeitverschwendung. »Aber trotzdem viel Spaß in Amerika«, sagte er zum Abschied.

Es gehörte sich, ihm trotz seiner Ansichten ein Trinkgeld zu geben, aber ich hatte es nicht passend, und er konnte mir nicht herausgeben. Also sagte ich ihm, er solle ein paar Pfund für sich behalten und den Rest des Geldes seiner Schwester für ihre Tierschutzarbeit geben. Nicht, daß ich glaubte, daß er das tun würde – die Sache entsprach einfach meinem Sinn für Humor.

Als ich nach meiner Tour wieder in England war, fand ich einen Brief von der Schwester des Taxifahrers vor.

»Mein Bruder hat mir Ihre Spende ausgehändigt«, schrieb sie. »Das war sehr freundlich von Ihnen. Aber das Erstaunlichste ist, daß irgend etwas mit meinem Bruder geschehen ist. Was haben Sie bloß mit ihm angestellt? Er ist plötzlich so nett zu mir und stellt mir dauernd Fragen über die Tiere. Er ist völlig verändert. Was haben Sie mit ihm gemacht?«

Meine anstrengende Stunde Fahrt hatte sich also gelohnt. Zum einen war die Schwester jetzt glücklich über ihn, und zum andern hatte er ja vielleicht seine neuen Erkenntnisse an einige seiner Freunde weitergegeben und einen oder mehrere *von ihnen* zum Umdenken veranlaßt.

Allmählich verändern sich heute die Einstellungen. Und sie werden sich weiterhin verändern, je besser die breite Öffentlichkeit informiert wird und je mehr Menschen mit Ausstrahlung auf die Massen die Botschaft verbreiten – etwa wie Sir Paul McCartney, der nach dem Tod seiner Frau den Entschluß faßte, sich mehr für die Tiere zu engagieren, die ihr so viel bedeutet hatten. Viele der medizinischen Fakultäten großer Universitäten haben Laborversuche an Tieren von ihrem Stundenplan gestrichen. Amerikanische Hochschulen für Veterinärmedizin bieten inzwischen Alternativen zum herkömmlichen Üben an gesunden Straßenhunden und -katzen an – gesund bis zu dem Zeitpunkt, an dem Studenten sie sezierten. Das alte SEMA-Labor, wo ich Barbie kennenlernte, trägt einen neuen Namen, der ebenfalls eine Einstellungsänderung widerspiegelt. Die Isoliergehäuse gibt es nicht mehr; die Schimpansen sind in ziemlich großen Käfigen untergebracht und bleiben bei allen Versuchen zu zweit. JoJo, mein trauriger Freund vom Labor für experimentelle Medizin und Chirurgie, durfte nach Schließung dieses Instituts seinen Ruhestand in einem Heim in Kalifornien genießen, und viele weitere Schimpansen aus jenem Labor wurden ebenfalls auf solche Schutzeinrichtungen in Nordamerika verteilt.

Unser Weg ist noch weit. Aber wir haben die richtige Richtung eingeschlagen. Wenn es uns gelingt, die Grausamkeit gegen Mensch und Tier mit Liebe und Mitgefühl zu überwinden, werden wir an der Schwelle einer neuen Ära der menschlichen Moral und der spirituellen Evolution stehen – und endlich unsere einzigartige Eigenschaft verwirklichen: die Menschlichkeit.

15

Hoffnung

Die Frage, die mir auf meinen Reisen rings um die Welt am häufigsten gestellt wird, entspringt den tiefsten Ängsten des Menschen: »Jane, glauben Sie, es besteht noch Hoffnung?« Besteht noch Hoffnung für die Regenwälder Afrikas? Für die Schimpansen? Für die Menschen in Afrika? Besteht noch Hoffnung für unseren Planeten, diesen wunderschönen Erdball, den wir im Begriff sind zu zerstören? Besteht noch Hoffnung für uns und unsere Kinder und Kindeskinder?

Manchmal fällt es schwer, optimistisch zu sein. In Afrika fliegt man oft viele Kilometer über Ödland, das vor fünfzehn oder zwanzig Jahren noch saftig grün war und wo inzwischen bei weitem mehr Menschen mit ihren Rindern, Schafen und Ziegen leben, als der Boden ernähren kann. Menschen, die zu arm sind, um anderswo Nahrungsmittel zu kaufen. Welche Zukunft haben sie? Und Gombe? Als ich 1960 das erste Mal dorthin kam, war die Küstenlinie den ganzen See entlang bewaldet. Über die Jahre sind die Bäume von den Einheimischen als Feuerholz, Bauholz oder um Ackerland zu gewinnen, geschlagen worden. Heute sind die Wälder rings um den Nationalpark verschwunden, nur baumlose Hänge sind zurückgeblieben, deren kostbarer Mutterboden erodiert und bei jedem Regen in den See gespült wird, wo er die Brutstätten der Fische unter Schlick begräbt. Selbst die Steilhänge sind baumlos: Die Bauern haben sie abgeholzt in dem kläglichen Bemühen, Maniok und Bohnen auf dem immer ärmer werdenden Boden anzubauen, der verblieben ist. Außerhalb des Nationalparks gibt es schon keine Schimpansen mehr und auch kaum noch andere Wildtiere. Die Menschen leiden bereits; hier und da müssen die Frauen schon die Wurzeln längst geschlagener Bäume ausgraben, um an das Feuerholz heranzukommen, das sie zum Kochen benötigen. Und all diese Veränderungen nur, weil die Zahl der Menschen so drastisch zugenommen hat – vor allem also wegen des explosiven Bevölkerungswachstums, aber auch infolge der Flüchtlingsströme aus dem von Unruhen geschüttelten Burundi im Norden und seit kurzem aus dem Osten des Kongo. Überall auf dem afrikanischen Kontinent und in anderen Entwicklungsländern ist es das gleiche: Rasches Bevölkerungswachstum, abnehmende Ressourcen und Naturzerstörung haben Armut und menschliches Elend zur Folge.

Ja, wir sind dabei, unseren Planeten zu zerstören. Die Wälder schwinden, der Boden erodiert, der Grundwasserspiegel sinkt, die Wüsten nehmen zu. Hunger, Krankheiten, Armut und Unwissenheit breiten sich aus. Ebenso Grausamkeit, Habgier, Eifersucht, Rachsucht und Korruption. In unseren Großstädten steigen Verbrechensquote, Drogenmißbrauch und Bandenkriminalität; Tausende sind obdachlos und ziehen, ihre Habseligkeiten in Kinder- oder Einkaufswagen verstaut, umher, leben, schlafen und sterben in Hauseingängen und auf Gitterrosten. Die Zahl der Straßenkinder wächst beständig. Rassenkonflikte, Massaker und Verstöße gegen Friedensabkommen sind an der Tagesordnung. Millionen von unschuldigen Menschen sind durch Kugeln, Macheten oder Landminen umgekommen oder verstümmelt worden. Weitere Millionen sind auf der Flucht. Das organisierte Verbrechen und der Waffenhandel blühen; und eine neue Angst geht um, daß aus Rußlands wirtschaftlichem Kollaps ein internationaler Schwarzhandel mit Atomprodukten aus dem riesigen, bröckelnden nuklearen Fundus des Landes entstehen könnte.

Der internationale Terrorismus hat mit den antiamerikanischen Bombenanschlägen einen neuen, noch unheilvolleren Anstrich bekommen. In Tansania und Kenia waren die amerikanischen Botschaften das Ziel. Der Anschlag auf ein Restaurant in Kapstadt, nur weil es im amerikanischen Stil eingerichtet war, ist besonders alarmierend. Überall in der Welt blicken die Amerikaner jetzt hinter sich, nicht aus Angst vor dem eigenen Schatten, sondern vor dem Schatten, den ihr Land wirft. Der Terrorismus mit seinen selbstmörderischen Sprengstoffanschlägen wird von blankem Haß genährt. Von fanatischem Haß. In Palästina, so habe ich kürzlich gelesen, *lernen* kleine Kinder im Alter von sieben Jahren in Sommerlagern das Hassen. Ein achtjähriges Mädchen trat dort im *Children's Club* auf, einer beliebten Fernsehserie, und verkündete: »Wenn ich durchs Stadttor von Jerusalem gehe, wird aus mir ein Selbstmordkrieger.« Und ein kleiner Junge sagte, als er an der Reihe war: »Wir werden sie ins Meer werfen. Der Tag ist nahe, an dem wir unsere Rechnung mit Steinen und Kugeln begleichen.« Es ist dieselbe Art von blindem Haß, die ungeachtet des Friedensabkommens zu dem jüngsten entsetzlichen Bombenanschlag im nordirischen Omagh geführt hat. Oder dazu, daß sich Tutsi- und Hutu-Nonnen im gemeinsamen Konvent gegenseitig umbringen, so geschehen beim letzten Aufstand in

Eine große Kraft entsteht, wenn junge Menschen beschließen, etwas zu verändern.

Burundi; oder daß vier erwachsene Hutu-Männer in einem Flüchtlingslager einen kleinen Tutsi-Jungen von sieben Jahren zu erwürgen versuchten, der nach dem Tod seiner Eltern mit Schulkameraden geflüchtet war.

Die menschliche Gewalttätigkeit ist nicht alles, wovor wir uns fürchten müssen. Die Milliarden Tonnen synthetischer Chemikalien, die achtlos in die Umwelt freigesetzt wurden (insbesondere DDT und FCKW), haben nicht nur dem Ökosystem und den wildlebenden Tieren geschadet, sondern auch Auswirkungen auf die endokrinen Drüsen des Menschen gehabt, Kinder im Mutterleib geschädigt und bei Männern die Spermienzahl reduziert. Frauen, die in Großbritannien in nur drei Kilometer Abstand zur nächsten Müllkippe wohnen, haben offenbar ein größeres Krebsrisiko. Und solange wir immer neue chemische Stoffe entwickeln und gebrauchen, wird es auch weiterhin unvorhersagbare Unfälle und Katastrophen geben. In Weißrußland, das besonders schrecklich von der Katastrophe von Tschernobyl betroffen war, wurde eine neunzigmal höhere radioaktive Strahlung gemessen als seinerzeit in Hiroshima; nur 1 Prozent des Landes ist von der Strahlung verschont geblieben. Die Säuglinge sehen aus wie alte Menschen, so scharfe Züge haben ihre verschrumpelten Gesichtchen. Diese Liste kann man immer weiter fortsetzen – immer weiter.

Das alles läßt eigentlich auf ein hoffnungsloses nächstes Jahrtausend schließen. Umweltschützer haben auch tatsächlich düstere Statistiken aufgestellt. Ihre Berechnungen anhand der Geschwindigkeit, mit der die Regenwälder zerstört werden, die Treibhausgase akkumulieren, die Weltbevölkerung wächst usw., beweisen, daß das Leben auf der Erde dem Untergang geweiht ist. Es ist so, als befänden wir uns auf einem großen Schiff. Der Ausguck am Bug sieht plötzlich Felsen voraus und alarmiert die Mannschaft. Aber es dauert seine Zeit, bis ein großes Schiff den Kurs geändert hat, so daß alle Versuche, die Katastrophe abzuwenden, nichts fruchten. Natürlich dauert es seine Zeit, bis das große Schiff in den Wellen versunken ist. Ebenso endet unsere Welt »not with a bang, but a whimper« (T. S. Eliot). Man kann sich leicht vorstellen, daß das Leben, wie wir es auf dem Raumschiff Erde kennen, ein solches Schicksal erwartet. Trotzdem blicke ich hoffnungsvoll in die Zukunft – in unsere Zukunft. Doch nur, wenn wir unseren Lebensstil verändern – und zwar rasch verändern. Mir ist klar: Wir haben nicht mehr viel Zeit. Wenn wir es weiterhin anderen überlassen, ist unser Schiffbruch unvermeidlich.

Vier Punkte geben mir Grund zur Hoffnung: 1. das menschliche Gehirn, 2. die Regenerationskraft der Natur, 3. die Energie und Begeisterung, die weltweit bei jungen Menschen zu finden sind oder geweckt werden können, und 4. die Unbezwingbarkeit des menschlichen Geistes.

Befassen wir uns zuerst mit dem menschlichen Gehirn. Dieses graue Gebilde ist ein solches Wunderding, daß ich mir manchmal wünsche, noch einmal zu leben, um es in all seiner Herrlichkeit zu studieren. Es war dieses Gehirn, das unsere frühesten Vorfahren dazu befähigt hat, in einer rauhen, primitiven Welt zu überleben und mit Hilfe der kulturellen Anpassung immer unwirtlichere Gegenden zu besiedeln, während andere Tiere mit ihren langsameren physischen Veränderungsmechanismen sehr viel länger brauchten, um auch an weniger einladenden Orten heimisch zu werden. Nach und nach wurden aus den primitiven Werkzeugen, wie sie die

Schimpansen benutzen, immer raffiniertere Geräte bis hin zur Technik von heute. Diese hat auf der einen Seite wundervolle Errungenschaften hervorgebracht, von denen die Menschen – und manchmal auch Tiere – in allen Teilen der Welt ungeheuer profitiert haben. Ohne die Wunder der modernen Medizin wären meine Mutter und viele andere Menschen aus meinem Bekanntenkreis nicht mehr am Leben. Wir haben wirklich auf tausenderlei Weise Nutzen aus der Technik gezogen. Diese Technik und das phantastische menschliche Gehirn, das sie erfunden, entwickelt und zur Anwendung gebracht hat, haben uns geholfen, immer mehr Einblick in die erstaunliche Welt zu gewinnen, in der wir leben. Auf der anderen Seite hat die Technik tragischerweise auch Massenvernichtungswaffen hervorgebracht und Maschinen, die zwar einen (realen oder vorgestellten) Nutzen für den Menschen haben, aber darüber hinaus die natürliche Umwelt zerstören und verschmutzen. Diese dunkle Seite der Technik ist katastrophal, weil dadurch eine riesige und ständig noch wachsende Zahl von Menschen von den begrenzten Ressourcen der Erde zehrt, besonders aber wegen der Habgier und Selbstsucht der westlichen Welt, die mit ihrem materiell geprägten Lebensstil auf fast alle Kulturen dieser Erde abgefärbt hat. Mit ihrem Lebensstil, der die Menschen dazu antreibt, um des egozentrischen Erfolgs willen an dem unseligen Kampf um den Wohlstand und Reichtum teilzunehmen und immer mehr materielle Güter nutzlos anzuhäufen.

Hoffnung liegt in der Tatsache, daß uns die Probleme allmählich zu Bewußtsein gekommen sind und wir uns mit ihnen auseinandersetzen. Sie werden von einer wachsenden Zahl von Menschen in der Öffentlichkeit wahrgenommen, und zwar nicht mehr als Phantastereien, die der Einbildung einiger weniger Umweltschützer entsprungen sind (wie früher einmal), sondern als echte Bedrohungen für uns und unsere Kinder – und für das Überleben der Erde, wie wir sie kennen. Der Umweltgipfel in Rio de Janeiro 1992 hat bewiesen, daß die Probleme von Regierungen überall auf der Welt gesehen werden. Und obgleich die Ergebnisse der Konferenz enttäuschend waren, ist allein die Tatsache, daß sie stattfand und so gut besucht war, ein erster wirklicher Schritt. Das gleiche gilt für den Weltklimagipfel 1997 in Kioto.

Viele der Umweltprobleme sind schon seit langem bekannt. Aber sie sind immer schlimmer geworden, und inzwischen schmerzen sie. Viele Menschen sind besorgter als je zuvor. Selbst die chinesische Regierung, die lange Zeit jegliche Umweltprobleme einfach abgeleugnet hat, ist durch die schrecklichen Hochwasserfluten von 1998 jäh aufgerüttelt worden. Heute werden Umweltprobleme in den chinesischen Medien offen diskutiert. Und so glaube ich, auch wenn wir ein wenig spät zur Einsicht gekommen sind, daß wir alle gemeinsam die totale Katastrophe noch abwenden können. Wenn wir uns jetzt auf unsere Fähigkeiten zur Problemlösung besinnen und alle vereint mit Kopf, Hand und Herz ans Werk gehen, werden wir sicherlich Wege finden, wie wir mehr im Einklang mit der Natur leben können, und dann werden einige der Wunden heilen können, die wir geschlagen haben. Schließlich haben die Menschen auch bisher schon »Unmögliches« geleistet. Hätte irgend jemand vor hundert Jahren geglaubt, daß bald ein Mensch auf dem Mond herumspazieren würde? Daß es ein Faxgerät geben würde? Einen Jumbojet? Die Leute hätten einen für verrückt erklärt, denn all das war damals reine Science-fiction, ein Ding der Unmöglichkeit. Und doch haben wir diese Technologien entwickelt und das Unmögliche getan. Und es läßt sich noch vieles andere mehr anführen (was für mich häufig immer noch nach Zauberei aussieht).

Damit nicht genug der guten Nachrichten. Viele Unternehmen haben begonnen, ihre Firmen »grün« umzugestalten. British Petroleum hat Millionen in die Entwicklung von Produkten zur Nutzung der Sonnenenergie gesteckt. Conoco, der multinationale Erdölkonzern, der unsere Schutzeinrichtung für verwaiste Schimpansen in Kongo-Brazzaville gebaut hat, hat seine seismischen Probebohrungen in Afrika mit großer Umweltverantwortlichkeit durchgeführt. Die Teams wanderten zu Fuß durch den Wald, während Ausrüstung und Material unterwegs mit dem Hubschrauber abgeworfen wurden. Es blieben keine Straßen zurück. Auch in den abgelegensten Gegenden Afrikas, die sich den wachsamen Blicken der Umweltschützer entziehen, hat Conoco die gleichen strengen Normen zum Schutz seiner Mitarbeiter wie auch der Umwelt eingehalten, die mittlerweile in der westlichen Welt durchgesetzt sind. Keine afrikanische Regierung will auf ihrem »schwarzen Gold« sitzenbleiben, darum ist es wichtig, daß die Suche nach Öl, das Bohren und Pumpen von möglichst verantwortungsvollen, ethisch untadeligen Unternehmen durchgeführt wird. Doch wenn wir, Sie und ich, diese Unternehmen nicht unterstützen, indem wir ihre Produkte kaufen, haben sie im Wirtschaftswettbewerb keine Chance.

Es gibt Hunderte von ähnlichen Beispielen dafür, wie Firmen ihre Umweltverantwortlichkeit wahrnehmen. Und überall sprechen Anzeichen für eine Einstellungsänderung. Im Frühjahr 1997 bin ich zum ersten Mal in einem Elektroauto

gefahren. Das war ein Erlebnis: mit 100 Stundenkilometern in einem Fahrzeug dahinzurollen, das zu 100 Prozent aus recyclingfähigem Material bestand, fünfzig Jahre halten sollte und absolut *keine* schädlichen Abgase hinterließ. Noch etliche andere umweltfreundliche Maschinen sind auf dem Vormarsch wie etwa die Brennstoffzelle, die – um es frivol auszudrücken – auf der leidenschaftlichen Liebe von Wasserstoff zu Sauerstoff (oder funktioniert es andersherum?) beruht. Jedenfalls ist die Lust der beiden Stoffe, miteinander zu fusionieren, so stark, daß sie die nötige Antriebsenergie für ein Auto erzeugt. Und mit dem Nebenprodukt dieser Verbindung, die sie schließlich eingehen – H_2O – kann der Fahrer seinen Durst stillen! Als ich vor kurzem mit der Continental Airlines nach Japan flog, las ich auf der Speisekarte: »Gedruckt auf 100 % Altpapier«; Zeitungen wurden eingesammelt, um recycelt zu werden; und die Kosmetiktäschchen waren aus organischer Baumwolle hergestellt. In Bangkok mußte ich umsteigen, und da las ich in einer Lokalzeitung einen Artikel über ein neues Gesetz zur Bekämpfung der Luftverschmutzung: Auto- und Motorradfahrern, die unnützerweise den Motor laufenließen, drohten fortan hohe Geldstrafen. In Japan fiel mein Blick auf einen Zeitungsartikel über eine höhere Mädchenschule in Tokio, an der die Schuluniformen aller Schülerinnen mit Material aus wiederverwerteten Plastikflaschen hergestellt waren – wie die Jacke, die ich selbst damals trug. Und in meinem Hotel belehrten mich Schilder im Bad und neben dem Bett darüber, daß ich Handtücher und Bettwäsche nach Wunsch auch länger als nur einen Tag benutzen könnte; da ich mehrere Tage blieb, faltete ich mein Handtuch natürlich entsprechend und hängte es über die Stange. Schließlich wechsle ich Handtücher und Bettwäsche auch zu Hause nicht täglich. Immer mehr Hotels auf der ganzen Welt bedienen sich inzwischen dieser Praxis, die nicht nur die Umwelt schont, sondern auch den Hotels zugute kommt, weil sie Kosten spart.

Gary Zeller hat den »Ökoziegel« erfunden. Er ist leichter und billiger als normale Bausteine und wird in einem speziellen, von Zeller entwickelten Verfahren aus Industriemüll, auch schadstoffhaltigem, hergestellt. Die Außenschicht ist so dicht, daß der Stein mindestens dreihundert Jahre halten soll. Ökoziegel helfen, die Müllprobleme in Teilen Osteuropas und in vielen Entwicklungsländern zu lösen; außerdem werden sie zum preisgünstigen Bau von Schulen, Krankenhäusern usw. benutzt. Ich hoffe, daß noch viele Fabriken für die Ökoziegelproduktion errichtet werden. Wie bereits erwähnt, bestehen im Umkreis von Mülldeponien erhöhte Gefahren für die Gesundheit. Für Frauen besteht zum Beispiel auch das Risiko, Kinder mit schweren Mißbildungen wie *Spina bifida* oder Löchern in der Herzwand zur Welt zu bringen. Wir haben offensichtlich einen großen Bedarf an Ökoziegelfabriken und anderen innovativen Möglichkeiten des Umgangs mit Müll, die an die Stelle der Deponien treten.

Mein zweiter Grund zur Hoffnung ist die erstaunliche Regenerationskraft der Natur – sofern wir ihr eine Chance dazu geben und ihr nötigenfalls Hilfestellung leisten. Eine Menge Erfolgsstorys sprechen dafür. Der untere Flußbereich der Londoner Themse war so vergiftet, daß er praktisch tot war; nach einer großangelegten Reinigungsaktion schwimmen heute wieder Fische darin, brüten wieder viele Vogelarten an seinen Ufern. Vor ein paar Jahren war ich in Nagasaki; der Abwurf der Atombombe über Hiroshima und Nagasaki hatte seinerzeit den Zweiten Weltkrieg beendet. Wissenschaftler sagten voraus, daß mindestens dreißig Jahre lang nichts mehr dort wachsen würde. Dabei erschien sehr schnell wieder Grün (in der ersten Zeit zweifellos hoch radioaktiv verseucht). Ein junger Schößling hat die Katastrophe sogar überlebt. Aus ihm ist heute ein großer Baum mit dickem, knorrigem Stamm geworden, voller tiefer Risse und Spalten und innen vollkommen schwarz. Aber jedes Frühjahr treibt dieser Baum wieder neue Blätter. Ich trage eins bei mir als Symbol der Hoffnung.

Vor zwei Jahren habe ich im kanadischen Sudbury einen Vortrag gehalten. Hundert Jahre lang hatten die hochgiftigen Emissionen eines Nickelbergwerks die Umgebung meilenweit verseucht. Ich habe Fotos von der Gegend gesehen, die nur noch eine kahle Mondlandschaft zeigten. Trotzdem war ringsum alles üppig grün. Als die Bürger endlich gemerkt hatten, daß sowohl ihre Gesundheit als auch ihre Umwelt immer stärker bedroht wurden, griffen sie zu Gegenmaßnahmen. Innerhalb von fünfzehn Jahren konnte der Schadstoffausstoß des Bergwerks um 98 Prozent gesenkt werden. Die Leute schenkten mir als Symbol der Hoffnung die Feder eines Wanderfalken, der wieder dort nistete – nachdem er über vierzig Jahre lang in der Gegend ausgestorben war.

Kürzlich hatte ich Gelegenheit, einen Tag mit dem höchst bemerkenswerten Förster Merv Wilkonson und seiner Frau Ann verbringen zu dürfen. Seit 1939 hat Merv seinen 55 Hektar großen Wald neunmal durchforstet, aber wenn man heute hindurchwandert, genießt man einen herrlichen Waldesdom. Der Wald ist wunderschön, die alten Baumriesen stehen noch, und es gibt mehr Tierarten dort als je zuvor – und das alles ohne den Einsatz von Pestiziden. Die Leute in der Umgebung freuen sich, nicht zuletzt über ihre sicheren Arbeitsplätze. Es *ist* also möglich.

Als ich 1960 zum ersten Mal nach Gombe kam, waren die Ufer des Tanganjikasees kilometerweit bewaldet, und nur im engsten Umkreis um die wenigen Dörfer war der Wald zur Gewinnung von Ackerland gerodet. 1995 gab es, wie bereits beschrieben, nur noch innerhalb der 75 Quadratkilometer des Gombe-Nationalparks Wald. Wie konnte diese kostbare Baumoase erhalten werden, wenn die Leute ringsum ums nackte Überleben kämpften? Das Jane-Goodall-Institut startete mit Hilfsmitteln der Europäischen Union ein Programm zur Wiederaufforstung, zur nachhaltigen Bewirtschaftung des Waldes und zur Erosionskontrolle unter anderem durch Konturenpflügen und Terrassierung der Hänge. Heute gibt es dank unseres wunderbaren, außerordentlich engagierten Projektleiters George Strunden und seines von Emmanuel Mtiti geführten tansanischen Teams in 27 Dörfern Baumschulen: neben vielen einheimischen Gehölzen Obstbäume, schattenspendende Bäume und schnellwüchsige Bäume für Bauholz. Es wurden viele Waldparzellen eingerichtet zur Freude der Frauen, die seit Jahren immer längere Wege zurücklegen mußten, um Feuerholz zu holen. In speziellen Programmen werden die Dörfler über den Naturschutz aufgeklärt, und in allen Schulen wird Naturschutz gelehrt. Mit Minikrediten wird Frauengruppen geholfen, nachhaltige Entwicklungsprojekte zu starten, durch die sie ihre Lebensqualität verbessern können, ohne gleichzeitig die Umwelt zu zerstören. In Zusammenarbeit mit den Medizinern vor Ort wurden den Dorfbewohnern Gesundheitspflege-, Familienplanungs- und Aids-Aufklärungsprogramme angeboten. Mit Hilfe von UNICEF und dem International

Rescue Committee werden dreißig Dörfer mit Trinkwasser und neuartigen Latrinen versorgt. Tausende von Menschen blicken jetzt wieder hoffnungsvoll in die Zukunft – und begreifen, warum die letzte kleine Schimpansenpopulation in ihrer Mitte geschützt werden muß. Sie sind voll in das Programm eingestiegen und haben es sich zu eigen gemacht. Es wird also auch ohne meine Mitarbeiter und mich weiterleben – wie die Schimpansen.

Einige Tierarten konnten in letzter Sekunde durch Aufzucht und Auswilderung vor dem Aussterben bewahrt werden. Ich habe Don Merten kennengelernt, der in Neuseeland eine heimische Schnäpperart (*Petroica traversi*) rettete. Als er mit seinem Brutprogramm anfing, gab es nur noch fünf von diesen kleinen Vögeln, von denen, wie sich herausstellte, nur ein Weibchen und ein Männchen fruchtbar waren. Inzwischen ist die Schar wieder auf 250 angewachsen. Sie sind natürlich genetisch identisch und deswegen auf verschiedenen Inseln ausgesetzt worden, so daß sie nicht durch das Ausbrechen einer Krankheit alle auf einmal dahingerafft werden. In Taiwan traf ich auf eine Herde der wunderschön gefleckten Formosa-Sikas, die zu einem Auswilderungsprogramm gehören. Die wildlebenden Bestände wurden in den letzten dreißig Jahren ausgerottet, aber mit 17 einzelnen Exemplaren, die in verschiedenen Zoos überlebt hatten, wurden die Hirsche nachgezüchtet, und viele davon leben jetzt frei im Ken-Tung-Nationalpark. Eine Geweihsprosse von einem der ersten in die Freiheit entlassenen Tiere ist ebenfalls als Symbol der Hoffnung in meinen Besitz übergegangen.

Überall hört man von Erfolgen. Das Übel ist, daß die meisten von uns sich nicht darum kümmern. Wir sind uns nicht im klaren darüber, welchen Unterschied unser Engagement bewirken könnte. Wir schütteln gern die Verantwortung von uns ab und zeigen mit dem Finger auf unsere Mitmenschen. »An der Umweltverschmutzung, Müllbelastung und anderen Mißständen sind doch *wir* nicht schuld«, sagen wir. »Schuld daran tragen Industrie, Wirtschaftsunternehmen und Technik. Und die Politiker.« Daraus resultiert eine destruktive, tödliche Gleichgültigkeit. Wir sollten nie vergessen, daß *wir* die Konsumenten sind. Wenn wir von unserer Entscheidungsfreiheit Gebrauch machen und mit Bedacht auswählen, was wir kaufen und was *nicht*, können wir gemeinsam Druck machen und positiv auf die Moral von Wirtschaft und Industrie einwirken. Wir verfügen über die Möglichkeit, ein gewaltiges Machtpotential aufzubauen, um positive Veränderungen herbeizuführen – mit unserem Geldbeutel, unserem Scheckbuch oder unserer Kreditkarte. Niemand zwingt uns dazu, genmanipulierte Nahrungsmittel, Fleisch aus der Massentierhaltung oder Möbel aus dem Holz kahlgeschlagener Wälder zu kaufen. Wir können inzwischen fast überall biologisch angebaute Nahrungsmittel, Eier von freilaufenden Hühnern usw. kaufen. Das kostet aber mehr, wird argumentiert. Ja. Aber je mehr Menschen diese Produkte kaufen, um so mehr sinken die Preise. Und sind wir nicht bereit, ein paar Groschen mehr auszugeben für die Zukunft unserer Kinder?

Es nützt überhaupt nichts, Politikern die Schuld zuzuweisen – zumindest dann nicht, wenn sie frei gewählt wurden. Denn welcher Politiker drückt schon ein strenges Umweltgesetz durch, wenn er nicht sicher sein kann, daß mindestens 50 Prozent der Wähler hinter ihm stehen? Wir sind die Wähler. Unsere Stimmen zählen. Ihre Stimme und meine.

Das Übel ist, daß wir alle immer meinen, »nur einer« zu sein. »Ich bin doch nur einer. Was kann ich schon ausrichten? Was ich tue, nützt sowieso nichts.« Stellen Sie sich bloß einmal vor, immer mehr Menschen auf der Welt wüßten allmählich, was gut und was schlecht für Umwelt und Gesellschaft ist, und diese Tausend oder Millionen oder Milliarden dächten alle: »Was ich tue oder lasse, ist doch egal. Es nützt sowieso nichts – ich bin ja nur einer.« Und nun malen Sie sich einmal aus, es wäre andersherum und Millionen und Milliarden wüßten, daß das, was sie tun, auf jeden Fall etwas bewirkt. Wie sähe das Stadtviertel, das immer ein Schandfleck gewesen ist, aus, wenn jeder Passant ein Stück Abfall aufheben und in den Papierkorb werfen würde? Oder besser, wenn keiner mehr etwas fallenlassen würde? Überlegen Sie einmal, wieviel Wasser gespart würde, wenn *jeder* beim Zähneputzen den Hahn zudrehen würde, und wieviel Energie gespart würde, wenn *alle* beim Verlassen eines Zimmers das Licht ausschalten würden. Oder wenn jeder nach Möglichkeit mit dem Fahrrad fahren, zu Fuß gehen, sich mit anderen ein Auto teilen oder öffentliche Verkehrsmittel benutzen würde – die Luftverschmutzung würde drastisch zurückgehen. Stellen Sie sich vor, *niemand* würde Kosmetikprodukte oder Haushaltschemikalien kaufen, die im Tierversuch getestet wurden! Das würde viel radikalere Veränderungen auslösen als alle Bemühungen von Tierschützern, die gesetzlichen Bestimmungen zu ändern. Wenn *jeder* nur noch Eier von freien Hühnern aus artgerechter Bodenhaltung kaufen würde, was meinen Sie wohl, wie schnell sich die Geflügelindustrie umstellen würde! Es gab noch nie so viele Vegetarier – stellen Sie sich vor, welche Veränderungen eintreten würden, wenn *niemand* mehr Fleisch äße, und sei es nur ein paar Tage pro Woche! Wenn nämlich die Nachfrage nicht so groß wäre, könnten die Tiere auch artgerecht gehalten werden.

Gelegentlich wird gesagt, daß solche Veränderungen größere soziale Ungerechtigkeiten zur Folge hätten. Zum Beispiel müßten sich dann fleischproduzierende Betriebe eine andere Einkommensquelle suchen. Das gleiche gälte für Trapper, alle mit Tierversuchen befaßten Laborangestellten, Bergleute und viele andere mehr. Ich will auch gar nicht die Komplexität, die Verwobenheit, die sozialen Probleme und politischen Konsequenzen dieser Themen abstreiten. Aber wir können nicht bis in alle Ewigkeit Unmoral, Grausamkeit und zerstörerische Fahrlässigkeit entschuldigen, nur weil deren Bekämpfung Probleme aufwirft: Würde denn irgendein Mensch auf dieser Welt für die Erhaltung von Konzentrationslagern eintreten, um die Arbeitsplätze der KZ-Aufseher zu erhalten?

Mein dritter Grund zur Hoffnung ist das neue Verständnis, die Energie und Begeisterung junger Menschen in aller Welt. Sobald ihnen die Augen aufgegangen sind, welche Umwelt- und Gesellschaftsprobleme ihr Erbe sein werden, werden sie gegen die Mißstände ankämpfen. Mit Sicherheit tun sie das – sie haben ein berechtigtes Interesse daran, denn die Welt von morgen ist ihre Welt. Sie werden in die Arbeitswelt eintreten, in Führungspositionen aufrücken, selber Kinder haben. Je eher sie mit dem Ausmisten anfangen, desto besser. Junge Menschen, die informiert werden und die Chance bekommen, etwas zu bewegen, und die merken, daß das, was sie tun, wirklich etwas in Gang setzt, können wahrlich die Welt verändern. Sie sind bereits dabei.

Da in meinen Augen nichts wichtiger ist als dies, widme ich viel von meiner Zeit der Ausarbeitung eines Programms für die

Jugend – *Roots & Shoots*, »Wurzeln und Sprößlinge«. Der Name ist symbolkräftig: *Wurzeln* breiten sich unterirdisch überall aus und schaffen eine feste Grundlage; *Sprößlinge* erwecken den Eindruck, als seien sie schwach und zart, dabei können sie in ihrem Drang, ans Licht zu kommen, Mauern aufbrechen. Die Mauern der Überbevölkerung, des Kahlschlags, der Bodenerosion, des Anwachsens der Wüsten, der Armut, des Hungers, der Krankheiten und der Umweltverschmutzung; und die Mauern der menschlichen Habgier, des Materialismus, der Grausamkeit, der Kriminalität und der Kriege – all der Probleme, die wir Menschen über den Erdball gebracht haben. Die Botschaft von *Roots & Shoots* weckt Hoffnung: Hunderte und Tausende von »Wurzeln« und »Sprößlingen« – jungen Menschen – in aller Welt *können* den Durchbruch schaffen. Besonders betont wird in diesem Programm das Mitwirken des einzelnen – jeder einzelne von uns ist wichtig, spielt eine entscheidende Rolle, kann etwas verändern. Es vergeht kein Tag in unserem Leben, an dem wir nicht auf unsere Umwelt einwirken – und wir haben die Wahl: Wie wollen wir Einfluß nehmen? Nicht nur auf die *Menschen* als einzelne kommt es an, sondern auch auf die Tiere.

Die *Roots-&-Shoots*-Gruppen vom Kindergarten bis zur Universität befassen sich auf ganz praktische Weise mit drei Arten von Projekten: Sie kümmern sich 1. um das Wohl der Umwelt, 2. um das Wohl der Tiere und 3. um das Wohl der eigenen Gemeinde. Ihr Handwerkszeug sind Kenntnis und Verständnis, Ausdauer und harte Arbeit, Liebe und Mitgefühl. Was sie dann im einzelnen tun, richtet sich ganz danach, wo sie leben und welcher Art die örtlichen Probleme sind, denn das Ziel ist die Verbesserung der Welt, in der sie leben. In Tansania pflanzen sie vielleicht Bäume, bemühen sich um bessere Bedingungen für Rinder oder Schafe auf den Märkten oder besuchen Kinder im Krankenhaus. Im South-Central-Viertel von Los Angeles sammeln sie vielleicht Müll ein, helfen bei der Pflege von Haustieren oder stehen einem Nachbarn bei. Und so weiter.

Sind die Gruppen daran interessiert – und sie sind es fast immer –, können sie Partnerschaften mit anderen *Roots-&-Shoots*-Gruppen in ihrer Nachbarschaft oder im Ausland eingehen. Die Partner tauschen Informationen über die jeweiligen Probleme und deren Lösung aus und berichten von sich und ihren Lebensumständen. Besonderer Wert wird in der Bewegung darauf gelegt, daß die Barrieren zwischen unterschiedlichen ethnischen, religiösen und sozioökonomischen Gruppen, zwischen Generationen und Ländern abgebaut werden. Und zwischen Mensch und Tier. Im April 1999 gab es bereits über 2000 dieser Gruppen in mehr als 70 Ländern.

Junge Menschen zu ermutigen und auf ihre Macht aufmerksam zu machen ist mein Beitrag für ihre Zukunft und damit die Zukunft unseres Planeten. Ich könnte lange von den Projekten erzählen, die diese jungen Leute schon in Angriff genommen haben, wie sich das Programm bereits von Schule zu Schule, Stadt zu Stadt unter den Kindern und Jugendlichen herumgesprochen hat. Aber das wird einmal ein eigenes Buch füllen. An dieser Stelle will ich nur sagen, daß mir das Programm viel Kraft gibt: Durch die Berichte, die ich von Gruppen aus aller Welt bekomme, über all die unterschiedlichen Wege, wie etwas erreicht wird. Durch meine Besuche an Schulen, die leuchtenden Augen, die Begeisterung, das Engagement. Und durch die Erkenntnis, daß die Kinder bereits dabei sind, ihre Eltern zu beeinflussen.

Eine gewaltige Kraft wird freigesetzt, wenn sich junge Menschen dazu entschließen, etwas zu verändern. Die Überzeugung eines kleinen Mädchens, mit seinem Handeln etwas verändern zu können, ist vielen zu Herzen gegangen. Amber Mary war fünf Jahre alt, als sie nach einem Vortrag in Tampa, Florida, mit ihrer Mutter zu mir kam. In einer Hand hielt sie einen kleinen Snoopy aus Plüsch, in der anderen eine Plastiktüte mit ein paar Geldstücken. Amber Marys Mutter hatte erst am selben Morgen herausgefunden, warum ihre Tochter immer ihr Taschengeld gespart hatte. Sie hatte sich eine der Sonderausgaben der Zeitschrift *National Geographic* mit dem Titel »Unter wilden Schimpansen« angesehen. Darin stirbt der kleine Flint vor Kummer, nachdem er seine Mutter Flo verloren hatte. Amber Mary wußte, welch ein Kummer das ist – ihr Bruder war ein Jahr zuvor an Leukämie gestorben. Und er hatte immer besonders gern die Schimpansen im Zoo beobachtet. Amber Mary wußte auch, daß ich mich um verwaiste Schimpansenkinder kümmere. Und so sparte sie Woche um Woche ihr Taschengeld zusammen, bis sie das Plüschtier kaufen konnte – ob ich es wohl einem der traurigen Schimpansenkinder geben würde? Dann wäre es vielleicht nachts nicht mehr so allein. Und ob ich von dem restlichen Geld ein paar Bananen kaufen könnte? Wir hatten alle feuchte Augen, als wir das hörten.

Amber Mary ist ein herrliches Beispiel für meinen vierten Grund zur Hoffnung: all die erstaunlichen, wunderbaren Menschen, denen ich auf meinen Reisen überall in der Welt begegne. Etwa diejenigen, die das Unmögliche angepackt haben und die schließlich, weil sie nie aufgegeben haben, ihr Ziel allen Widrigkeiten zum Trotz erreicht oder einen Weg gebahnt haben, auf dem ihnen nun andere folgen können. Oder diejenigen, die bei irgendeiner Gelegenheit plötzlich über sich selbst hinauswachsen und etwas Heldenhaftes tun, dessen sie niemand – nicht einmal sie selbst – für fähig gehalten hätte. Jeder von uns kennt Menschen, die ein schreckliches körperliches Gebrechen überwunden haben und die seitdem ein wahrhaft beispielhaftes Leben führen, mit dem sie uns allen ein leuchtendes Vorbild sind. Und dann ist da noch das riesige, tatkräftige Heer all derer, die ihr Leben in aller Stille dem Dienst an Mensch oder Tier widmen. Und das Inspirierende, Spannende und absolut Erhebende daran ist, daß diese wunderbaren Menschen mitten unter uns leben. Sie sind unter den Führern dieser Welt ebenso anzutreffen wie unter den Straßenkindern, unter Wissenschaftlern ebenso wie unter Kellnern, unter Künstlern ebenso wie unter Lastwagenfahrern. Wenn ich gefragt werde: »Jane, woher haben Sie bloß diese Energie? Wie können Sie mit so einem aufreibenden Terminkalender zurechtkommen?«, lächle ich immer und erwidere: »Mich stärkt zum Teil die geistige Kraft, die ich überall um mich her spüre. Aber sehr viel Kraft kommt auch von den bewundernswerten Menschen, die ich kennenlerne.« Das ist der *einzige* Vorteil des ständigen Reisens zu immer neuen Orten.

Michail Gorbatschow bewundere ich seit langem, und ich war begeistert, als ich ihn kennenlernen durfte. Er hatte es gewagt, gegen die eiserne Faust des kommunistischen Regimes im Ostblock anzugehen – ein Regime, das zum ersten Mal in der Geschichte der Menschheit eine Mauer nicht errichtete, um den Feind draußen zu halten, sondern um die eigene Bevölkerung drinnen zu halten. Ein Privileg war es auch, Nelson

Mandela zu treffen. Ich hätte nie gedacht, daß die Apartheid noch zu meinen Lebzeiten beendet werden könnte, und wenn doch, daß es dann ein Blutbad geben würde. Aber dank Mandelas charismatischer Führungsqualitäten ging das Zeitalter der Apartheid ohne Blutvergießen zu Ende. Natürlich sind in der ehemaligen Sowjetunion und im neuen Südafrika viele politische, wirtschaftliche und soziale Probleme ans Licht gekommen. Es hat den Anschein, als würde der Wechsel zur Demokratie in Ländern, wo der Haß zwischen verschiedenen Rassen und Stämmen von Diktatoren mit eiserner Faust niedergehalten wurde, anfangs stets Chaos und Aufruhr mit sich bringen. Trotzdem besteht kein Zweifel daran, daß das Werk von Gorbatschow und Mandela einen Riesenschritt in Richtung Menschenwürde und Freiheit bedeutet.

Ich lerne ständig neue bemerkenswerte Menschen in aller Welt kennen, die ihr Leben dem Dienst der weniger vom Glück Begünstigten widmen. Und auch viele, die Tieren helfen. Zum Beispiel Jon Stocking. Er arbeitete als Koch auf einem Thunfischfänger und mußte voller Grauen mitansehen, wie sich dauernd Delphine im Netz verfingen und erstickten. Als er einmal ein Delphinbaby schreien hörte und die Mutter ihm flehend in die Augen blickte, sprang er selbst ins Wasser, mitten in das Gewimmel von riesenhaften, aufgeregten Thunfischen, Haien und Delphinen hinein. Erschüttert nahm Jon das Delphinbaby in die Arme, spürte, wie es sich beruhigte, und befreite es aus dem Netz. Irgendwie schaffte er es, auch die Mutter herauszulösen. Dann zerschnitt er das Netz mit seinem Messer und ließ auch die übrigen Fische in die Freiheit schwimmen. Natürlich verlor er seine Stelle. Wieder zu Hause, dachte Jon über die Lage der Delphine und all der anderen

Tiere nach, die bald ausgerottet sein könnten. Was konnte er tun? Er besaß keine höhere Bildung. Er war nicht reich. Aber er wollte unbedingt etwas verändern. Und das hat er getan. Jetzt stellt er Schokoladenriegel her – aus allerfeinster Schokolade. Auf der Verpackung jedes einzelnen seiner »Rettet-die-Arten«-Riegel ist ein Tier einer gefährdeten Art abgebildet, und 11,7 Prozent des Gewinns – vor Abzug der Steuern – geht an eine Organisation, die sich dem Kampf um die Erhaltung von Arten verschrieben hat. Schokoladen-Jon, wie wir ihn inzwischen nennen, gehört zu meinen Helden. Immer mehr Unternehmen lassen heute einen Teil ihres Gewinns den verschiedensten guten Zwecken zukommen.

Ich durfte einige der spirituellen Führer der nordamerikanischen Indianer kennenlernen, die trotz all der schlimmen Schikanen und vorsätzlichen Versuche, ihre Kultur zu zerstören, an ihren ursprünglichen Stammesbräuchen, an ihrem Glauben an den Großen Geist oder Schöpfer und an ihrer Überzeugung von unserer unauflösbaren Verbundenheit mit der Erde, den Tieren, den Pflanzen, den Steinen, dem Wasser, der Sonne, dem Mond und den Sternen festgehalten haben. Jetzt sind sie dabei, die Decke der Apathie abzuwerfen, die Jahrhunderte der Tyrannei und Unterdrückung über sie gebreitet haben. Häuptling Leonard George aus Vancouver rührt mich in der Seele an mit seinem Singen und Trommeln – dem eindringlichen, beharrlichen und zugleich unendlich geduldigen Herzschlag von Mutter Erde. Er hat in seinem Leben viel Leid und Qual erlebt und ist als Führungspersönlichkeit mit der stillen, sanften Schlichtheit eines wahrhaft spirituellen Menschen daraus hervorgegangen. Dann ist da noch Chitcus (Terrence Brown), mein »Seelenbruder« in Kalifornien. Seine

Mutter ist die letzte echte Medizinfrau ihres Stammes, und Chitcus ist auf dem besten Wege, seiner Bestimmung nachzukommen, Medizinmann des Karuk-Volkes zu werden. Allmorgendlich führt er eine indianische Rauchzeremonie für mich durch, um mich zu segnen und mir doppelte Kraft zu geben auf meinen Reisen um die Welt. Ed Ramone, höchstdekorierter indianischer Veteran des Vietnamkrieges, hat mir sogar einen Ehrennamen gegeben – »Tasheez Ween ina Maka«, Schwester der Mutter Erde.

Vor ein paar Jahren bekam ich von einem tansanischen Aussätzigen einen einfachen Holzkamm geschenkt. Der Mann hatte alle Finger und Zehen verloren, ehe der Krankheit Einhalt geboten werden konnte. Heute webt er mit den Stümpfen und mit Hilfe seiner Zähne Muster aus Wollsträhnen und verziert damit die Kämme, so daß er sie verkaufen und in Würde leben kann, statt betteln zu müssen.

Eine ähnliche Geschichte gibt es von einem Musiker aus Taiwan. Er verlor im Alter von zwölf Jahren eine Hand und sein Augenlicht, als er eine glänzende Metallkugel am Strand auflas: eine Landmine. Er hatte immer Gitarre spielen wollen, und so fertigten ihm seine Freunde einen Eisenring mit einem kräftigen Plastikplektrum an, den er über den Stumpf streifen konnte. Als ich ihn kennenlernte, hatte er gerade mit seinem blinden Partner zusammen, einem Akkordeonspieler, eine CD produziert, die in Taipei ein Hit wurde. Und bei einem Besuch in Peking hörte ich einen Straßenmusikanten wunderbar auf dem Keyboard spielen, obwohl er keine Finger mehr hatte.

Die bemerkenswerteste Geschichte jedoch ist die von Paul Klein, der mit sechs Jahren von explodierendem Dynamit auf schreckliche Weise verletzt wurde. Zwei Jahre lang mußte er die schmerzhaftesten Operationen über sich ergehen lassen. Die Ärzte mußten sein linkes Auge und seine verstümmelten Hände zusammenflicken. Die linke Hand sah am schlimmsten aus – der Daumen und ein Teil des Handgelenks waren weggerissen worden. Seinem Chirurgen gelang es jedoch irgendwie, die Finger wieder anzunähen. Auch der Daumen und die letzten beiden Finger der rechten Hand wurden wiederhergestellt. Während dieses Martyriums beschloß Paul Klein, selbst Chirurg zu werden – ein Ziel, von dem die meisten meinten, daß er es nie erreichen würde. Aber »durch positives Denken und mit Hilfe vieler Menschen«, wie er mir sagte, qualifizierte er sich tatsächlich zu einem erstklassigen orthopädischen Kinderchirurgen. Er weiß, daß es Menschen, die sich rekonstruktiver plastischer Chirurgie unterziehen müssen, oft peinlich ist, daß andere ihre Entstellungen sehen. Diesen Menschen hilft er, indem er ihnen seine Hände zeigt und erklärt, wie er selbst mit dem Problem fertig geworden ist.

Und dann ist da noch Gary Haun. Er gehörte zur militärischen Elite der USA, den Marines, verlor mit 25 Jahren sein Augenlicht und wurde dann ein phantastischer Zauberkünstler: »Amazing Haundini«. Wenn er vor Kindern auftritt, merken sie bis zum Schluß der Vorstellung gar nicht, daß er blind ist. Er spricht mit ihnen darüber, wie man Probleme überwindet und sich sein Leben einrichtet. Nebenbei hat er noch das Sporttauchen, Langlaufskifahren, Fallschirmspringen, Judo und Karate gemeistert und den Kilimandscharo bestiegen. Er ist einer der großzügigsten Menschen, die ich kenne. Gary war es, der mir im April 1994 einen Plüschaffen schenkte, der mein Maskottchen geworden ist. Er dachte, er hätte mir »noch einen ausgestopften Schimpansen« verehrt, bis ich ihn ertasten ließ, daß das Stofftier einen Schwanz hatte – es konnte also kein Schimpanse sein. Ich sagte ihm, es sähe eher so aus wie ein mißratener Pavian mit Hängeohren und einem Schwanz, der nur halb so lang war, wie es sich eigentlich gehörte. »Macht nichts«, sagte Gary ungerührt. »Nehmen Sie ihn einfach überallhin mit, dann wissen Sie, daß ich im Geiste bei Ihnen bin.« Und so hat mich mein Maskottchen namens »Mr. H.« (wie Haun) in den fünf Jahren, die ich es besitze, in dreißig Länder begleitet (in manche mehrmals). Er ist ein wunderbarer Reisegefährte; mit seinem beständigen zufriedenen Grinsen und seiner Banane, die immer so aussieht, als würde sie gleich aufgegessen, zaubert er irgendwie noch auf die mürrischsten Gesichter ein Lächeln. Ich erzähle den Leuten immer, daß sie nie wieder ganz so sein werden wie vorher, wenn sie ihn berühren, weil irgend etwas von dem unbezwingbaren Geist Gary Hauns auf sie abfärben wird. Er ist inzwischen von mindestens 200 000 Leuten berührt, gestreichelt, umarmt oder gar geküßt worden – kein Wunder, daß sein einstmals puscheliges Fell jetzt ziemlich verfilzt, sein früher weißes Gesicht trotz wiederholter Schaumwäschen schmuddelig und seine Körperform noch unvollkommener ist. Aber er ist ein Charaktertyp. Und vor kurzem hat mich jemand darauf aufmerksam gemacht, daß das H in seinem Namen auch für »Hoffnung« steht.

Selbstverständlich brauche ich nicht in weiter Ferne zu suchen, um inspirierende Menschen zu finden. Vanne mußte sich einer Herzoperation unterziehen, als sie 75 Jahre alt war. Ihre verstopfte Aortenklappe wurde mit Hilfe der bereits erwähnten Schweineherzklappe repariert. Als ich sie endlich dazu überredet hatte, sich gründlich untersuchen zu lassen –

weil sie gräßlich aussah –, kam sie sofort unters Messer. Mit Erfolg natürlich. Hinterher sprach ich mit dem Chirurgen, und er fragte mich, was Vanne kurz vor der Operation denn so gemacht hätte. Da es um die Weihnachtszeit herum gewesen war, hatte sie Einkäufe gemacht und wie gewöhnlich alles das, was vor Weihnachten anfällt. »Vielleicht interessiert es Sie«, sagte er daraufhin, »daß Ihre Mutter *physiologisch* eigentlich nur noch sitzen oder liegen konnte. Was sie außerdem gemacht hat, können Sie nur ihrer Willenskraft zuschreiben.« Und er erzählte mir, ihm sei in den zehn Jahren, seit er diese Operation durchführe, noch nie eine so verstopfte Aortenklappe vorgekommen. Wie gut, daß ich so etwas geahnt hatte – es hätte das Aus für sie sein können!

Ich will dieses Kapitel mit einer symbolhaften Geschichte beschließen. Sie handelt von dem Amerikaner Rick Swope, einem Zoobesucher, der einen erwachsenen Schimpansenmann davor bewahrte, in dem Graben rings um sein Freigehege zu ertrinken. Er rettete das Tier trotz der eindringlichen Warnung eines Wärters und der Drohgebärden anderer erwachsener Schimpansenmänner der Gruppe. Auf die Frage, wieso er denn sein Leben aufs Spiel gesetzt habe, antwortete er: »Ich habe ihm in die Augen geschaut. Es war, als blickte ich in die Augen eines Menschen. Sie sagten: ›Will mir denn *niemand* helfen?‹«

Der gleiche Blick traf mich aus den Augen von Schimpansen, die auf afrikanischen Märkten angebunden waren, aus dem Rüschenkostüm eines Zirkusschimpansen, zwischen den Gitterstäben der Laborkäfige hindurch. Es ist ein Blick, den ich auch in den Augen anderer leidender Tiere gesehen habe. Und in den Augen kleiner Kinder in Burundi, deren Eltern bei blutigen Rassenunruhen hingeschlachtet wurden. In den Augen von Straßenkindern und solchen, die der Gewalttätigkeit im Herzen der Großstädte ausgeliefert waren. Der flehende Blick verfolgt uns überall. Albert Schweitzer schrieb einmal: »Wenn ein Mensch Ehrfurcht vor dem Leben hat, wird er nicht bloß seine Gebete sprechen. Vielmehr wird er sich ins Kampfgetümmel werfen, um Leben zu erhalten, und sei es nur aus dem einen Grund, daß er selbst Teil des Lebens um ihn herum ist.«

Ich glaube aufrichtig, daß immer mehr Leute das Flehen in den Augen ringsum wahrnehmen, es in ihren Herzen fühlen und sich in die Schlacht werfen. Hierin liegt die eigentliche Hoffnung für die Zukunft; wir bewegen uns auf das höchste Ziel unserer Spezies zu – einen Zustand des Mitgefühls und der Liebe. Ja, ich habe Hoffnung. Ich glaube hoffnungsvoll an eine Welt, in der unsere Kinder und Kindeskinder in Frieden leben können. Eine Welt, in der es noch Bäume gibt und Schimpansen, die sich hindurchschwingen, und blauen Himmel und Vogelgesang und das rhythmische Trommeln indianischer Völker, das uns kraftvoll an unsere Verbindung zu Mutter Erde und dem Großen Geist erinnert – an den Gott, den wir verehren. Aber wie gesagt: Wir haben nicht mehr viel Zeit. Die Ressourcen der Erde erschöpfen sich. Wenn wir uns also wirklich um die Zukunft sorgen, müssen wir aufhören, es »den anderen« zu überlassen, all die Probleme zu lösen. *Wir* sind es, die die Welt von morgen retten können: du und ich.

Foto: Klaus Laubmayer

Henri Landwirth, der das Grauen in den Todeslagern der Nazis überlebt hat und später Give Kids the World *schuf, einen Ort der Freude für todkranke Kinder.*

16

Jenseits des Holocaust

Jetzt möchte ich noch einen letzten Weg mit Ihnen gemeinsam gehen, den geistigen Weg vom Bösen zur Liebe. Wir alle sind erschüttert über das nicht abzuleugnende Böse in der Menschheit. Ich habe als Kind die Deutschen hassen gelernt, die soviel Leid verursacht haben. Meine Schwester Judy kannte schon mit drei Jahren die Namen der verhaßten deutschen Feinde – Hitler natürlich, aber auch Himmler, Goebbels und Göring. Danny pflegte die Gesichter oder Gestalten dieser Nazis zur Teezeit mit goldenem Sirup auf unsere Margarinebrote zu »zeichnen«. Ich erinnere mich noch sehr, sehr lebhaft daran, welche Befriedigung es war, in sie hineinzubeißen, ihnen den Kopf abzubeißen oder Arme und Beine zu zermalmen. Viel mehr konnten wir auch nicht tun, um unseren Haß auf diese Männer zu zeigen. Selbst Danny fand keine Worte, als sie mir helfen sollte, meinen tiefen Abscheu vor Hitler zum Ausdruck zu bringen, nachdem die Greuel des Holocaust bekannt waren.

Über drei Jahrzehnte vergingen nach dem Krieg, ehe ich ein Konzentrationslager besuchte. Ich wußte, daß ich das tun mußte. Und von allen KZs mußte es Auschwitz sein, denn dieser Name symbolisierte für mich den Alptraum des Holocaust. Ich glaubte nicht, daß mir der Besuch helfen würde, es irgendwie begreifen zu können; ich glaubte nicht, daß er die Bilder des Grauens verscheuchen würde. Aber meine innere Stimme zwang mich dazu. Und so machte ich mich irgendwann auf die Pilgerreise – mit einem deutschen Freund zusammen. Er mußte sich wohl noch viel mehr als ich der Vergangenheit stellen. Dietmar war aus Berlin und noch ein Kind (im gleichen Alter wie ich), als der Krieg ausbrach.

Zuerst besuchten wir ein Museum in Berlin, in dem Fotografien und Dokumente aus der Zeit des Holocaust ausgestellt sind. Einen Brief kann ich nicht mehr vergessen. Er gehört zu einem Wechsel von Schriftstücken und Befehlen zwischen Hitler und seinen Vollstreckern, die gerade die Vorbereitungen trafen, um die Maschinerie seiner abscheulichen »Endlösung« in Gang zu setzen. Da stand, um es zusammenzufassen, daß sicher einige der Wächter den Gefangenen Mitgefühl entgegenbringen würden, was im Keim zu ersticken sei. Mit deutscher Gründlichkeit wurde alles bis ins letzte Detail durchdacht. Nicht nur Juden und Zigeuner, Geisteskranke und Homosexuelle litten im Deutschland der Nazizeit, sondern auch Deutsche, die nicht damit gerechnet hatten, auch noch ihr menschliches Mitgefühl fallenlassen zu müssen.

Dietmar und ich nahmen den Zug nach Krakau und weiter nach Auschwitz. Dort gibt es zwei Konzentrationslager: Auschwitz I und Auschwitz II bzw. Birkenau, letzteres eingerichtet, um zusätzlichen Raum zu schaffen für die Juden und Zigeuner, die aus allen besetzten Teilen Europas hertransportiert wurden. Wir gingen durch den berüchtigten Torbogen mit seinem zynischen Motto: »Arbeit macht frei.« Wahrhaftig – frei für den Tod. Auschwitz I ist heute ein riesiges Museum. An den Wänden der Backsteingebäude hängen reihenweise Fotos von Gefangenen in unförmigen gestreiften »Sträflingsanzügen«, denen gerade der Kopf ausgemessen wird (ein Teil des ungeheuerlichen, entsetzlichen Programms zur »Erforschung« ethnischer Unterschiede). Und Fotos von Pogromen, von Schlachten, von Nazischergen, vom Führer. Es gibt einen großen Haufen Schuhe, die den Gefangenen vor ihrem letzten Gang in die Gaskammern ausgezogen wurden. Es gibt einen Schuppen voller Koffer, die den Gefangenen bei ihrer Ankunft abgenommen wurden. Und eine gräßliche Sammlung von Krücken, Bruchbändern, künstlichen Gliedmaßen, Zahnprothesen usw. Es gibt einen Lampenschirm aus Menschenhaut. Es gibt das Krematorium mit einer detaillierten Beschreibung der Befeuerung. Und den Bereich, wo Gefangene öffentlich geprügelt und erschossen wurden. Das Grauen wurde unerträglich. Die Berge von Habseligkeiten stammten nur von einem oder zweien der Tausende von Transporten, und Auschwitz war nur eins von vielen Todeslagern.

Ich war wie benommen. Ich fühlte nichts mehr und war bestürzt darüber, bestürzt, daß ich nicht einmal mehr Mitgefühl empfinden konnte. Plötzlich fiel mein Blick auf einen einzelnen Kinderschuh, der allein in einer kleinen Vitrine stand, und dicht daneben eine geliebte Puppe, die ein kleines Mädchen auf der alptraumhaften Zugfahrt an sich gedrückt haben mußte, bis sie ihm am Ende der Fahrt, der letzten vermutlich, von rohen, lieblosen Händen entrissen wurde. Diese Bilder hatten eine furchtbare Wirkung, sie schnitten mir trotz meiner Benommenheit mitten ins Herz; helle Wut flammte in mir auf, und mein Herz begann zu rasen. Und dann überkam mich eine abgrundtiefe Traurigkeit. Ich wandte mich ab, und meine Augen schwammen in Tränen.

Birkenau lag, glaube ich, etwa drei Kilometer weit entfernt. Es regnete und war kalt, aber ich ging zu Fuß; es erschien mir unangemessen, mit dem Bus dorthin zu fahren. Nur sechs der langen Holzgebäude stehen noch auf dem riesigen flachen Gelände, das jetzt mit Gras bewachsen ist. Als es benutzt wurde, war im Winter rundum ein Meer von Schlamm und im Sommer kahler, völlig ausgetrockneter, harter Erdboden. Wie ein blattloser, symmetrisch von Menschenhand angelegter Wald standen dort, wo einst die anderen Lagerbauten gewesen waren, noch deren Eckpfosten, in schrecklicher Aufeinanderfolge, Reihe um Reihe. Die Gestapo hatte versucht, das Lager zu zerstören, um ihre Verbrechen vor den anrückenden Sowjettruppen zu verbergen, war jedoch geflohen, bevor sie ihr Werk vollendet hatte. Die hoch über dem Lager aufragenden Wachttürme standen noch und die Wachtbunker, aus denen die Wächter ebenerdig herausschauen konnten. Niemand konnte fliehen. Die behagliche Villa der Gestapo befand sich außerhalb des grausamen, gnadenlosen, mit Stacheldraht armierten elektrischen Zauns.

Einer der sechs stehengebliebenen Holzschuppen war das Latrinengebäude. Parallele Reihen von Löchern, Rücken an Rücken. Mein Kopf füllte sich auf einmal mit all dem, worüber ich gelesen hatte: Ich hörte förmlich die Schreie, roch den beißenden Gestank, spürte die Peitschen der Wächter, die zuschlugen, wenn jemand unter Durchfallkrämpfen länger als die vorgeschriebene Minute dort sitzen blieb. Und in den anderen Schuppen die Schlafstellen in Dreiherreihen zu beiden Seiten der langen, dunklen, niedrigen Bauten. Holzpritschen, kaum Abstand dazwischen. Die Gefangenen, nur mehr Gerippe, keinerlei Wärme, zusammengekauert, stinkend, mit juckenden Wanzenbissen. Frierend. Entsetzlich geschlagen – geschlagen für nichts und wieder nichts. Und immer ausgehungert. Ein furchtbarer, nagender Hunger quälte sie, den wir, die wir so etwas noch nicht erlebt haben, uns nicht einmal vorstellen können. Die Kühle des Tages wirkte auf einmal wie Eiseskälte auf mich bei dem Gedanken an frostkalte frühe Morgenstunden unter Null, an Wind, der direkt von Sibirien her über das flache Gelände fegte, an die in Reihen angetretenen Gefangenen, nackt, bei den endlosen Anwesenheitsappellen. Jeden Morgen. Starr vor Kälte, hungernd, krank. Wie hatte das jemand überleben können? Erst hier in Birkenau, das kein Museum ist, wo es keine Fotos gibt und außer Dietmar und mir nur noch ein anderes Besucherpaar war, empfand ich das ganze Grauen des Holocaust. Die Qual, die Hilflosigkeit, die finstere Verzweiflung, die Apathie der lebendig Toten. Allmächtiger, wie hatte überhaupt irgend jemand überlebt?

Drei Jahre später begegnete ich einem Mann, der nicht nur überlebte, sondern auch seine Bitterkeit und seinen Haß überwand und eine Stätte voller Wärme, Licht und Liebe für todkranke Kinder schuf. Henri Landwirth ist ein unglaublicher Mensch. Aber bevor ich seine Geschichte erzähle, noch einmal zurück zu Auschwitz.

Mitten in einem der dunkelsten Schuppen, unter einer der Pritschen, hatte eine kleine Pflanze den Betonboden durchbrochen und streckte sich zaghaft dem schwachen Schimmer entgegen, der durch zwei winzige »Oberlichter« drang (dicke, trübe Glasscheiben von jeweils etwa 6 mal 10 cm Größe); ihre schwellenden Knospen waren kurz vor dem Aufspringen. Sie hatte sich einen Weg durch die Überreste des dunkelsten, von eiskalter Grausamkeit und Berechnung geprägten Abschnitts der Menschheitsgeschichte gebahnt. Wo ließ sich ein stärkeres Symbol für die Vergänglichkeit eines Vorhabens finden, das nur in der Hölle ausgebrütet worden sein konnte? In der Hölle eines krankhaften, entstellten menschlichen Geistes.

Ich hatte mir vorgenommen, am folgenden Tag stille Einkehr zu halten – Eindrücke zu verarbeiten, mich mit der neuen Erfahrung auseinanderzusetzen. Aber es sollte nicht sein. An dem Tag war nämlich gerade Kinderfrühlingsfest in Krakau. Die Kirchenglocken läuteten, die Kinder trugen die bunten Trachten ihrer Heimat, und überall in den Straßen wurde gesungen und getanzt. Und die Sonne brach hervor. Mir kam es vor wie eine neue symbolische Botschaft, die sich zu dem ungemein starken Eindruck von Auschwitz hinzugesellte.

Und dann, als müsse diese geistige Reise schließlich vom Haß, von der Brutalität und dem unvorstellbar Bösen zu Liebe und Mitgefühl hinführen, lernte ich Henri Landwirth kennen. Dreizehn Jahre alt war er, als der Krieg ausbrach. Er wurde von seiner Familie getrennt und danach fünf Jahre lang zuerst ins Arbeitslager, dann in eine Reihe von Konzentrationslagern geschickt, immer von einem ins andere, einschließlich Auschwitz-Birkenau. In seiner Autobiographie *Gift of Life* (»Geschenk des Lebens«) beschreibt er die Jahre, in denen er »die Unmenschlichkeit des Menschen unmittelbar mitansah, mithörte und miterlebte«. Irgendwie kam er durch. Aber er war danach »blind vor Haß« und von dem brennenden Verlangen getrieben, andere ebenso zu verletzen, wie er verletzt worden war. Wie ihm schließlich die Flucht gelang, grenzt an ein Wunder – er wurde mit zwei anderen Juden zusammen abgeführt zur Hinrichtung. Aber der Krieg war fast vorbei, und die

Soldaten wollten die drei nicht töten. Sie befahlen ihnen, sich nebeneinander aufzustellen, als wollten sie sie erschießen – wie sie Henris Vater erschossen hatten. Dann riefen sie ihnen zu, schnell wegzurennen. Und sie rannten. So entkam Henri, krank wie er war, den Schädel halb eingeschlagen von einem Gewehrkolben, die Beine brandig von unbehandelten Wunden, in die Freiheit.

Er fand Hilfe bei einer Tante, und irgendwann gelang ihm wie vielen anderen Überlebenden die Emigration nach Amerika. Er kam ohne einen Pfennig in der Tasche dort an, brachte es jedoch durch harte Arbeit, durch seine charismatische Persönlichkeit und seinen Geschäftssinn zu großem Erfolg im Hotelmanagement. Dann gab es eine Wende in seinem Leben, und von da an widmete er seine ungeheure Energie und seinen unbeugsamen Willen einem neuen Vorhaben – Kindern mit unheilbaren oder lebensbedrohlichen Erkrankungen ihren letzten Willen zu erfüllen. Es fing damit an, daß ihm bewußt wurde, wie viele Kinder, deren letzter Wunsch ein Besuch von Disney World in Florida und die Begegnung mit Micky Maus gewesen war, gestorben waren, ehe ihnen ihr Wunsch erfüllt werden konnte, weil die dortigen Hotels weit im voraus ausgebucht waren. Daraufhin machte sich Henri ans Werk, etwas zu ändern. 1988 baute er den Kindern mit Unterstützung zahlreicher Unternehmen ihr eigenes Dorf. »Give Kids the World« liegt in der Nähe von Disney World. Von ihrer Ankunft auf dem Flughafen von Orlando an bekommen die Familien alles gestellt – Unterkunft (jede Familie bewohnt im »Village« ein eigenes Häuschen), Verpflegung, Transportmöglichkeiten, und dank Disney ist alles in Disney World und den anderen Anlagen gratis für sie. Im »Village« sind etwa 2000 ehrenamtliche Helfer tätig. Henri hat mir den erstaunlichen Ort gezeigt. Ich sah helle Freude auf den Gesichtern der todkranken Kinder, die dort wenigstens ein paar Tage lang die Schmerzen und Ängste ihres Krankenhausaufenthaltes vergessen konnten. Ihr Wunsch war in Erfüllung gegangen. Aber auch ihren Brüdern und Schwestern, die häufig Schuldgefühle haben oder sich zurückgesetzt fühlen oder beides, wird das Gefühl vermittelt, etwas Besonderes zu sein. Die Eltern, Großeltern oder anderen Verwandten können einmal ausspannen und sich mit Leuten unterhalten, die ihre Qual nur zu gut verstehen und ihre Probleme kennen. In einem kleinen kirchenartigen Gebäude können Eltern nach Wunsch in Frieden beten oder einfach still sitzen, um mit dem, was sie betroffen hat, fertig zu werden. Ein Buch liegt aus, in dem manche ihre Gedanken aufgeschrieben haben. Ich habe einfach eine Seite aufgeschlagen, und da stand: »Lieber Gott, Christopher ist so ein guter Junge, und er ist so tapfer. Bald wird er bei dir sein. Bitte sorge an unserer Statt für ihn – wir lieben ihn so sehr.« Der Eintrag stammte von seiner Großmutter.

Henri hat einen Ort voller Liebe geschaffen. Und es ist echte Liebe: Ich habe ihn im Umgang mit den Kindern beobachtet und das Leuchten in seinen Augen gesehen – und in den Augen der Kinder. Und was wirklich an Zauberei grenzt: »Give Kids the World« kann tatsächlich Wunder wirken. Viele Eltern schreiben später, daß die helle Freude und Begeisterung über das Erlebnis ihrem Kind neuen Lebensmut gegeben hat, und manche sind sogar wieder ganz gesund geworden.

In seinem Buch schreibt Henri, daß in den Konzentrationslagern seine Verbindung zur Spiritualität abgerissen sei und er sich von Gott abgewandt hätte, ebenso wie sich Gott von ihm abgewandt hatte. Wie hat er zum Glauben an Gott zurückgefunden? Wie hat er trotz der unaussprechlichen Greuel der Todeslager und der Leiden unschuldiger Kinder, die mit einer tückischen Krankheit geschlagen sind, sich wieder mit der Existenz eines gerechten Gottes, eines gütigen Gottes der Liebe aussöhnen können? Henri schreibt: »Worin finden ein gebrochenes Herz und eine der Hoffnungslosigkeit preisgegebene Seele Trost? Was im Innern eines Menschen ermöglicht es ihm, inmitten solcher Verzweiflung zu überleben? Es muß Gott sein ... Wer sonst könnte es sein?«

Fünfzig Jahre lang habe ich mit den Schreckensbildern des Holocaust von Folter und Tod gelebt, die sich meinem kindlichen Gemüt tief eingeprägt hatten und immer an der Schwelle des Bewußtseins in mir schlummerten. Der Besuch von Auschwitz und Birkenau hat mir geholfen, etwas von dem Druck auf meinem Herzen loszuwerden. Henri und seine wundervolle Geschichte von Mut und Erfolg kennenzulernen hat mir noch mehr geholfen, denn ich habe endlich verstanden, daß ich mit der Vergangenheit aufräumen und mich von einigen meiner eigenen dunklen Bilder lösen muß. Auf jener geistigen Reise habe ich gelernt, daß es Dinge gibt, die ich mit meinem endlichen Verstand nie begreifen werde. Und daß ich, obwohl ich Böses – vorsätzliche, gemeine Grausamkeiten gegenüber Mensch oder Tier – nie hinnehmen kann, sondern immer dagegen ankämpfen werde, nicht dafür Rechenschaft ablegen muß, daß es unter uns existiert. Denn hier und jetzt sehen wir die Dinge nur »wie durch ein trübes Glas«.

So war diese Reise aus verschiedenen Gründen lebenswichtig für meine eigene spirituelle Pilgerfahrt durch Zeit und Raum. Sie half meiner Seele zu wachsen.

Foto: Michael Neugebauer

Mit dem Reisegefährten Mr. H.

17

Das Ende am Anfang

Wie soll ich ein Buch über ein Leben abschließen, das noch nicht vollendet ist? Der Tod ist ein so guter Schlußpunkt, selbst wenn wir wie Häuptling Seattle glauben, daß es »keinen Tod gibt, nur einen Wechsel der Welten«. Trotzdem muß ich dieses Buch zu einem Abschluß bringen.

Ich sitze im Birkenhof. Draußen im heißgeliebten Garten stehen noch immer dieselben Bäume, auf die ich schon als Kind schaute und kletterte, um von Tarzan und Afrika zu träumen. Und bestimmte Dinge, bestimmte Geräusche versetzen mich plötzlich und ohne Vorwarnung in jene Zeit zurück, so daß ich eine Zeitlang wieder ein Kind bin. Wie zum Beispiel der Gesang eines Buchfinken oder einer Amsel, wenn ich hinaustrete in den sonnendurchfluteten Garten; der alte graue Steinfrosch, der immer noch wie schon vor sechzig Jahren an der alten grauen Vogeltränke sitzt, die wie ein Ammonit geformt ist; die schwere Rasenwalze aus Stein mit ihrem verrotteten Holzgriff, die Danny über das Gras zu ziehen pflegte in dem vergeblichen Bemühen, häßliche Buckel und Löcher auszugleichen; ein altes Stahlküchenmesser aus Sheffield mit seinem Knochengriff, das Onkel Eric immer an einem Wetzstein schärfte. Was mag es sein, das diese Frau Jane Goodall mit dem Kind aus ferner Zeit verbindet? Ist es bloß, wie manche meinen, eine Reihe von Erinnerungen, die in einem computergleichen Gehirn gespeichert sind? Oder ist es etwas, das wir »Seele« nennen und das mich seit meiner Geburt begleitet? Etwas, das außerhalb des Gehirns, außerhalb sogar des Geistes existiert? Etwas, das mich mit der sprituellen Kraft verbindet, die ich überall um uns herum spüre? Ich denke, daß ich eine Seele habe. Sehr hochgeistige Leute haben mir gesagt, ich hätte eine *alte* Seele – das heißt eine Seele, die schon viele Wiedergeburten erlebt hat. Wenn es so etwas gibt wie Reinkarnation – und das glaube ich –, dann haben diese Leute wahrscheinlich recht; jedenfalls empfinde ich es so. Gewißheit werde ich nie haben in diesem Leben. Gewiß ist jedoch, daß Erinnerungen tatsächlich in unserem erstaunlichen Gehirn gespeichert werden. Dieses Buch speist sich aus Erinnerungen, die ich dem Speicher meines Geistes entnommen habe, um sie mit allen zu teilen, die gerne darüber lesen.

Wenn ich rückschauend mein Leben betrachte, so scheint es mir, als sei meine Zeit hier auf Erden bis jetzt in eine Reihe von deutlich getrennten Phasen eingeteilt gewesen, die sich alle überschneiden. Zuerst gab es eine Zeit der *Wegbereitung* – der Wegbereitung einerseits für das Leben im allgemeinen und andererseits im besonderen für die Reisen nach Afrika und die Schimpansenforschung. Letztlich bereite ich mich immer noch vor: auf das, was vor mir liegen mag. Als zweites kam eine Zeitspanne, an die ich mit großer Sehnsucht zurückdenke: das *Jagen und Sammeln* von Informationen, die Zeit, die ich im Wald damit verbrachte, mit und von den Schimpansen zu lernen. Auch heute noch bringen wir immer wieder Neues über diese verblüffenden Geschöpfe in Erfahrung. Im dritten Zeitabschnitt der *Familiengründung* war ich Mutter und Ehefrau; diese

Phase überschnitt sich mit der *Auswertung und Veröffentlichung* der Schimpansenforschung. Die *Weitergabe* meines Wissens an andere war mir zwar immer ein Bedürfnis, aber bis zu meinem »Saulus-Paulus«-Erlebnis nicht die Haupttriebkraft meines Lebens. Dieses Bedürfnis wird sich wohl mein Leben lang nicht erschöpfen und in gewisser Weise nach meinem Tod noch in meinen Büchern Früchte tragen. Das hoffe ich wenigstens.

Ein wichtiger Bestandteil der Weitergabe und des Teilens sind meine Vortragsreisen. Obgleich sehr anstrengend, sind sie doch auch eine geistige und seelische Bereicherung für mich, denn ich reise in immer andere Teile der Welt und bin immer wieder neuen Kulturen ausgesetzt, meist allerdings viel zu kurz. Aber was mir das wichtigste ist, sind die vielen Menschen, denen ich begegne und die mich inspirieren und mir Kraft geben. Nach einem Vortrag sitze ich meistens an einem Tisch und signiere Bücher. Das ist natürlich absatzfördernd, was wiederum der Finanzierung des Jane-Goodall-Instituts zugute kommt und dem Teilen dient. Aber es ist nicht nur das. Ich signiere Programme, Eintrittskarten, Prospekte oder auch Bücher, die die Leute zum Teil schon vor zwanzig Jahren gekauft haben. Mir liegt dieses Signieren am Herzen, weil ich dadurch Kontakte knüpfen kann zu Menschen aus dem Publikum. Und diese Menschen, die manchmal stundenlang (der Rekord waren 4 Stunden, 10 Minuten!) geduldig Schlange stehen, geben mir neue Kraft. Kraft, die ich dringend benötige, da ich bei einem Vortrag meinen ganzen Vorrat davon so ziemlich aufbrauche, so daß ich am Ende ausgepumpt bin und friere. Eine freiwillige Mitarbeiterin erfaßte die Lage genau, als sie zu mir sagte: »Diese Leute tragen Sie, nicht wahr?« Ja, genau das tun sie. Ich bemühe mich, so viele Menschen im

Raum wie nur möglich anzusprechen in der Hoffnung, daß meine Botschaft ihnen in Herz und Sinn dringt. Damit immer mehr von uns Herzen und Hände zusammenschließen, um unsere Welt in einen besseren Ort für alles Lebendige zu verwandeln. Wenn also Leute nach dem Vortrag zu mir kommen und das, was sie sagen, vermuten läßt, daß meine Botschaft wirklich angekommen ist und weiterhilft – ja, dann geben sie mir die Kraft, die mich weiterträgt.

Wo immer ich auch gewesen bin, ist mir aufgefallen, daß Menschen aller Kulturen gelegentlich Tränen in den Augen hatten, wenn sie nach einem Vortrag zu mir kamen. Das hat mich früher irgendwie gestört und war mir peinlich, aber inzwischen kann ich es verstehen. Ich glaube tatsächlich, daß die Essenz der Botschaft, die ich ihnen überbringe, von außen über mich kommt, als wäre ich eine Äolsharfe, deren Saiten durch einen unsichtbaren Wind zum Klingen gebracht werden. Vielleicht ist die Harfe zum erstenmal bei Trevors Predigten vor vielen, vielen Jahren erklungen. Oder bei der Musik, die mich in Notre Dame so tief bewegt hat.

Es fällt mir schwer, mir jetzt, nach zwanzig Jahren, jenen erhebenden Augenblick in der Kathedrale wieder genau zu vergegenwärtigen, obwohl diese Erfahrung unvergessen ist. Sie ist mir in Fleisch und Blut übergegangen. Wenn ich die Bachsche Fuge jetzt höre, egal, wo ich bin, hat sie immer die gleiche Wirkung: Ebenso wie das Läuten der Glocken von Big Ben mich an den Krieg erinnert und unterbewußt Angst auslöst, überflutet diese Musik mein ganzes Wesen mit Liebe, Freude und so etwas wie einem spirituellen Hochgefühl. Wobei es sicher keine besondere Rolle spielt, daß die Musik von Bach oder daß es eine bestimmte Fuge war. Ich nehme an, daß ich die Erfahrung auch in einer anderen Kathedrale oder Kirche, in einer Moschee, einem Tempel oder einer Synagoge hätte machen können. Es lag an dem herrlichen, nachhallenden Brausen der Orgel an einem alten Ort der Gottesverehrung, über die Jahrhunderte geweiht durch die inbrünstigen Gebete Tausender von Menschen. Die Wirkung auf mich war so gewaltig, glaube ich, weil das Erlebnis in eine Zeit fiel, in der sich vieles in meinem Leben veränderte und ich verletzlich war. Eine Zeit, in der ich, ohne es zu wissen, wieder mit der geistigen Macht verbunden werden mußte, die ich Gott nenne – oder vielleicht sollte ich sagen: wieder an diese Verbindung erinnert werden sollte. Das Erlebnis, was immer es auch sonst noch bewirkt haben mag, hat mich auf die richtige Bahn zurückgebracht; es hat mich gezwungen, den Sinn meines Erdenlebens neu zu überdenken.

Erst vor kurzem habe ich mich gefragt, ob darin eine spezielle Botschaft für mich lag, ohne Worte durch die kraftvolle Musik übermittelt, eine Botschaft, die ich aufnahm, aber noch nicht deuten konnte oder wollte. Erfahrener geworden, glaube ich jetzt rückblickend, daß es sich tatsächlich um eine Botschaft handelte. Eine ganz einfache: Jeder von uns zählt, spielt eine Rolle und kann etwas verändern. Jeder von uns muß die Verantwortung für sein eigenes Leben tragen und darüber hinaus allem Lebendigen Achtung und Liebe entgegenbringen, besonders dem Mitmenschen. Wir müssen gemeinsam die Verbindung zu unserer natürlichen Umwelt und zu der geistigen Kraft wiederaufnehmen, die uns umgibt. Dann können wir uns triumphierend und voller Freude auf die letzte Etappe der menschlichen Evolution begeben – die geistige Evolution.

Ist es Hochmut oder Vermessenheit von mir, zu glauben, daß ich vielleicht die Stimme Gottes hörte? Keineswegs. Wir alle hören sie, die leise innere Stimme, und sie sagt uns, was wir tun sollten. Das, meine ich, ist die Stimme Gottes. Natürlich wird sie normalerweise die Stimme des Gewissens genannt, und wenn uns diese Definition lieber ist, soll's mir auch recht sein. Wie immer wir sie nennen, wichtig ist meines Erachtens nur, das zu tun, was die Stimme uns gebietet. Mein Erlebnis in der Kathedrale von Notre Dame war dramatisch und aufrüttelnd. Jetzt höre ich die leise innere Stimme, und sie gebietet mir zu teilen.

Das ist es, worum ich mich bemühe. Ich teile die Botschaft durch meine Vorträge in aller Welt mit allen Arten von Zuhörern, besonders mit Kindern. Und dabei habe ich immer ein Gefühl – was gar nicht zutreffend sein muß –, daß ich wirklich nur als Bote diene. Manchmal bin ich *vor* einem Vortrag vollkommen erschöpft oder sogar richtig krank und gerate in Panik, das Publikum am Ende zu enttäuschen. Diese Vorträge sind dann meist meine besten. Weil ich, wie ich glaube, in diesem Fall die geistige Kraft anzapfen kann, die immer da ist und uns stärkt und Mut macht, wenn wir nur zugreifen: »Bittet, so wird euch gegeben; suchet, so werdet ihr finden.« Diese Kraft ist uns allen zugänglich. Ich gewinne natürlich auch neue Energie aus dem Publikum – je gespannter und begeisterter die Zuhörer, um so lebendiger mein Vortrag.

Irgend etwas von alledem als garantiert sicher zu betrachten wäre gefährlich. Ich habe immer gelernt: »Hilf dir selbst, dann hilft dir Gott.« Ich bereite mich äußerst konzentriert auf meine Vorträge vor und gehe meine Notizen vor jeder Veranstaltung stets noch einmal durch, einschließlich der dazugehörigen Dias, obwohl ich in etwa den gleichen Vortrag schon viele Male gehalten habe. Ich hatte das beste Vorbild: Onkel Eric. Am Vorabend eines Operationstages pflegte er, sobald er im Bett lag, jeden Punkt auf seiner Liste im Geiste noch einmal abzuhaken. Auch wenn es sich nur um einen einfachen Eingriff wie eine Blinddarmoperation handelte, rief er sich doch alle Einzelheiten noch einmal vor Augen, versuchte alles zu bedenken, was schiefgehen könnte, und überlegte sich die entsprechenden Notmaßnahmen. Ich denke, deshalb war er ein so guter Arzt – weil er jedem Detail seine ungeteilte Aufmerksamkeit widmete und weil er grenzenloses Mitgefühl für jeden einzelnen Patienten empfand.

Noch etwas werde ich oft gefragt: Wie kommt es, daß Sie so friedvoll wirken? Bisher ist mir bei fast jedem Vortrag überall auf der Welt diese Frage gestellt oder eine Bemerkung dazu gemacht worden. Die Leute wollen wissen, ob ich meditiere. Nicht regelmäßig, antworte ich, aber ich versuche, immer irgendwie mit der spirituellen Kraft in Berührung zu bleiben. Und ich danke unaufhörlich für mein gütiges Geschick, das Glück, das ich die meiste Zeit meines Lebens genießen durfte. Für die wunderbaren Menschen, die mich unterstützt haben, die Federn meines Adlers. Und ich danke für meine gesegnete Gesundheit. Jeden Tag bin ich dankbar dafür, weil ich weiß, wie glücklich ich mich schätzen kann und wie vergänglich dieses Geschenk ist.

Außerdem hatte ich das große Privileg, den Frieden des Waldes erleben zu können. Der Wald – jeder Wald – ist für mich der spirituellste Ort schlechthin. Ebenso die Bergwelt, nur habe ich mich nicht viel in den Bergen aufgehalten. Die langen Tage, Monate und Jahre in Gombe sind es, durch die ich auch mitten im Chaos noch Ruhe bewahren konnte, denn ich trage den Frieden in mir.

Vor kurzem hat eine starke Erfahrung diesen geistigen Frieden erneuert. Ich wanderte mit einer Gruppe von *Roots-&-Shoots*-Mitgliedern zusammen durch einen herrlichen uralten Wald auf den Hängen des Mount Hood in Oregon, USA. Plötzlich erblickte ich vom Pfad aus einen seltsamen Baum. Er muß etwa hundert Jahre zuvor einen Brand überstanden haben, und nur etwa fünfzehn Meter seines Stammes waren erhalten geblieben, allerdings vollkommen ausgehöhlt. Durch eine Öffnung, die fast wie eine kleine, oben spitz zulaufende Tür war, gelangte ich ins Innere des Baumes. Die noch stehende Außenwand des Stammes, die schnurgerade emporragte und sich nach oben hin verjüngte wie ein Kirchturm, lenkte meinen Blick durch das Grün ringsum in die Höhe zum Himmel. Da stand ich kleines Menschlein, von Ehrfurcht ergriffen, und betete zu Gott, er möge doch die restlichen Wälder dieser Erde am Leben erhalten. Das Gebet schien emporgesogen zu werden, höher und immer höher – ob es sein Ziel erreicht hat? Dann gesellten sich die Mitglieder der Gruppe zu mir, immer fünf auf einmal, und wir faßten uns bei den Händen und beteten für die Wälder. Chitcus, mein indianischer Seelenbruder, war mit dabei, und er brachte ein Rauchopfer dar mit der heiligen Kish'wuf-Wurzel und sang einen indianischen Segen. Ich empfand aufs neue einen tiefen inneren Frieden und war von grenzenloser Kraft erfüllt.

Und wie herrlich können Erinnerungen sein! In schweren Zeiten beschwöre ich sie herauf, die schönen Augenblicke der Vergangenheit. Zum Beispiel, wie ich einmal frühmorgens in Daressalam am Strand saß:

Fünf Reiher

Fünf Reiher fliegen vorüber, tief über dem Wasser,
die langen Hälse zurückgebogen; sie fliegen
zwischen dem goldglänzenden Meer
und graugoldenen Wolken im ersten Sonnenlicht.
Hinter mir, an einem Himmel von zartestem Blau,
über den Palmwedeln,
geht langsam der gelbe Mond zur Ruhe.
O goldener flüchtiger Augenblick, der Zeit entrückt,
erhaben über jeden Preis,
mit liebevoller Sorgfalt im Schatzhaus der Erinnerung
bewahrt, um dann, wie jetzt, hervorgeholt zu werden
als Labsal meiner Seele, wenn alles ringsum trübe ist.

Bis zu einem gewissen Grad ist es mir endlich auch gelungen, das nutzlose kreisende Denken im Zaum zu halten. Man arbeitet hart und tut, was man kann, um sich auf eine Tagung vorzubereiten, vor der einem graut, oder einen Vortrag, vor dem einem angst und bange ist – und dann läßt man das Ganze einfach auf sich zukommen, basta. Genauso ist es mit einem Termin beim Zahnarzt. Ich sage mir immer: »Morgen um diese Zeit (oder nächste Woche, wann auch immer!) ist alles vorbei.« Und dann habe ich ja noch Dannys Spruch: »Wenn ich schwach bin, so bin ich stark.«

Weiterhin werde ich oft gefragt: »Wie können Sie bloß ruhig bleiben, wenn Sie ein Tierversuchslabor besuchen? Wie beherrschen Sie sich, daß Sie nicht laut losschreien und die Grausamkeit der Leute anklagen?« Die Antwort darauf ist einfach: Aggressivität nützt überhaupt nichts. Zugegeben, manche Leute sind wirklich sadistisch, aber die meisten Tierquäler wissen einfach nicht über die Tiere Bescheid. Sie glauben nicht daran, daß Tiere, selbst solche mit komplexem Gehirn, auch Geist und Gemüt und Empfindungsfähigkeit besitzen wie wir. Meine Aufgabe besteht darin, sie zu einer Einstellungsveränderung zu bringen; sie würden mir allerdings nicht zuhören, wenn ich die Stimme erheben und mit dem Finger auf sie zeigen würde. Dann würden sie sich bloß ärgern und mir mit Feindseligkeit begegnen. Das wäre letztlich das Ende des Dialogs. Wirkliche Veränderungen kommen von innen; Gesetze und Bestimmungen sind zwar nützlich, aber, so traurig es ist, leicht zu umgehen. Natürlich bin ich aufgebracht, aber ich verberge meinen Zorn nach Möglichkeit und beherrsche mich. Ich versuche lieber, sanft ihr Herz anzurühren.

»Wie lange werden Sie noch in diesem Tempo weitermachen können?« Auch das werde ich oft gefragt. »Wollen Sie sich nicht irgendwann zur Ruhe setzen?« Gewiß wird die Zeit kommen, daß ich körperlich nicht mehr dazu in der Lage bin, soviel zu reisen. Und sie wird womöglich nicht mehr lange auf sich warten lassen – wir wissen nicht, was vor uns liegt. Aber solange ich noch die Kraft und Energie habe, werde ich weitermachen. Und dazu erhoffe ich mir natürlich noch eine hübsche Reihe von Jahren! Schließlich ist Danny erst mit 97 von uns gegangen, Olly ist jetzt 97 und immer noch gut bei Kräften, und Vanne und mein Vater sind 94 und 93. Also hoffe ich, daß mir noch mindestens zehn tatkräftige Jahre vergönnt sind – und danach noch ein wenig Zeit zu friedlicher Besinnung, Zeit für die Dinge, die mir mein gegenwärtiger Lebensstil versagt.

Ich habe viele klare Zukunftsziele. Eins davon, ein wichtiges, ist die Einrichtung einer Stiftung, so daß unsere Arbeit in Afrika – Gombe, die Schutzstationen und unsere Hilfsprogramme für die Dorfbewohner – langfristig fortgesetzt werden kann. Ferner will ich mich nach Kräften für die weltweite Verbreitung von *Roots & Shoots* einsetzen und unsere Kinder und Jugendlichen stärken und ermutigen, motivieren und inspirieren. Wir haben ihre Welt schrecklich zugerichtet, und viele von ihnen sind desillusioniert bis zur Verzweiflung – und selbstmordgefährdet. Sie brauchen umfassende Hilfe. Ich habe vor, für die Jugend noch viele weitere Bücher über den Natur- und Artenschutz zu schreiben – besonders für die Jugend in den Entwicklungsländern. Um ihnen zu einem besseren Verständnis zu verhelfen, warum es wichtig ist, die natürlichen Ressourcen zu erhalten und das Leben zu achten. Eines Tages werde ich vielleicht auch endlich einen Roman schreiben! Ich habe die Handlung schon fertig im Kopf, und wenn ich nachts nicht schlafen kann, lasse ich meine Gedanken von den Alltagsproblemen in meine Phantasiewelt wandern und werde immer vertrauter mit den Romanfiguren. Gern würde ich mich auch noch eingehender mit den Forschungsergebnissen über die Schimpansen von Gombe befassen, besonders denen aus der Langzeitstudie über Mütter und Kleinkinder, und die Entwicklung der Kinder sowie die Stadien im Leben der Schimpansen von Gombe beschreiben, so daß ich eines Tages vielleicht den zweiten Band von *The Chimpanzees of Gombe* veröffentlichen kann. Aber womöglich habe ich keine Zeit dazu; ich hoffe, daß dann ein Student oder eine Studentin für mich einspringt und sich an diese Arbeit macht. Und ich möchte viel mehr Zeit mit meinen Enkelkindern Merlin und

Angel verbringen, die bei Grub und seiner Frau Maria in Daressalam leben.

Solange ich lebe, werde ich natürlich ein Bewußtsein für das wahre Wesen der Tiere zu wecken versuchen, für das Ausmaß ihrer Leiden und für unsere Verantwortung ihnen gegenüber. Ich werde weiterhin gegen Tierversuche, die Intensivhaltung von Tieren in der Landwirtschaft, gegen Pelztierzucht, Fallenstellen, den Jagdsport, die Ausbeutung von Tieren zu Unterhaltungszwecken sowie in der Lasttier- und Haustierhaltung zu Felde ziehen.

Kürzlich ergab sich für mich eine wunderbare Gelegenheit, meine Gefühle für die Tierwelt in einer neuen Form zum Ausdruck zu bringen, die ich Alan Jones verdanke, dem Dekan der schönen Grace Cathedral in San Francisco. Er bat mich, am Franziskustag, an dem die Gemeinde immer ihre Tiere mitbringt – Tiere aller Art, die am Altar gesegnet werden –, eine Predigt zu halten. Was für ein eindrucksvolles Erlebnis! Als Bibeltext wählte ich Vers 26 aus dem 1. Kapitel der Schöpfungsgeschichte: »Und Gott sprach: Lasset uns Menschen machen, ein Bild, das uns gleich sei, die da herrschen über die Fische im Meer und über die Vögel unter dem Himmel und über alles Getier, das auf Erden kriecht.« Ich erklärte, daß viele Hebräischkenner das Wort »herrschen« für eine falsche Übersetzung des Urtextes halten. Das hebräische *v'yirdu* bezeichnet die *weise und achtungsvolle Fürsorge* eines Königs für seine Untertanen. Es beinhaltet den Sinn für Verantwortung und einsichtsvolles Handeln im Amt. Dann sprach ich von der Demut, die mich die Schimpansen gelehrt hätten – daß wir Menschen uns gar nicht so stark von den anderen Tieren unterschieden, wie wir immer gedacht hätten. Ich schloß mit einem der bewegenden Gebete Albert Schweitzers: »Für die Tiere, die abgearbeitet und unterernährt sind und die gequält werden; für alle sehnsüchtig in Gefangenschaft verharrenden Tiere, die mit den Flügeln gegen Gitterstäbe schlagen; für alle gejagten, verirrten, ausgesetzten, verängstigten und hungrigen Tiere; für alle, die zur Schlachtbank müssen … und für die, die mit ihnen umgehen, erbitten wir ein Herz voller Mitleid, eine sanfte Hand und freundliche Worte.«

Was liegt vor uns? Es ist nicht abzuleugnen, daß wir Menschen seit Anbeginn der geschichtlichen Zeit mit dem Fluch des Krieges, der Kriminalität und der Gewalt geschlagen sind. Immer wenn in einem Teil dieser Welt die ideologischen, ethnischen und territorialen Probleme gelöst sind, flackern wieder anderswo Kämpfe auf. Vielleicht soll es ja so sein, eine Art Hindernislauf für Geist und Moral, dessen Sieger in einer anderen Welt belohnt werden. Die Menschen zeigen offenbar erst im Angesicht der Gefahr ihr wahres Gesicht. Manche zerbrechen daran; andere überleben, werden jedoch bitter und zynisch; und wieder andere gehen triumphierend und stärker als vorher daraus hervor.

Ich hatte das Glück, eine wahrhaft inspirierende Gruppe von jungen Menschen kennenzulernen, die die Schrecken eines Krieges überlebt haben. Dazu gehören Miki Jacevik, der den Artilleriebeschuß von Sarajewo miterlebt hat, Arn Chorn Pond, der als Junge zum Militärdienst gezwungen und bei den grauenhaften Kampagnen Pol Pots mitwirken mußte, und Hafsat Abiola, die aus Nigeria floh, nachdem ihre Mutter ermordet worden war, und die ihren Vater in Einzelhaft im Gefängnis zurücklassen mußte. Sie sind stark wie gehärteter Stahl und fest entschlossen, sich mit anderen Jugendlichen in der

Welt zusammenzutun, um ihren Kindern eine bessere Zukunft zu sichern. Andere junge Menschen haben dem Grauen noch nicht entfliehen können. In einem Flüchtlingslager im Kigomagebiet begegnete ich einer Flüchtlingsfrau und einem zehnjährigen Tutsi-Jungen. Als ich ihm in die Augen sah, überlief mich ein Schauder. Der Vorfall bewegte mich zu diesem bitteren Gedicht:

Flüchtlinge

Sie sitzt auf einem Hocker draußen, verschlossen ihr
  Gesicht,
stumm und ohne Hoffnung für das Morgen,
gezeichnet von den Qualen der Erinnerung –
ein Tag, so hoffnungsleer wie alle Tage,
seit sie hier ankam, neigt sich dem Ende zu.

Das matte Abendsonnenlicht scheint
auf den Blechnapf, halbgefüllt mit Reis, auf ihrem Schoß.
Zwei Tränen rollen langsam aus geschlossenen Augen
an ihren Wangen nieder, glitzern
im letzten Tageslicht. Sie ißt nichts.

Welches Grauen, frag' ich mich, hat sie gesehen?
Aus ihrem Heim vertrieben, sie und die Familie,
vor einem Terror fliehend, den ich nur erahnen kann
und den sie mit sich trägt, wie sie dort sitzt,
bewegungslos, ein Bild des tiefsten Grams.

Ihr Leid entzieht sich meiner Kenntnis:
Ich bin noch nie entwurzelt worden, so wie sie,
lebendig, und dann eingepfercht wie »Vieh«
von Leuten, die nur Nummern sehen, nicht Gesichter.
Doch sind sie gut, die Menschen hier im Lager,
zerbrechen würden sie, wenn sie Gesichter sähen.

Rings um sie her sind alles fremde Menschen,
mit fremden Stimmen, unbekannten Lauten
und Worten, die sie nicht versteht.
Nur Sonne, Mond und Sterne am Abendhimmel
sind geblieben – waren auch gestern da. Und Gott?

Ein kleiner Junge kommt, etwa zehn Jahre alt und dünn.
Er blickt ihr ins verschlossene Gesicht, dann in den Napf
in ihren regungslosen Händen. Sie öffnet Augen,
die dunkel sind vom Schmerz von gestern. Und morgen?
Ein Morgen für den Jungen, ja. Sie gibt ihm Reis.
Er ißt.

In seinen Augen, die die letzten Sonnenstrahlen
  spiegeln,
brennen Träume. Morgen ist er Mann.
»Mein ist die Rache«, spricht der Herr.
Der Junge hört Gott nicht – sein Herz
ist voller Haß. Er wird Vergeltung üben – er!
Das ist der Traum, den er für morgen hegt.

Wie tragisch ist es doch, daß viele Kinder heute nicht mehr dazu erzogen werden, die Grundwerte zu achten, die bei meiner Erziehung eine wichtige Rolle spielten: Ehrlichkeit, Selbstbeherrschung, Mut, Achtung vor dem Leben, Höflichkeit, Mitgefühl und Toleranz. Statt dessen haben unzählige Kinder in der reichen westlichen Welt, fasziniert von der Gewalt im Fernsehen und ganz und gar zu Hause in der »virtuellen« Realität, die Berührung mit der »realen« Wirklichkeit vollkommen verloren. Nur allzuoft sind beide Eltern berufstätig, und niemand dient den Kindern als Rollenvorbild, das ihnen helfen könnte, zu verantwortlichen, fürsorglichen Erwachsenen heranzuwachsen. Infolgedessen himmeln sie Popstars und andere ungeeignete TV-Helden an, von denen viele Drogen konsumieren. Kein Wunder, daß sie dann zu Gewalt und Lieblosigkeit neigen – die Schimpansen haben mich schon vor langer, langer Zeit gelehrt, wie enorm wichtig frühkindliche Erfahrungen und gute Rollenvorbilder sind.

Was sollen wir also machen? Wenn ich zu Jugendgruppen spreche, sage ich, daß wir eine Menge tun können, jeder einzelne von uns, wenn wir nur versuchen, in unserer Umgebung etwas zu bessern. Mitunter ist es ganz einfach: Wir können einen traurigen oder einsamen Menschen zum Lächeln bringen, einen räudigen Hund dazu, daß er mit dem Schwanz wedelt, eine Katze zum Schnurren, oder wir geben einer kleinen welken Pflanze Wasser. Wir können nicht alle Probleme dieser Welt lösen, aber wir können oft etwas gegen die Mißstände vor unserer Nase tun. Wir können nicht alle hungernden Kinder und Bettler Afrikas und Asiens retten, aber wie steht's mit den Straßenkindern, den Obdachlosen und den Alten an unserem Heimatort?

Es war die Verzweiflung einer verzweifelt ums Überleben kämpfenden Frau, die Mohammad Yunus, den Gründer der Bank der Armen in Bangladesh, zu einem ersten Kleinkredit bewog. Er hatte keineswegs geplant, in allen Entwicklungsländern Filialen seiner Bank zu eröffnen. Auch Henri Landwirth wurde von der Not eines einzigen Kindes dazu bewogen, »Give Kids the World« ins Leben zu rufen, das heute das Leben Millionen kranker Kinder und ihrer Familien mit Freude und Liebe erfüllt.

Wenn wir einen Hilfeschrei überhören, werden wir wahrscheinlich von Gewissensbissen geplagt. Ich weiß noch, wie ich als Kind einmal Jungen zusah, die einem Krebs bei lebendigem Leib die Beine ausrissen – ich weinte, aber ich hatte Angst, Einspruch zu erheben, weil sie größer waren als ich. Grub wurde einmal, als er fünf war, von seinem Lehrer bestraft, weil er sich mit einem erheblich größeren Jungen geprügelt hatte, der in der Schule ein Kaninchen quälte, indem er es mit Wasser aus einem Schlauch bespritzte. Gut gemacht, Grub!

Und so bin ich nun am Schluß meiner Geschichte angekommen. Ich habe versucht, die Fragen nach meinen religiösen oder spirituellen Überzeugungen, nach meiner Lebensphilosophie zu beantworten, die mir häufig gestellt werden, und darzulegen, warum ich noch Hoffnung für die Zukunft hege. Ich habe sie so offen und ehrlich beantwortet wie möglich. Ich habe Geist, Herz und Seele bloßgelegt, wenn man so will. Aber eine Geschichte fehlt doch noch. Für mich mit meiner Liebe zum Symbolischen (die ich bestimmt von meinen abergläubischen walisischen Vorfahren geerbt habe!) ist diese Geschichte eine gute Erklärung dafür, warum ich das getan habe, was ich getan habe, und mein Leben so und nicht anders gelebt habe. Und warum ich so weitermachen muß bis zum bitteren – oder vielleicht auch glanzvollen – Ende.

Die Geschichte trug sich zu, als ich noch kein Jahr alt war und noch nicht sprechen konnte. Ich saß im Kinderwagen und stand vor einem Laden, bewacht von Peggy, unserem weißen Bullterrier. Nanny kaufte drinnen im Laden ein. Eine Libelle begann mich zu umkreisen, und ich stimmte ein lautes Geschrei an, so daß ein wohlmeinender Passant die Libelle mit seiner Zeitung zu Boden schlug und dann zertrat. Ich schrie weiter, den ganzen Rückweg bis nach Hause. Ich war so außer mir, daß schließlich der Arzt gerufen wurde, der mir ein Beruhigungsmittel verschrieb. Diese Geschichte habe ich ungefähr vor fünf Jahren zum ersten Mal gehört. Vanne schrieb meine ersten Lebensjahre auf, und sie fragte mich, ob ich mich an diesen Vorfall noch erinnern könnte – und warum ich wohl so außer mir gewesen sei?

Als ich las, was sie geschrieben hatte, fielen die letzten sechzig Jahre von mir ab, und ich war plötzlich wieder das Kind von damals. Ich erinnerte mich daran, wie ich in meinem Kinderzimmer lag. Es war fast alles grün, dachte ich laut – und Vanne sagte, ja, die Vorhänge und der Linoleumfußboden. Mir fiel auch wieder ein, daß ich eine große blaue Libelle beobachtet hatte, die durchs Fenster hereingeflogen kam. Ich hatte protestiert, als Nanny sie hinausscheuchte, aber sie sagte, das Tier würde mich vielleicht stechen, denn es hätte einen Stachel, der so lang sei wie sein »Schwanz« (gemeint war natürlich der Hinterleib). *So* einen langen Stachel! Kein Wunder, daß ich mich fürchtete, als die Libelle um meinen Kinderwagen surrte! Aber vor etwas Angst zu haben hieß noch nicht, daß ich seinen Tod wünschte. Wenn ich die Augen schließe, kann ich sie mit fast unerträglicher Deutlichkeit sehen, die herrlich schimmernden, noch bebenden Flügel, den blauen »Schwanz«, der im Sonnenlicht leuchtete, und den Kopf, wie er zerschmettert auf dem Bürgersteig lag. Meinetwegen war sie gestorben, vielleicht unter Qualen. Ich schrie in hilfloser Wut. Und aus einem schrecklichen Schuldgefühl heraus.

Vielleicht habe ich mein Leben lang versucht, diese Schuld zu sühnen. Vielleicht war die Libelle damals Teil eines Plans, war sie eine Botschaft an das kleine Kind. Wenn ja, dann kann ich meinem Gott nur sagen: »Botschaft gehört und verstanden.« Ich habe mich bemüht, ein wenig von der Schuld abzutragen, in der wir alle durch unsere Unmenschlichkeit gegenüber Mensch und Tier stehen. Und mit der Unterstützung aller Leute, die ein mitfühlendes, liebevolles Herz haben, werde ich mich weiter darum bemühen bis ans Ende. Und das Ende … wird es ein Neubeginn sein?

Danksagung

Nachdem ich nun meine Geschichte erzählt habe, möchte ich den Hunderten von Menschen, die mir auf meinem Weg weitergeholfen haben, meinen herzlichsten Dank aussprechen. Als wir noch klein waren, bekamen meine Schwester Judy und ich jeden Abend eine Geschichte vorgelesen. Eine, die ich besonders liebte, handelte davon, daß die Vögel einen Wettstreit ausriefen, wer am höchsten fliegen könne. Natürlich war der stolze Adler davon überzeugt, daß er gewinnen würde. Er schraubte sich langsam immer höher in die Lüfte. Höher und höher kreiste er, bis alle anderen unter ihm zurückblieben und er schließlich selber nicht mehr weiter kam. Und genau in dem Augenblick flog ein kleiner Zaunkönig, der sich in seinem Rückengefieder versteckt hatte, hoch auf – und trug den Sieg davon!

Welch ein schönes Bild! Ich bin nämlich auch auf dem Rükken eines Adlers geritten, eines Adlers, bei dem jede einzelne Feder jemand ist, der mir geholfen hat. Meine Kinderfrau. Meine Lehrer und Freunde in der Schule, die Studenten und Mitarbeiter in Gombe, die Verwalter und Kollegen am Jane-Goodall-Institut, all die wunderbaren Freunde in aller Welt. Die Menschen, die immer da waren und mir hilfsbereit die Hand gereicht haben, um mich zu trösten und zu ermutigen, wenn etwas schiefging, die mich inspirierten und mir halfen, Kraft zum Weitermachen zu sammeln. Und so viele gibt es, deren Namen ich nicht kenne, geschweige denn ihr Gesicht. Denn die eigene Einstellung kann sich schon durch ein flüchtiges Gespräch, einen kurzen Abschnitt in einem Buch verändern. Hunderte, nein Tausende von Menschen und auch Tieren haben dazu beigetragen, daß ich diesen Punkt in Zeit und Raum erreichen konnte. Wie dankbar bin ich jedem einzelnen, und ich wünschte nur, ich hätte genügend Platz, um die Namen all derer aufzulisten, die mir über die Jahre geholfen haben.

Alles, was ich habe tun können, verdanke ich letztlich meiner wunderbaren Familie: meiner Großmutter Danny, meiner Schwester Judy und meiner erstaunlichen Mutter Vanne. Sie war von Anfang an für mich da, hat mir geholfen, mich getröstet und mich zu neuen Unternehmungen angespornt.

Danken möchte ich auch all denen, die im besonderen an der Entstehung dieses Buches mitgewirkt haben: Phillip für die gute Idee und die Sisyphusarbeit, die er geleistet hat; Jamie Raab, unserer Lektorin, für ihre Geduld und ihr Verständnis; Jonathon Lazear, unserem literarischen Agenten, für seine Klugheit und seinen guten Rat; und Catherine Allan und ihren Mitarbeitern von KTCA sowie den großzügigen Leuten von Tom's of Maine, die mit großem Fleiß die Fernsehdokumentation zu diesem Buch hergestellt haben.

So viele Adlerfedern! Mein Adler ist natürlich das Symbol für die große geistige Kraft, die uns meiner Überzeugung nach alle trägt. Die uns stärkt, wenn unser Engagement, unsere Entschlossenheit und unser Mut auf die Probe gestellt werden. Die uns, wenn wir nur wollen, auch dann noch mit neuer Stärke und Energie zu erfüllen vermag, wenn wir vollkommen ermattet sind. Wenn wir daran glauben und wenn wir darum bitten.

Das Jane Goodall Institut

Ein Institut für Mensch, Mitgeschöpfe, Natur- und Umweltschutz

Jedes Individuum zählt.
Jedes Individuum spielt eine wichtige Rolle.
Jedes Individuum trägt zur Veränderung bei.

Das *Jane Goodall Institut (JGI)* ist eine gemeinnützige Einrichtung, die 1976 gegründet wurde. Das Institut hat sich folgenden Aufgaben verpflichtet: Verhaltensforschung in Freilandstudien und Schutzprojekte für Schimpansen und andere frei lebende Arten in Afrika; Verbesserung der Lebensbedingungen für gefangen gehaltene Schimpansen und andere Arten; Erreichen weltweit größtmöglicher Aufmerksamkeit und Unterstützung dieser Bemühungen; Sorge um das Wohlergehen aller Geschöpfe, insbesondere aller bedrohten Arten; Bildung und Erziehung im Natur- und Umweltschutzbereich.

Als Jane Goodall feststellen mußte, daß Schimpansen in ihrem angestammten afrikanischen Lebensraum mehr und mehr von flächendeckender Ausrottung durch Verlust ihres Habitats und durch Wilderei bedroht sind, entschloß sie sich, ihr Urwaldparadies zu verlassen, um diesen bemerkenswerten Geschöpfen, die ihr, der Wissenschaft und letztlich der Menschheit soviel gegeben hatten, umfassend zu helfen. Vorträge, Ausstellungen und Veranstaltungen und vor allem ihre persönliche Präsenz an vielen Orten dieser Erde steigerten das Interesse an ihrer Arbeit enorm, und dadurch wuchs auch die Aufgabenvielfalt des Instituts gewaltig.

So entstand *Roots & Shoots* als eigenständiges Programm des Instituts. Roots & Shoots ermutigt junge Menschen vom Kindergartenalter bis hin zu Universitätsstudenten und darüber hinaus, in selbstentwickelten Projekten unterschiedlicher Art die Einzigartigkeit lebender Arten sowie deren wechselseitige Abhängigkeit kennenzulernen und sich aktiv um Mitmenschen zu kümmern, um so auch die eigene, unmittelbare Umgebung nachhaltig zu einem besseren Lebensraum für alle zu machen. Roots & Shoots wurde 1991 gegründet und verfügt heute über ein Netzwerk in mehr als 70 Ländern und Staaten.

Wissenschaftler von *ChimpanZoo*, einer weiteren Sektion des Instituts, studieren die Lebensbedingungen unserer gefangen gehaltenen Vettern und bemühen sich in zahlreichen Ländern um deren Verbesserung. Schutzgebiete in Tansania, Kongo-Brazzaville, Kenia und Uganda stellen Schimpansenwaisen neue Lebensräume und Lebensmöglichkeiten zur Verfügung.

Tacare, ein weiteres Großprojekt in Tansania, bindet Dorfbewohner an der Küste des Tanganjikasees und rund um Gombe in Umweltaktivitäten ein, um ihre Lebensqualität entscheidend zu verbessern und ihre Abhängigkeit von der Nutzung verbliebener Wälder zu vermindern: Es sind die Einheimischen, die letztlich über das Leben der restlichen Schimpansengemeinschaften entscheiden. Die wissenschaftliche Arbeit in Gombe wird ständig fortgeführt und ermöglicht immer wieder neue Einblicke in das Verhalten unserer nächsten Verwandten. Alle Daten von 1960 bis heute werden von einem Team engagierter Studenten unter Leitung der ehemaligen

Gombe-Forscherin Dr. Anne Pusey am Jane-Goodall-Zentrum für Primatenforschung der Universität von Minnesota elektronisch erfaßt und analysiert.

Informationen über die Projekte, Möglichkeiten der Hilfe, Mitgliedschaft und Patenschaften erhalten Sie für den deutschsprachigen Raum über www.janegoodall-germany.org oder englischsprachig über www.janegoodall.org oder direkt über das Ihnen nächstgelegene Institutsbüro:

- JGI-Germany, Herzogstraße 60, 80803 München (jgoodall@compuserve.com)
- JGI-Holland, P.B. 61, 7213 ZH Gorssel (goodall@worldonline.nl)
- JGI-England, 15 Clarendon Park, Lymington, Hants SO41 8 AX (Dilys@janegoodall.org.uk)
- Roots & Shoots-Italien, via D. Martelli 14a, 57012 Castiglioncello, LI (pmannini@luda.it)
- JGI-USA, P.O. Box 14890, Silver Spring, MD 20911 (JGIinformation@janegoodall.org)
- JGI-Kanada, P.O. Box 477, Victoria Station, Westmount, Quebec H3Z 2Y6 (JGI@cam.org)
- JGI-Tanzania, P.O. Box 727, Dar es Salaam (jgi-tacare@twiga.com)
- JGI-Uganda, P.O. Box 4187, Kampala (orothen@imul.com)
- JGI-Südafrika, P.O. Box 87527, Houghton 2047 (JGI@iafrica.com)
- JGI-Taiwan, 6F, No. 20 Section 2, Hsin Sheng South Road, Taipei (goodall@winnet.com.tw)
- JGI-ChimpanZoo (vlandau@u.arizona.edu)